新しい数学教育の
理論と実践

岩崎秀樹・溝口達也 [編著]

ミネルヴァ書房

　　　　　　　は　し　が　き

　わが国の場合1872年に学制が公布された。幕藩体制の終焉の後わずか5年でfor all という意味での普通教育は胎動する。20世紀を迎えようとしたとき，義務教育の年限は4年であった。それはやがて6年に延長され，世紀中葉の敗戦を境としてさらに9年に延び，21世紀を迎えたときには，高校無償化により実質的には現行制度内の年限いっぱいに延びきったといってよい。こうした就学期間の延長は，近代化への社会の躍動とその進度が教育に求めた結果であり，またその動因と結果を逆転させることも可能で，今日の社会の発展はそこに良循環があったことの証左といえよう。
　時代は今後，社会にさらなる変容を求めるであろうが，もはや学校教育の制度的臨界点に達している以上，学校数学全般とりわけ中等段階の成果をあらためて問い直し，これからの数学教育の展開を構想しなければ，教科としての存立すら危ぶまれる。さらにいえばグローバル化という社会状況の漸進的浸透は，数学教育それ自体の変革すら求めるかもしれない。
　その意味で，教育課程の国家的規準をおよそ10年ごとに更新する制度は教育が歴史的・社会的営為であることを如実に物語っているが，それが未来への投資である勝算は自ずから不確定である。そこに学問的成果の入る余地が隠されている。教職実践用の教科書は判で押したように学習指導要領の改訂期に微調整を加えるが，本書は名実ともにフルモデルチェンジを果たしている。およそ10年前にMINERVA21世紀教科教育講座の「数学科」として産声を上げたが，今回はシリーズの中の1冊ではない。改訂というより全面的な変更を加えているのは，好むと好まざるとにかかわらず，ツナミが押し寄せるように数学教育の変貌の予兆を感じるからである。数年前，数学教育国際ハンドブックの中で筆頭編者はそのはしがきで次頁のように述べて，国際的に標準化された数学教育カリキュラムの実現を予想している。おそらくその時の教授言語は，とりわけ中等段階の場合，日本語でない国際的に標準化された言語になるのではないか，とすら考える。

《現代技術の持続的革新の速度そして世界の隅々にまで浸潤する新たな技術の到達の進度をみるにつけ，20年も経たないうちに国際的なカリキュラムが同意される時が来る，のではないかとさえ思わざるをえない。無論それに痛烈に反対する声も多くある。その声とは，教育課程や教授は，社会的な因子や文化的な因子と連動せざるをえないというものである。》

(Clements, 2013, p. viii)

　読者が手に取られるテキストは，教師力の中核を念頭に，とりわけ次の3点に力を注いでいる。
・数学教育の理論と実践の統合の基盤をつくる
・広い視野から新たな数学教育を創意できるようにする
・専門の視座から数学教育の価値を高めることができるようにする

　それでは標準化された「未来に必要な力」を誰もが身に着けだしたのは，何時なのだろうか。それは「識字」を人類に不可欠な能力とする時代であり，その制度的基盤を普遍化したのは，近代である。しかしITによる情報革命の後，現代がポスト近代と呼ばれて久しい。教育は本来，子どもの未来に必要な力を準備するためにある。ところが「未来に必要な力」を過去の経験則で推し量るところに根本的な問題はあるが，これまでそれが問題にならなかったのは，時代が近代のままおだやかに変化していたからに他ならない。現在のように，ツナミで喩えられるような変化の激しい時代であれば，「昔からこうだった」という科白は，死語に等しい。数学教育もその例外ではない。

　本書を是非これから教壇に立とうとしている学生諸君ばかりでなく，類書に飽きたらない現職の教員の方々にも，広く読んでもらえればと思っている。最後に，本書の発刊に際して，ミネルヴァ書房の編集担当の方々，とりわけ浅井久仁人氏に，心より感謝する。

2019年1月　　　　　　　　　　　　　編者　岩崎秀樹・溝口達也

Clements, M. A., Bishop, A. J., Keitel, C., Kilpatrick, J. & Leung, F. K. S. (Eds.) (2013) *Third international handbook of mathematics education*, Springer.

目　次

はしがき

第1章　わが国の中等数学教育の課題と展望

第1節　数学教育のパラダイム転換 …………………………………… 2
　1．従来のパラダイムから見た数学教育の今日的課題… 2
　2．知識の教授学的転置過程… 4
　3．カウンター・パラダイムとしての『世界探究』… 6
第2節　優れた数学教師：研究する教師 ……………………………… 7
　1．優れた数学教師のスタンダード… 7
　2．数学教育と数学教育学，あるいは数学教授学… 11

第2章　中学校・高等学校　数学教育の目標

第1節　数学教育の目標 ………………………………………………… 16
　1．目標の原点と転換点… 16
　2．欧米と東アジア諸国における目標比較… 19
　3．目標論の課題と新たな動向… 20
第2節　わが国における西洋数学の受容 ……………………………… 22
　1．西洋数学の「輸入」から「受容」に至る過程概要… 23
　2．西洋数学の「受容」と和算との関係性… 24
　3．幾何教育における西洋数学の「受容」… 27
　4．菊池大麓の目に見える業績… 28
　5．菊池大麓の考えた数学教育の目標… 29
　6．わが国の数学教育の目標… 30

第3章　数学的な見方・考え方と評価

第1節　これまでの「数学的な見方・考え方」 ……………………… 36
　1．数学的な考え方のはじまり… 37

2．数学的な考え方の展開…39
第2節　数学的な考え方の本性……………………………40
　　1．「数学的な考え方」が目標でなければどうなる？…40
　　2．「数学をする」ということ…41
　　3．数学的な考え方の拡張…43
第3節　数学的な見方・考え方の学習指導……………………44
　　1．数学的な見方・考え方の顕在化としての数学的活動…44
　　2．数学的な見方・考え方の分類に関わる問題点…45
　　3．実際の設計…47
第4節　数学的な見方・考え方を通した評価……………………51
　　1．学力・学習の三層構造…51
　　2．パフォーマンス評価とは何か…52
　　3．ルーブリックとは何か…54
　　4．学習者主体の学びを創る評価へ…56

第4章　数学的活動に基づく学習指導の設計

第1節　数学的活動のプロセス……………………………62
　　1．数学的活動の過程（プロセス）と所産（プロダクト）…62
　　2．大規模調査の評価枠組みにおける数学的プロセス…64
　　3．数学的活動の諸理論…67
第2節　数学的活動に基づく中学校数学科の授業設計………71
　　1．数学的な見方・考え方と問題解決…71
　　2．数学的活動と創造的実践力…73
　　3．数学的活動と問題解決…76
　　4．授業設計のアプローチ…78
　　5．中学校における授業設計の実際…79
第3節　数学的活動に基づく高校数学の授業設計……………84
　　1．新たな概念理解の指導場面における授業設計…84
　　2．定理・公式等の意味理解の指導場面における授業設計…87

3．現実事象と関連付けた指導場面における授業設計…*89*

　　4．学習内容の探究の指導場面における授業設計…*91*

　　5．単元全体を通した数学的活動…*94*

第4節　数学的探究のプロセス……………………………………*95*

　　1．探究の経験：4つの4…*95*

　　2．探究のプロセス…*96*

　　3．探究の本性と条件…*100*

第5章　代数分野に関する内容構成〔中・高〕

第1節　数概念とその拡張……………………………………*108*

　　1．負の数の導入…*109*

　　2．無理数の導入…*110*

　　3．実数までの数概念拡張の整理…*111*

　　4．虚数の導入…*114*

　　5．ベクトル・行列…*116*

第2節　文字式と方程式……………………………………*117*

　　1．主な学習内容…*118*

　　2．文字式の二面性…*120*

　　3．等号の捉え方…*122*

　　4．方程式の解法…*123*

　　5．方程式の立式…*125*

　　6．学習指導の意義…*126*

第3節　関数とグラフ……………………………………*127*

　　1．主な学習内容…*127*

　　2．関数の考え…*129*

　　3．関数の3つの表現…*130*

　　4．関数の式と関数に対する操作…*131*

　　5．関数の捉え方…*133*

　　6．中高における用語の差異…*135*

7．学習指導の注意点…*136*

第4節　代数分野における論証……………………………………*137*
　1．代数 vs 點竄（てんざん）論争…*137*
　2．論証としての代数…*138*
　3．論理の厳密性…*139*
　4．幾何を対象とした代数分野における論証…*139*

第6章　幾何分野に関する内容構成〔中・高〕

第1節　初等幾何学の性格…………………………………………*144*
　1．ユークリッド幾何学概説…*144*
　2．抽　象　性…*145*
　3．全称性（一般性）…*148*
　4．体　系　性…*150*
　5．作　　図…*154*

第2節　中学校における図形の証明………………………………*156*
　1．中学校図形指導における「証明」と「証明すること」の重要性…*156*
　2．証明の構造と，その理解…*157*
　3．「証明すること」の特徴…*160*
　4．「証明」の学習と「証明すること」の学習の相補的な高まり…*166*

第3節　高等学校における幾何指導…………………………………*167*
　1．高等学校での図形指導…*167*
　2．メネラウスの定理とチェバの定理…*168*
　3．円に関する定理群…*172*
　4．数学的見方・考え方の良さ・美しさにつながる教材研究…*176*

第7章　微分・積分に関する内容構成〔高〕

第1節　関数の極限概念………………………………………………*182*
　1．極限と代入の違い…*182*

2．高校段階で求められる極限の概念理解…*183*

　　3．関数の極限に含まれる「せめぎあい」…*184*

第2節　高校数学における微分 …………………………………… *185*

　　1．物体の運動の理解と微分…*185*

　　2．瞬間の速度としての微分…*186*

　　3．導関数と微分係数…*190*

　　4．$\dfrac{dy}{dx}$ は分数か…*190*

第3節　高校数学における積分 …………………………………… *193*

　　1．数学Ⅱの教科書にみられる積分の記述…*193*

　　2．積分の意味と積分記号の成り立ち…*195*

　　3．微積分学の基本定理：ニュートンとライプニッツによる議論…*197*

　　4．面積としての積分から始める授業展開…*201*

　　5．現実世界での積分の活用を授業に取り入れる場合の留意点…*203*

第4節　離散と連続の対応 ………………………………………… *204*

第8章　確率・統計分野に関する内容構成〔中・高〕

第1節　確率・統計分野の教育課程 ……………………………… *210*

　　1．中学校における確率・統計の取り扱い…*210*

　　2．高等学校における確率・統計の取り扱い…*213*

第2節　確　率 ……………………………………………………… *217*

　　1．確率の定義…*217*

　　2．確率の基本的な性質…*220*

　　3．確　率　分　布…*221*

第3節　中学校における統計 ……………………………………… *223*

　　1．度数分布表…*224*

　　2．ヒストグラム…*224*

　　3．四　分　位　数…*226*

　　4．箱　ひ　げ　図…*226*

5．標本調査…*228*
　　6．中学校における統計指導の意義…*229*
第4節　高等学校における統計…………………………………*230*
　　1．二変量解析…*230*
　　2．信頼区間…*232*
　　3．検　定…*234*

第9章　グローバル化する数学教育

第1節　日本の数学教育の未来図…………………………………*240*
　　1．数学教育のコンパス…*240*
　　2．「すべての人に数学を」の達成…*242*
　　3．数学教育研究における独創性（Creativity）…*243*
第2節　グローバル化における教育の胎動とローカル性の重視
　　………………………………………………………………*244*
　　1．グローバル化と教育改革…*244*
　　2．数学教育のハイブリッド化…*245*
第3節　数学教育の教授言語の問題…………………………*247*
　　1．グローバル化と言語能力…*247*
　　2．第二言語による数学教育研究の事例と日本の課題…*249*
　　3．数学教育の教授言語…*250*
第4節　国際バカロレアの展開と課題………………………*252*
　　1．国際バカロレアの概要…*252*
　　2．IBの実践…*252*
　　3．生徒へのインタビュー…*256*
　　4．数学教育における教授言語としての英語…*257*

資　料　編

索　引

第1章

わが国の中等数学教育の課題と展望

　わが国の数学教育は各種の国際調査で成功しているという印象を与える反面，その実践を正当化し支える研究において，とりわけ中等レベルでは必ずしも先進的とは言えない。教授学的にパラダイムシフトが求められる今日，「教育」という未来形で語られる営為は，公式文書によって保証されるだけではなく，「研究」という角度から課題を明らかにし展望の妥当性を検証することによって，初めて規範的な価値を有する。最初の章として，中等教育に潜在する「教科としての数学あり方」を，教授学的転置理論の視座から俯瞰する。そこから得られた課題意識は必然的に教授・学習に焦点化され，数学的知識の様々な捉え方に展開する。本章を読み進めるにあたって，次の2点を考えてみよう。

---

1. 中等数学教育におけるこれまでの数学教授パラダイムとは何か。これからのパラダイムとは何か。またそれをなぜ転換しなければならないのか。
2. 教師の専門性はパラダイム転換とともに格段に増す。「研究する教師」とは何か。さらに「研究」することの必然性はどこにあるのか。

本章の内容

　第1節　数学教育のパラダイム転換
　第2節　優れた数学教師：研究する教師

第1節　数学教育のパラダイム転換

1．従来のパラダイムから見た数学教育の今日的課題

　「パラダイム（*paradigm*）」とは，科学哲学者トーマス・クーン（Thomas S. Kuhn, 1922-1996）による語，あるいは概念である（クーン，1971）。元来この語は自然科学の歴史を記述する上で用いられたものであるが，広く他の学問分野・領域においても用いられるようになってきている。ただし，そこでの用い方には，幾分クーン本来の意味，すなわち，科学的営みに対する正当な貢献のための概念や思考パターン，あるいは理論や仮設などを含む明確な集まり，といった意味を越えた用いられ方があるものの，あえて拡大した解釈を行うのであれば，教育実践において，我々が意識的であれ無意識であれ，各々の営みの前提としている／なっているなにものか，ということになる。

　フランスの数学教授学者イブ・シュバラール（Yves Chevallard）は，今日の数学教育実践のパラダイムとして「**作品訪問**（*visiting works*）」であると警鐘を鳴らす。すなわち，学習の場は，様々な知識をあたかも作品を訪問するかのような傾向にあるとするものである。結果として，学習者は，試験が終わるやいなや当然のごとく指導された事柄を忘れ去るか，ときによっては無視する，といった《ゴミ箱の原理》に従うこととなる（Chevallard, 2015）。「作品訪問」パラダイムは，「**記念碑主義**（*monumentalism*）」と呼ばれることもある。教師は，学習者に対してあたかも記念碑を巡るガイドの役割をなし，様々な知識がいかに素晴らしいかをうったえるのである。そこでは，どんな記念碑（知識）をどんな順番で，どんな巡り方をするかは，すべてガイド（教師）の領分である。ツアー参加者（学習者）は，ガイドの説明にうなずくしかない。

　しかしここには，教師だけに帰すことのできない問題も含まれる。どんな知識を教育において取り上げるかについては，わが国においては学習指導要領によって定められる。なぜ2次方程式の解法（解の公式）については徹底的に学

習指導されるのに対して，3次方程式の解の公式は扱われないのか。整数の合同式（$a \equiv b \pmod{c}$）は，国際的に見れば標準的に扱われることが多く，国際数学オリンピックにも当然のように出題されるが，わが国では高等学校数学科までのカリキュラムに位置づけられていないのはなぜか。ここで，そうしたカリキュラム内容の選択の是非について異議を唱えようというのではない。しかしながら，これらは，（最終的には）政策決定者（中央教育審議会教育課程部会）の意図が示されるものであり，そこに個々の教師の「思い」が反映されることはない。しかもそれらは，一定程度に法的拘束力を有する。

　学習指導要領によって定められた知識をどんな順番で扱っていくかについては，教師側にも裁量の余地が残されるものの，多くの場合，その順序は教科書によって決定づけられる。しかしながら，わが国においては検定制度の下，教科書は，1）学習者の自習書としての機能，および2）教師による指導の質保証の機能，といった特徴的な制約を有しており，そうした機能はそれ自体においてわが国の教育の質保証に貢献していることは間違いないものの，同時に（少なくとも個々の教室の状況に対して）必ずしも望ましいもの（理想的である）とは限らないということも主張される。加えて，昨今の教師の多忙さも相まって，現実的になかなか個々の教師がカリキュラム内容の順序を編成するということが行いにくいという状況もある。

　それでは「巡り方」についてはどうだろうか。昨今の教育を取り巻く動向においては，上述のような背景を受けてかどうかはわからないが，なにかと「教え方／学び方」が取り沙汰されることが多い。「主体的・対話的で深い学び」と主張されるいわゆる「アクティブ・ラーニング」と呼ばれるものはその典型であると言えるであろう。政策決定者（policy maker）としての文部科学省から出てくる様々な資料に記載される文言のそれぞれを見るとき，若干の例外を除けば，いずれも肯定されるものであるかもしれない。例えば，「何を知っているか」から「いかに学ぶか」といった視座の変更は，一見すると誰しもが受け入れやすいものである。コンピテンシー・ベースのカリキュラム改革は，そうした一貫として位置づくものであろう。しかし一方で，次のような指摘もある。

　　特に，コンピテンシー・ベースのカリキュラム改革では，「学習」それ自体（効果的に効率的に学習を進めるための「学び方の学習」）が目的と

されており，「アクティブ・ラーニングの評価」という言い回しに代表されるように，何のために何をという教育目的・目標・内容への意識は希薄化している。そして，新学習指導要領では，教科学習においても，主体的・協働的な学びであること自体が，「資質・能力」（特に非認知的能力）の育成という点から正当化されるといった具合に，教育内容論を経由せずして授業研究とカリキュラム研究が結びつくことで，「何を教えるのか」という問い（カリキュラム研究）が「いかに学ぶか」という問い（授業研究・学習研究）に解消され，空洞化しがちである。（石井，2017，p. 113）

石井の指摘から，現今の数学教育研究における「問い」の立て方にも課題が内在していると見ることができる。そもそも，《いかに how》は，その前に《何のために why》や《何を what》が明らかにされて初めて意味をもつ問いである（図 1 - 1 参照）。にもかかわらず，昨今の動向は，そうした前提となる問いに答えることを避ける傾向にあると言わざるを得ない。換言すれば，「問い」の論理的優先性（大高，2017，p. 8）が無視されていると指摘されるものである。

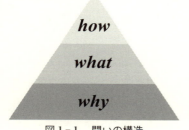

図 1 - 1　問いの構造

2．知識の教授学的転置過程

では，数学教育，あるいは数学教育研究における問いは，どのような性格を有するものであるか。

教育研究におけるいかなる「問い」も，その陶冶的価値・意義と分離され得ない，換言すれば，上記のように相互に関連する構造体をなすものである。このとき，数学教育研究の「問い」における数学，あるいは数学的知識について検討することは，こうした問いの性格を鮮明にする助けとなる。

数学教育研究における「問い」は，学問としての数学の問題設定の枠を超えていると見ることができる。すなわち，数学は，数量や図形，あるいは関数と

いった数学的対象の理解を目指すものの，それらが「陶冶」可能かどうかの問題を提起することはない。さらに，人間に対する数学の影響や関係についても言明することはない。すなわち，「陶冶の問題」は，数学の外で提起され得るものであると言える。明らかに，学校で教えられる（数学の）内容あるいは知識は社会のニーズによって学校教育（学校数学）に持ち込まれたものである。換言すれば，学校で教えられるべき知識は，（必ずしも学校教育のために作られたわけではないものを）学校の中で再構築され得るものへと変容させる何らかの作業が施される必要がある。教授人間学理論（Anthropological Theory of the Didactic）によれば，このような作業過程を**教授学的転置**（didactic transposition）と呼ぶ（図1-2，Bosch & Gascón, 2006）。教授学的転置の過程は，学校数学を適切に解釈しようとするものであり，その各々の起源が，多様な様相を呈する数学的知識を生み出すところの数学を扱う特定の社会（集団）や場所（institution）の中にあるとする。例えば，上述の国定カリキュラムとしての学習指導要領において「学術的知識」から「教えられるべき知識」の選択がなされるが，そこにはその選択に携わった人々によるところの何らかの条件や制約が働いていると認められる。さらに，教科書作成に関わって，例えば，2次方程式に関わる学習指導の展開（紙面構成）を図るが，わが国の現在の教科書では，2次関数のグラフと関連させた構成は通常なされない。それはなぜか。こうした制限や制約の下で，教授学的転置の過程において知識の存在理由や創造の動機づけとなった問いはしばしば失われる傾向にある。

図1-2　教授学的転置過程

教師は学習者の実態等の様々な要因により実際の学習指導を設計する。教室が異なれば，条件・制約も異なるであろうし，その結果として顕在化する「教えられた知識」も異なるであろう。しかしながら，それは必ずしも教室内の要因によるものだけではなく，より上位の《知の決定》に影響を受けていると指摘される。そこには，単に知識そのものだけではなく，知識にいたる道筋（学び方）や利用の仕方（活用）といった実践的側面も当然含まれることになる。

3．カウンター・パラダイムとしての『世界探究』

以上のように，現在の数学教育を取り巻く状況を批判的に検討するとき，それでは，我々はいかなる教授パラダイムへと転換することが求められるか，が問われる。このとき，先ず問われることは，我々は数学教育という営みを通して，学習者（生徒）にどのような陶冶的価値・意義を実現しようとするのか，ということである。確かに，現在主張されている「何を知っているか」（従来の内容ベースのカリキュラム）から「いかに学ぶか」（今日的な能力ベースのカリキュラム）への転換は示唆的ではあるものの，（必ずしも「準備教育」を全面的に推奨するわけではないが）そこにはある種の「完成教育」の概念が結びついていることは否めない。例えば，「主体的な学び」という語の下に学習者が「主体的であること」を求められるといったように，あたかもそうした取り組みが，各々の教育段階において必然であるかのごとく要請される傾向にある。しかし，「教育は生涯的なプロセスである（*education is a lifelong process*）」（Chevallard, 2015, p.177）ことを考えれば，学校教育の後に来る言わば「未開の地」に対して，学習者が「何を，どのように学習できるか」といった能力あるいは態度の育成こそが求められるところである。

シュバラールは，上述の「作品訪問」あるいは「記念碑主義」といった古いパラダイムに対して，こうした陶冶の実現を志向した新しいパラダイムを「**世界探究**（*questioning the world*）」と呼ぶ。「世界探究」パラダイムは，科学者の態度とされている探究の態度を目指すものである。生徒の今日的傾向として，未知なる問い，解答が明らかでない問い，あるいは様々な困難に対して，それを避ける，あるいは諦めるといった態度が見受けられる。しかし，「世界探究」パラダイムでは，問いの探究に積極的に取り組もうとする「ヘルバルト的（Herbartian）」態度，新しい知識を獲得しようとする「前進認知的（procognitive）」態度，自己の問題解決に必要な知識はどこまでも学習しようとする「開かれた（exoteric）」態度といった特徴のもとに，民主主義の精神を適切に反映する（大滝・岩崎，2018, p.74）。換言すれば，「学ぶべき知識が学習者の関心とは独立に事前に決定され，学習者はそれをよい知識として信じることを

暗黙理に強要される」（*idem*）記念碑主義に対して，「あらゆる知識の必要性は探究者の関心に従って決められ，そのよさは探究者自身の探究における機能で判断される」（*idem*）世界探究パラダイムへの転換である。

なお，世界探究パラダイムに基づく教授学習，とりわけ探究の過程を定式化したスタディ・アンド・リサーチ・パス（*Study and Research Paths*）についての詳細は，第4章第4節「数学的探究のプロセス」を参照されたい。

第2節　優れた数学教師：研究する教師

1．優れた数学教師のスタンダード

数学教育の改善を求めるとき，上述のようなパラダイム転換を支えるものは，紛れもなく「教師」である。わが国には，カリキュラム・スタンダードとしての学習指導要領は存在するものの，教師の職能あるいは専門性（*professionality*）についてのスタンダードは公的には用意されていない。国際的に見るとき，こうした職能スタンダードを整える機運が高い。例えば，1990年代にNCTMのプロフェッショナル・スタンダード（NCTM, 1991）や，これに続くスタンダード2000（NCTM, 2000）は，わが国でも比較的多く取り上げられてきた。また，特に中等数学教育レベルに特化したスタンダード（NBPTS, 2010）も刊行されてきている。これらは，比較的大部の書といった体を装い，内容についても丁寧に解説しているのに対し，言わばスタンダードとしてのエッセンスを抽出した様式のものも見られる。その代表的なものとして，オーストラリア数学教師協会（AAMT）による数学指導の卓越さのスタンダード（AAMT, 2004/2006；以下では，AAMTスタンダード）がある（cf. 溝口，2004）。さらに，東南アジア文部大臣機構・理数科教育センター（SEAMEO-RECSAM）による数学指導スタンダード（SEAMEO-RECSAM, 2013）は，AAMTスタンダードを参考に作成されている。以下では，AAMTスタンダードを通して，「優れた教師」に求められる知識・資質について見ることにしよう。

AAMTスタンダードは，次の3つの領域によって構成される。それぞれの領域は相互に関連し合いながら形づけられる。
- ・教師の知識 *Professional Knowledge*
- ・教師の資質 *Professional Attributes*
- ・教師の実践 *Professional Practice*

領域1：教師の知識
　優れた数学の教師は，意思決定や授業設計，相互作用といったその専門的営みのあらゆる側面を引き出すような強力な知識ベースを有する。

1.1　生徒についての知識 *Knowledge of students*
　優れた数学の教師は，自分たちの教える生徒についての徹底した知識を有する。それは，生徒の社会的・文化的文脈はどのようなものか，生徒が知っていて用いる数学はどのようなものか，生徒が好む学習の仕方はどのようなものか，生徒は数学の学習にどのくらい自信を持っているか，といったことである。

1.2　数学についての知識 *Knowledge of mathematics*
　優れた数学の教師は，学年段階に応じた数学についての堅固で一貫した知識を有する。それはまた，より広い数学のカリキュラムについての知識及び理解に位置づけられるものである。また優れた教師は，数学がどのように表現され，コミュニケーションされるかについて，なぜ数学が教授されるかについて，理解している。優れた教師は，自信を持った有能な数学のユーザーであり，数学内部の結びつき，数学と他の領域との結びつき，さらに数学と社会との関わりを理解している。

1.3　生徒の数学学習についての知識 *Knowledge of students' learning of mathematics*
　優れた数学の教師は，生徒が数学をいかに学習するかについての豊かな知識を有する。それは，学習の系統，適切な表現，モデル，言語に関する生徒の数学的発達に関する知識である。優れた教師は，数学の教授・学習，数学学習の楽しさと建設的な態度の促進，テクノロジーの活用，及び数学の活用についての生徒と社会の効果的なロールモデルであるといったことに意識を向ける。

　領域1は，教師の有すべき知識について，「生徒」，「数学」，そして「生徒の数学学習」という項目で整理される。「数学についての知識」を中心に他の項目を見るならば，上述の教授学的転置過程に基づくとき，単に学問としての数学（学術的知識）に終止するのではなく，その転置の過程においてどのような条件や制約が関わるのかを，常に検討する必用があることを指摘したい。とも

すると，学術的知識がそのまま教えられた知識となってしまう傾向が，いわゆる［解説→例題→演習］型の指導を生み出す原因となりかねない。生徒，あるいは生徒の数学学習に向かう態度とともに，こうした転置過程における条件・制約の追求が要請される。

領域2：教師の資質

優れた数学の教師は，数学と生徒の学習の両者についての自身の知識を拡張し続けるような献身的で熱心な専門家である。学校の内外の広い「共同体」において創造的かつ構成的に仕事に取り組み，自身と生徒に対して高いが達成可能な目標を設定し，他者への配慮と敬意によって特徴づけられる個人的アプローチを示す。

2.1 個人的な資質 *Personal attributes*

優れた数学の教師は，すべての生徒が数学を学習できるという確信を有している。生徒の学習機会を最大限に約束し，かつ個々の学習の高い達成可能な基準を約束する。生徒が，数学を楽しむような自主的・自発的学習者になることをねらう。

2.2 個人的な専門性の発達 *Personal professional development*

優れた数学の教師は，数学，及びその学習についての，裏付けられた，合目的的な専門的知識，理解，技能の成長に着手する。そのような専門性の発達によって，従来の傾向に対する見識の広い視点を開発する（教授・学習のリソース，テクノロジー，カリキュラムへの対応）。優れた教師は，仲間との相互作用による専門性の開発プロセスを踏む。すなわち，専門的な講読や，新しい教授上のアイデア，教室での実践やリソースについての探究である。

2.3 共同体に対する責任 *Community responsibilities*

優れた数学の教師は，自らの専門性を生かして積極的に広く地域社会に貢献する。生徒の学習とその進歩について，父母と効果的な連絡を取り合う。教室外での生徒の数学の発達を支援する方策を提供する。教室外での数学的活動の創造とその機会を設定する。共同して数学の教授の改善に貢献する。積極的に学校の意思決定に参画する。

領域2は，教師の特質について，主張する。そこでは，常に自身の専門的知識を拡張し続けることが求められるとともに，共同体への貢献が要請されている。後述するように，「教授」という営みが，（数学の）知識を広めていくこと，であるとすれば，教師は教室の内外で，生徒の数学的活動の機会を提供することが求められる。さらに，わが国伝統の「授業研究」の営みについても，共同して取り組むことが国際的にも認識されていると見ることができる。

領域3：教師の実践

優れた数学の教師は，生徒の認知的及び情意的学力の建設的な個人差に合目的的である。教授内容のあらゆる側面に敏感であり責任を有する。

3.1　学習環境 *The learning environment*

優れた数学の教師は，生徒の多様な個人差に応じて，その学習機会を最大限に引き出すべく，学習環境を設定する。生徒は，独立した学習者となることが期待される。数学の理解を深め，熱意，楽しさ，興味を高めるよう動機づけられる。数学の積極的な取り組みが価値づけられ，コミュニケーション技能が促進され，協力的・協同的な努力が奨励される。

3.2　学習の設計 *Planning for learning*

優れた数学の教師は，一貫して組織づけられた学習経験を計画する。それは，自発的，自主的な学習を認める柔軟さを有する。そのような学習経験は本質的な数学を含む。優れた教師は，生徒が数学的知識を作り，またそのよさをより豊かにするような新しい数学の理解を可能にする。生徒の既有の数学的知識が把握される。生徒が当該の学習場面や学校環境を越えた数学の探究と適用の機会を提供する。

3.3　教授活動 *Teaching in action*

優れた数学の教師は，生徒間の合目的的な数学的話し合いの喚起，数学の意味の練り上げ，数学的思考や推論の構成，創造的思考や問題解決における数学的試行錯誤の促進，解決活動の予測，支援を行う。

3.4　評価 *Assessment*

優れた数学の教師は，生徒の日々の学習の結果を評価し記録する。それは，認知面と情意面の両者についてである。生徒と学習の文脈の双方に対して，公正で，包括的で，かつ適切な多様な評価ストラテジーを用いる。学習の結果の記録による生徒の進歩の把握と以後の適切な学習経験を設計する。生徒，父母，学校長等に，構成的で，合目的的で，時にかなったフィードバックを提供する。

領域3は，教師の実践について語るものである。その多くは，わが国で通常主張されることと重複するところが多い。新しい数学教育実践にあたっては，しかし上述のパラダイム転換を含めてこれらの，ある意味聞き慣れた事柄に対処していくことが要請される。

これらAAMTスタンダードの諸主張は，元来オーストラリアの学校に向けて発信されたものではあるが，その内容はクロスボーダーにわが国に対しても参考となるものである。それは，単にチェックリストとしてのそれではない。

いわば数学教師として，どのような専門性，あるいは職能を持続的に開発していくことが求められるか，ということにある。あえてそれらを一言で述べるならば，まさに「研究する教師」であろう。

2．数学教育と数学教育学，あるいは数学教授学

ところで，「研究」とは何を意味するのであろうか。本章の最後に，再度この問いに立ち戻ることとしたい。

数学教育を研究するとは，どういうことであろうか。よりよい指導を考案することか，あるいは，新しい教材を開発することか。これらは，厳密に言えば，どちらも研究ではない。それは，むしろ実践そのものである。一般に，数学に関わる営みとして，次のような4つを認めることができるであろう（cf. 宮川, 2017）。1つは，数学を創り出す営みである。数学者の行うことがまさにそれである。2つ目は，数学を使う営みである。創り出された数学，あるいは数学的知識は，創り出した人の意図とは無関係に使われていく。それは，直接的に用いることもあれば，我々が用いる他のものの背後に用いられていることもある。そして3つ目は，数学を広める営みである。学校教育で行われる数学の学習指導は，まさにこの第3の営みの代表であるが，しかしそれに限られるものではない。数学を広める営みは，学校以外の様々な場（*institution*）でも行われる。先述の，よりよい指導を考案したり，新しい教材を開発することは，まさにこの第3の営みに含まれる。この意味において，そうした営みは，数学教育の実践そのものであると言える。数学教育を研究する，より厳密に言えば，数学教育事象を研究対象とする数学教育学，あるいは数学教授学は，数学に関わる営みとしての数学を広める営みそのものを**理解する**といった第4の営みであると主張される。もちろんそこには，数学を創り出す営みや数学を使う営みを理解することも関連してくる。端的に言えば，数学教育事象（第3の営み）の特質を理解すること（第4の営み）が，数学教育学の研究の目的である。ともすると，「実践研究」という名のもとに，個々の経験を披露することがまかり通ることもあるようであるが，そうした報告で頻繁に登場する「よい」という語は，果たして何によって保証されるのであろうか。もしそれが，経験的な

ものに依存するだけであるならば，データの一つであるに過ぎない。

　例えば，昨今の時流から「主体的な学習」というフレーズが散見される。問題とされるのは，その定義が，主張ごとに異なっていたり，報告者の都合のよいように勝手に語の意味を規定したりすることがある。わが国の（数学）教育研究は，毎年数多く発表されてきているにも関わらず，残念ながら，その累積性という点では，必ずしも評価されるものではない。その原因の一つに，先行研究のレビュー不足や，研究の理論的基盤の欠如，といったものが挙げられる。上述の通り，研究の最大の目的は，研究対象の理解である。しかし，同じものを見ても，見る人によってその理解の仕方は異なる。それは，基盤とする考え方が異なるためである。自身の見方が，どのような基盤に基づくものであるかの表明は，研究を進展させる上で不可欠である。

　残念ながら，わが国の教育界においてはこの点が弱いと言わざるを得ない。ブルデュー流に言えば，研究のハビトゥスが確立されていない，ということになろう（ブルデュー，2010）。「主体的な学習」について，もし教授学的状況理論（*Theory of Didactical Situations*）（Brousseau, 1997）に基づけば，それは教授学的状況（｜［生徒⇌ミリュー］←教師｜の関係）から亜教授学的状況（［生徒⇌ミリュー］の関係）へと移行することをもって実現されることであると解釈できる。そうであれば，現今において主体的な学習が求められるならば，教師の役割は何であろうか。むしろ，生徒が主体的に学習できるようになるためには，今何が必要かを考えることが要請されるはずであり，その意味では，教室環境で要請されるのは，言わば「準-主体的な学習」とでも表現されるような生徒の姿である。そうでなければ，教室に教師は必要ない，ということになる。

　本章を閉じるにあたり，平林（1975）の次の言葉を，我々は再度確認したい。

　　学習指導案（教案）には，むかしは「教材観」とか「題材観」という項目が必ずあった。授業の具体的な展開とは直接にかかわりの少い部分であるが，ここには指導者の学識，見識そのものが盛られていて，指導者にとってはもっともこわい部分であった。〔中略〕最近でも，こうした努力は行われているとは思うが，この項目は次第にありきたりの読まずもがなのものになってきているように思われる。〔中略〕算数，数学科の学習指導

においては,「思想性」よりも「技術性」に重点がおかれるようになってきた傾向がうかがわれるように思っている。　　　　　　　　　　(p. 175)

改めて,我々は,数学教育の学習指導にあたり,トレンドに右往左往するのではなく,各々の「思想性」をますます磨くよう研鑽することが肝要であろう。

章末問題

数学教授に関わるパラダイムの転換によって,これからの中等数学教育に求められるものは何か。またそこで要請される教師の専門性はいかなるものか。自身の見解をまとめよ。(本問を,本書精読後に,再度検討せよ。)

引用・参考文献

石井英真(2017)「資質・能力ベースのカリキュラム改革をめぐる理論的諸問題——教育的価値を追求するカリキュラムと授業の構想に向けて」『国立教育政策研究所紀要』146：109-121.

大髙泉(2017)「理科教育事象の特質と理科教育研究の問題設定」大髙泉編著『理科教育基礎論研究』共同出版, 2-21.

大滝孝治・岩崎秀樹(2018)「数学教育研究における全国数学教育学会の居場所」『数学教育学研究』24(1)：71-89.

トーマス・S・クーン,中山茂訳(1971)『科学革命の構造』みすず書房.

平林一栄(1975)『算数・数学教育のシツエーション』広島大学出版研究会.

ピエール・ブルデュー,加藤晴久訳(2010)『科学の科学——コレージュ・ド・フランス最終講義』藤原書店.

溝口達也(2004)「優れた教師についてのスタンダード」『新しい算数研究』398：40-41.

宮川健(2017)「科学としての数学教育学」『教科内容構成特論「算数・数学」』(pp. 127-152),上越教育大学.

AAMT (2004/2006) *Standards for Excellence in Teaching Mathematics in Australian Schools*, Australian Association of Mathematics Teachers.

Bosch, M. & Gascón, J. (2006) "Twenty-five years of the didactic transposition", *ICMI Bulletin*, 58：51-65.(大滝孝治・宮川健訳(2017)「教授学的転置の25年」『上越数学教育研究』32：105-118.)

Brousseau, G. (1997) *Theory of Didactical Situations in Mathematics*, Dordrecht：Kluwer.

Chevallard, Y. (2015) "Teaching mathematics in tomorrow's society：A case for an oncoming counter paradigm", *Proceedings of the 12th International Congress on Mathematical Education*：173-187.(宮川健・大滝孝治訳(2016)「明日の社会における数学指導——来たるべきカウンターパラダイムの弁護」『上越数学教育研究』31：73-87.)

NBPTS (2010) *Mathematics Standards : Third Edition*, National Board for Professional Teaching Standards.

National Council of Teachers of Mathematics (NCTM) (1991) *Professional Standards for Teaching Mathematics*, Reston, VA : NCTM.

National Council of Teachers of Mathematics (NCTM) (2000) *Principles and standards for school mathematics*, Reston, VA : NCTM.

SEAMEO-RECSAM (2013) *Southeast Asia Regional Standards for Mathematics Teaching (SeaRS-MT)*, The Southeast Asian Ministers of Education Organization, Regional Center for Education in Science and Mathematics.

(溝口達也)

第 2 章

中学校・高等学校 数学教育の目標

　ポスト近代を情報革命と重ねて，1990年代から始まったと唱える人もいる。そのような目で現代を眺めると，産業構造の様々な水準で，価値基準の変更やパラダイムシフトは迫られているし，また起きつつある。そのことは必然的に教育の変革を伴わなければならず，同時に教育の変革が社会の変動に連動するという循環が，世界規模で促されている。PISA はその起爆剤といってよいであろう。数学教育は教科の中でもグローバルに開かれた教科であり，数学教育の目標を，学習指導要領に書かれた文言に制限することなく，世界の教育動向や文化や社会基盤によって考察することも可能である。そこで本章では次の2点を課題意識に話を進める。

---

1. 数学教育の目標にある時代と社会を明らかにする。言い換えれば，数学教育によって何が伝えられるかを考察する。近代が新たな時代に変容するためには，学校数学のあり方を改めて考えていかねばならない。
2. それゆえに近代の数学教育の理念がどのような歴史的経緯で成立したかの考察は不可欠となる。学校数学は単に西洋科学技術の翻訳伝達のためにあったのか。それともそれ自身の教育理念を内包した，それまでの時代と決別する意図を有していたのか。菊池や藤沢を通して，数学教育の夜明け前から夜明けに至る展望の中で，数学教育の目標を再考する。

本章の内容
　第 1 節　数学教育の目標
　第 2 節　わが国における西洋数学の受容

第1節　数学教育の目標

　近代学校教育の暗黙の前提には For all という普通教育の理念が底流する。それは歴史的に近代国民国家の成立と共にヨーロッパに始まり，社会的に国家による制度的基盤を有し，19世紀・20世紀を通じて普遍化され，今日まで発展・充実する。わが国の場合，近代化のつなみは1868（明治元）年に頂点を迎え，1872（明治5）年に学制が敷かれて，近代が全国に行きわたる制度がもたらされた。そうした制度変更を短期間に可能にしたのは，近世江戸期を通じた社会的・文化的蓄積によるものであるが，本章第2節でその視座から数学教育の夜明けを解説する。第1節ではその後の展開を述べることで，数学教育の目標の変遷を俯瞰する。

　20世紀を迎えようとしたとき，わが国の義務教育の年限は4年であった。それは，やがて6年に延長され世紀中葉の敗戦を境として9年に延び21世紀を迎えたときには，高校無償化により実質的には現行制度内の年限いっぱいに延びきった，といってよい。こうした就学期間の延長は，近代化を推し進める社会の要請であり，逆に教育が基盤的な部分でそれに応えるという良循環の結果といえよう。しかしもはや学校教育の制度的な臨界点に達している以上，目標を含め学校数学そのものをあらためて問い直し，これからの数学教育の展開を構想する段階に入っているのかもしれない。そうでなければグローバル化という時代と社会を巡る環境変化に適切に対応できないであろう。

1．目標の原点と転換点

　近代は識字を for all という形で展開する。つまり普通教育は3Rs「読み・書き・ソロバン」に始まる。したがって数学教育は識字のソロバンに起源をもつ。しかし計算技術は「ソロバン」ではなく，「筆算」に求められた。筆算の伝統のないわが国でも，1872年の学制改革とともにその徹底が図られている。識

字が普遍化する背景には，15世紀のグーテンベルクによる印刷術の発明，17世紀・18世紀のデカルトやニュートン等による近代科学の誕生，18世紀・19世紀における産業革命の勃興，そして国民国家の成立などなど世界史を書き替える出来事をいくつも指摘できるが，近代化という歴史的変革を持続可能にしたのは教育に他ならない。

数学教育に限定すれば，「筆算」は国語と同様に初等教育の核として進展する。わが国では1900（明治33）年に小学校令が改正され，その施行規則に「算術ハ日常ノ計算ニ習熟セシメ」と記されている。国定教科書（尋常小学算術書：黒表紙）によって「計算ニ習熟」はおよそ40年にわたって推進される。黒表紙の時代が過ぎ，国定教科書が尋常小学算術：緑表紙に移行するとき，「計算ニ習熟」からようやく「数理思想ノ開発」に指導の力点が置かれる。しかし小学校令施行規則に記された算術の目標には変更はなかった。第二次世界大戦をはさんで，戦後教科名は「算数」に変更されるが，算数指導の基調は，計算と数理思想の継承発展といってよいであろう。

義務教育の6年間で同じ世代の80%の卒業生が社会に巣立つ時代にあっては，「算術」は一種の完成教育であったが，戦後の「算数」は中学数学につながる教科に位置づく。さらに1960年代には集合や正負の数など新教材の導入が図られて，高等数学の初歩とみなされたのは，当時一世を風靡した数学教育現代化（New Math）のせいである。しかし世界的に見ても算数の基本は計算であった。「ジョニーはなぜたし算はできないか」が「現代化の失敗」として出版されたことと（クライン，1976），現代化の直後，「計算指導に帰れ（Back to Basics）」が算数・数学教育の指導テーマとしてスローガン化されたことは，現代化に対する極端な反動とはいえ，歴史的に算数が，計算にほぼ等価であったことの証左であろう。しかし皮肉なことに1970年の終わりから80年の初めに入ると，廉価なポケット電卓が流通し，その普及とともに計算指導の意味は根本から問われる。数学教育の現代化は「計算」によって清算されるが，電子工学の成果は数学教育を「計算」から解放する。

ところがNCTM（全米数学教師評議会）は1980年「数学教育に関わる提言Agenda」を発表し，1980年代の数学教育の主要テーマに，「問題解決」を据えた。このテーマは，20世紀にとどまることなく世紀をまたいで今日まで，

しかも学校数学全体をカバーする形で，様々に変奏されながら，数学教育の基底部で減衰することなく響いている。

ポケット電卓は数学教育の目標を「計算」から「問題解決」に代えたといってよいが，その結果，教授・学習を支える心理学は行動主義から認知主義に変更され，教育目標を語る哲学は，構造主義から構成主義に劇的な転換をはたした。数学教育を導くスローガンも，「問題を解くのは子供である」(cf. 片岡編，1992, pp. 164-165)，「『教えたい』ものは，教えてはならない」(cf. ibid., pp. 168-169)，「教えるから学ばない」(cf. 平林，1986, p. 13) 等，児童・生徒の主体的な学びを求める名言であって，これらの言葉は問題解決の文脈で初めて意味を見出す。

問題解決は現実と数学をつなぐ一種の認知過程であって，すでに5世紀，プロクロスは「原論第1巻の注釈」の中でこの点を伝えている (cf. 中村，1978, pp. 56-59)。今日の OECD は PISA の中で，それを数学化のサイクルとして表現している。図2-1の(1)～(5)は問題解決に他ならない。

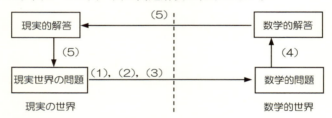

（1）現実に位置づけられた問題から開始すること。
（2）数学的概念に即して問題を構成し，関連する数学を特定すること。
（3）仮説の設定，一般化，定式化などのプロセスを通じて，次第に現実を整理すること。
（4）数学の問題を解く。
（5）数学的な解答を現実の状況に照らして解答すること。

図2-1　数学化サイクル (OECD, 2004, p. 29)

無論，学習主体を抜きにして図2-1を語ることは教育的に無意味であるが，推論と学習を機械に代替させる人工知能 AI (Artificial Intelligence) が，図2-1に近い状況を代行できないわけではない。東ロボ・プロジェクトでは，高い精度で大学入学試験の数学を解答させている (国立情報学研究所，2010)。電卓が数学教育の方向性を大きく切り替えたように，AIが問題解決の潮流を変えないとは断言できない。そうした時代に我々は遭遇している。

2．欧米と東アジア諸国における目標比較

　教育目標は，教科内容と異なり，文化的要因や社会的成分を抜きにして語ることはできない。市民社会に参加する能力形成は暗黙の了解事項であり，そのための陶冶的目標と実用的目標が，各国のカリキュラムに記されている。前者はいわば個に応ずる資質形成をめざし，後者は社会に応ずる能力形成と分けて考えることがでるが，産業構造が複雑化し社会の要求水準も多岐にわたれば，一概に「実用」で括れるものではない。全米数学教師協議会 NCTM のスタンダードやイギリスの国定カリキュラムは，数学なしに今日の科学技術の維持と進展のありえないことを伝えているが，この事実認識のなしに，米国の「公正（equity）」という原理的目標は成立するとは思えない。

　米国・イギリス・フランス・ドイツ（ノルトライン・ベストファーレン州）と中国・韓国・日本，いわゆる西と東の中等段階における数学教育の目標を，個人の資質形成と社会への能力形成とに2分してまとめると表2-1になる。

　表2-1は強調する点に濃淡はあれ，各国にほぼ共通する目標であり，そうでない独自な目標も指摘できる。

- 数学的議論や応用に関する論文などを読んで理解すること（米国，イギリス）
- 高次の数学問題を解決できること（イギリス，フランス）
- 学問的研究への基本的態度（ドイツ）
- 歴史的文脈で数学をする学習活動，歴史的概念の発展を知る学習（フランス）
- 公正（Equity）（米国）
- 数学的文化と非数学文化との結びつきを作り出すこと（ドイツ）
- 発見の喜びを感じること（フランス）
- 自信を高めること（イギリス）
- 楽しみを育てること（イギリス）

　わが国や韓国（徐，1995）の目標が総括的に述べられているのに対して，欧米諸国の目標は細目に分かれ詳しく論じられている。前者は数学的思考や問題

解決能力や創造性や態度など個人の資質形成に重きを置くが，後者はむしろ市民社会の形成や国造りに必要な人材といった社会的方向に重心を置く。東西の数学に対する姿勢がそこに現れており，個々の生徒の興味や関心や態度といった，形式陶冶に関係する目標設定の強さは，東アジア的な教育風土を反映しているのかもしれない。

表2-1　国際的な数学教育の目標（岩崎・銀島，2010, p.73）

陶冶に関連する目標	・初等的な数学の基礎概念や成果や方法を知ること ・発見的，帰納的，演繹的方法を知ること ・数学的対象と関係を認識し，関係付けられること ・数学的な表現力（口頭と記述） ・数学的なモデルを他の教科に関連付けられること ・初等的な証明方法を使えること ・いろいろな問題解決の方法を習得すること ・類推の意味と意義を理解すること ・問題を把握し数学化し，数学的なモデルを作り，その適切性を判断できること
社会に関連する目標	・数学的なモデルを作る際の数学的な基本概念，その結果，方法及びアルゴリズムを利用できること，またその視覚化の可能性を知ること ・数学的なコンピューターソフトを理解し，その使い方を知ること ・現実的な状況と結びつけて問題を理解し，同時に数学化することができること ・データや回答を収集・整理・分析できること ・情報機器が利用できること ・数学的なモデルを作り，それを評価し，その可能性と限界を理解できること

3．目標論の課題と新たな動向

　学校数学の目標は就学期間を終えた後，方法として社会で機能しなければ無意味である。そのため算数が計算を目標に，そして数学が問題解決を目標にしたのは，社会的にも歴史的にも必然であった。しかし電卓の登場と普及は算数・数学教育の目標を，計算中心から問題解決にシフトさせたが，皮肉なことに今日では，学習と推論を電子的に模倣できるAIの活躍で，問題解決を機械に代替させることができる。正解の潜在する数学的文脈であれば，人間よりも

AIの方がより正確に早く処理できるであろう。したがって機械では代行できない能力開発こそ，数学教育の目標にふさわしいといえる。

　図2−1の数学化サイクルにはそれまでの問題解決モデルには見られなかった，破線が中央にある。しかしそれについて説明はなく，数学と現実の境界が示唆されるにとどまっている。その部分に注目しているのが図2−2のモデル化過程であり，中央に実線で太くGVsが描かれている。

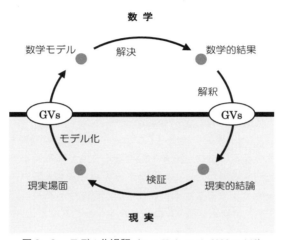

図2−2　モデル化過程（vom Hofe et al., 2006, p. 146）

　単なる現実と数学との物理的な境界を指すのではない。ドイツ語のGrundvorstellungenの略字が記されている。Basic Mental Modelsと英訳されているが，ドイツの研究者はGVsに拘っているのだから，ドイツ観念論風に「基本的表象機能」とでも邦訳した方がよい。この境界領域以外では，課題や仮設の設定はなされず，解決や論述に必要な検索スウィッチも入らない。この太い実線部分こそ人工的な知能には及ばない内部的知性の発動する主体的領域であり，数学教育によってその強度と精度が決定される。今回の学習指導要領の改訂で重視された「主体的・対話的で深い学び」（文部科学省，2017）も図2−2の中央を走る太い実線を前提に実現する。さらに我々を取り巻く「現実」のモデル化過程も，微積を頂点とする数学カリキュラムではもはや十分ではない。またこれまで対応しきれなかったビッグデータの処理も，大規模計算機システムの

登場によって瞬時に可能になっている。そのような現実に、未来からやってきた人たちつまり一人ひとりの生徒は、直面している。

近年の数学教育国際ハンドブックの巻頭言で指摘されているように、数学教育の国際的なカリキュラムスタンダードが構想される時代は遠くない。またその勢いを止めることもできないであろう＊。このことは好むと好まざるとに関わらず、暗黙裡に国際的に標準化された言語を教授言語に採用することも示唆している。学習指導要領における数学科の目標を時代順にトレースしていくことが、未来の数学教育の目標を明らかにするとは考えられない時代に至っている。いわば数学教育の新たな目標を模索する夜明け前といってよいであろう。

＊国際的な数学教育ハンドブックは1992年に始まり、2016年には8巻目を数えるが、今後も様々な形式をとりながら継続されるであろう。名称では3度目、年代的には6番目になる国際ハンドブックの中で、Clementsは次のように数学教育の将来を予言している。

《現代技術の持続的革新の速度そして世界の隅々にまで浸潤する新たな技術の到達の進度をみるにつけ、20年も経たないうちに国際的なカリキュラムが同意される時が来る、のではないかとさえ思わざるをえない。無論それに痛烈に反対する声も多くある。その声とは、教育課程や教授は、社会的な要因や文化的な因子と連動せざるをえないというものである。》(2013, p. viii)

第2節　わが国における西洋数学の受容

わが国の数学教育の起源は、西洋数学受容の過程及びその様態にある。同時に、今日の数学教育が胚胎する基本的な問題もここに淵源する。そう考えるのは、次に述べる理由による。わが国が近代を臨むに当たり、西洋の科学技術の導入・摂取が喫緊の課題となり、それと共に西洋数学の受容が始まった。その近代化に向かい、幕藩体制を終焉させ、国民国家を建設するため、検討等する間も無く性急に、大急ぎで近代教育システムを移植・創設していったといってよい。ただ、ここで注意しなければならないのは、西洋の科学技術の導入・摂取と西洋数学の受容とは、内容的に深く関わっているとはいえ、本質的に異な

る様相を示していることである。西洋の科学技術は，それまでの日本には存在していない，全くといっていいほど新しいものであり，それらを導入・摂取していったのである。それに対し，西洋数学は，和算文化の根差す日本に輸入され，さらに，その文化的地盤に正に「受容」されたものである。これが，わが国の数学教育の起源である。

1．西洋数学の「輸入」から「受容」に至る過程概要

　幕末において，西洋数学の「輸入」が本格的になった。西洋数学輸入の第一の道は中国の書物を通じて間接的に開かれたものであり，第二の道は長崎から入るオランダ書によって開かれたものである。明治初期にかけて，第一の道は小さくなり，第二の道は大きくなっていった。第二の道は，オランダ書から英・独・仏のものへと移行していった。「輸入」はその後も明治中期に至るまで続いていき，「輸入」された西洋数学は，和算との関係を持ちながらも，次第に和算を排斥していく方向で，日本の数学研究と数学教育の中に「導入」されていった。幕末における西洋数学の「輸入」・「導入」は，まず，算術および初等代数学の初歩に関わる内容について行われた。算術および初等代数学の初歩の内容は殆どが，すでに和算の中にあったものであり，その内容をインド・アラビア数字とそれによる十進位取り記数法によって置き換えることができた。すなわち，比較的容易に，和算の点竄を西洋の代数表現に変換することができた。算術および初等代数学の初歩においては，比較的早く明治初頭には，和算の表現が洋算の表現に「変換」された。さらに，西洋数学書の多くが「翻訳」されていくようになった。「翻訳」の際に用いられた西洋数学の術語には，和算の言葉，中国訳の言葉，新訳語などがあり，明治初期には，数学の術語は不統一を極めていた。明治10（1877）年代には，数学術語統一の動きが起こった。東京数学会社訳語会の活動を中心とした数学の術語を統一する活動と翻訳書整備の進行とが相俟って，和算には無かった西洋数学の内容においても「輸入」・「導入」がされていった。明治20（1887）年頃には，翻訳書が充実し，教科書も整備されていった。そのような過程の中で，西洋数学は，日本の文化的地盤に消化されていった。明治30（1897）年頃にかけて，形式的な「変換」や

単なる「翻訳」ではない，西洋数学の意義を捉えた，日本人独自の日本語の「教科書」が完成された。菊池大麓（1855-1917；以下単に菊池と略記）が著した明治21（1888）年の『初等幾何学教科書 平面幾何学』（以下単に菊池の教科書（1888）と略記），明治22（1889）年の『初等幾何学教科書 立体幾何学』（以下単に菊池の教科書（1889）と略記）であり，藤澤利喜太郎（1861-1933；以下単に藤澤と略記）が著した明治29（1896）年の『算術教科書 上，下』（以下単に藤澤の教科書（1896）と略記），明治31（1898）年の『初等代数学教科書』（以下単に藤澤の教科書（1898）と略記）である。ここに西洋数学は，日本に「受容」されたとみることができる。菊池と藤澤は，わが国の数学教育の形成において重要な礎を築いた人物で，共に西欧への留学経験があり，その留学経験と和算の特質や日本人の特性の分析を通して数学教育形成に深く関わっていった。次頁は関連の年表抄（表2-2）である。

2．西洋数学の「受容」と和算との関係性

「和算」との関わりから，西洋数学（主には算術及び初等代数学）の「受容」に至る過程を捉えると，その過程は大きく次の三段階に分けられる。

> 第一段階：和算表現から洋算表現への「変換」の段階
> 第二段階：西洋数学原書から日本語への「翻訳」の段階
> 第三段階：日本人独自の日本語の「教科書」編纂の段階

第一段階は，わが国最初の洋算書，柳河春三『洋算用法』（1857）に，その典型を見ることができる。和算の点竄を西洋の代数表現に「変換」している。

西洋数学「受容」過程において，第二段階の日本語への「翻訳」は必然と言ってよい。和算との関わりで言うと，その段階において，次の2つのことが生じた。一つは，和算の言葉，中国訳の言葉，新訳語が入り乱れている状況から，数学術語統一の動きが起こったことである。訳語会を中心としたその動きには，西洋の言葉そのままに取り入れるのではなく，悉く日本（和算）の言葉に「翻訳」して受け入れようとする姿勢があった。その「翻訳」の過程に「和算」が大きく関わっているということができる。もう一つは，左起横書き数学書の誕

表 2-2 明治期の数学教育形成に関わる年表抄［佐々木（1985）『現代数学教育史年表』より抜粋］

明治	西暦	教育全般	菊池大麓の関係	藤澤利喜太郎の関係
5	1872	・文部省（大木喬任）学制頒布（フランスの学制による）。和算を廃止，洋算採用 ・小学校教則，中学校教則制定		
10	1877	・東京数学会社（日本数学会の前身）創設，神田孝平社長		
			・菊池大麓，イギリスのケンブリッジ大学を卒業して帰国，東京大学の数学教授。Robinson の数学に代わり Todhunter を推薦	
11	1878	・和算家で洋算に通じた岡本則録 東京数学会社社長となる		
		（会員中に菊池大麓がいた）		
12	1879	・学制を廃止，教育令公布（男女別学）		
13	1880	・改正教育令制定		
14	1881	・小学校教則本綱領制定（初等科 3 年，中等科 3 年，高等科 2 年）		
15	1882	・教則改正：小学校・中学校（下等・上等をそれぞれ尋常，高等とす）		
19	1886	・森有礼文相による教育改革。帝国大学令公布，東京大学を帝国大学とし，又大学院をおく。高等師範学校設立。師範学校令，小学校令，中学校令（尋常中学校と高等中学校）制定 ・中学校教員免許状制度を創設。教科書検定制度の開設		
20	1887			・藤澤利喜太郎ドイツより帰国，東京帝国大学へ
21	1888		・菊池大麓：初等幾何学教科書（平面の部，立体の部，1888～89）	
22	1889			・藤澤利喜太郎：生命保険論
23	1890	・小学校令改正 ・中学校令改正，高等女学校の名称起こる		
24	1891	・小学校教則大綱公布		
26	1893		・菊池大麓，沢田吾一：初等三角法教科書	
27	1894	・（旧制）高等学校（6 年），高等師範学校規則制定		
28	1895			・東京帝国大学 藤澤利喜太郎，算術条目及教授法（数え主義）
29	1896	・高等教育会議設置 ・師範学校令公布		・藤澤利喜太郎：算術教科書
30	1897		・菊池大麓：「幾何学講義」第 1 巻	
31	1898			・藤澤利喜太郎：算術教科書，初等代数教科書
32	1899	・実業学校令，高等女学校令公布 ・私立学校令公布		

33	1900	・小学校令，小学校令規則改正。小学校は尋常化4年，高等科4年 ・中学校令改正（以後30年間続く）	・藤澤利喜太郎：「数学教授法」
34	1901	・中学校令施行規則改正 ・高等女学校令規則（4年制，5年制）改正 　　　・菊池大麓，東京帝国大学総長から文部大臣となる	
35	1902	・教科書疑獄事件起こる ・小学校教科書の国定制度が確立（明治35～38年） ・中学校教授要目制定，幾何学初歩（中1）廃止（菊池，藤沢らによる）	
36	1903	・小学校国定教科書制度公布（1904年4月より実施） ・高等女学校教授要目制定 ・高等専門学校令制定	
37	1904	・小学校国定教科書，小学算術（黒表紙）使用開始	
39	1906	・菊池大麓：「幾何講義」第2巻	
40	1907	・小学校令改正（尋常科6年，高等科2～3年） ・義務教育年限6年とする（翌年4月実施） ・師範学校規程公布（昭和18年1943まで）	
43	1910	・小学校令改正（尋常小学校6年，高等小学校2～3年） ・師範学校教授要目制定 ・高等女学校令改正 ・文部省内に数学教科調査委員会設置　　（委員長　藤澤利喜太郎）	
44	1911	・中学校数学科教授要目制定。算術，代数，幾何，三角法 ・高等女学校，実科高等女学校教授要目制定（4か年，数学は毎週2時間，中学校2年レベル） ・高等学校令公布，高等中学校廃止	

生が比較的遅く，明治20（1887）年になったという点である。日本で最初のものは長澤亀之助訳『スミス初等代数学』である。記号代数学の意義を生かそうとすれば，左起横書きという様式が必要となる。ところが，和算の様式は，右起縦書きであったため，和算の様式からなかなか抜け出せなかった。あるいは，西洋書の様式をそのままに取り入れるのではなく，日本（和算）の様式で洋算を取り入れようとする姿勢があったことも考えられる。「翻訳」した日本語は縦に書くのは容易であったし，数式も横にして縦書きにあてはめることで凌いでいた。和算の様式で「翻訳書」編纂が進むに従い，左起横書きの必要は増し，左起横書き数学書の誕生に至ったと言える。困難は伴うものの和算の様式で「翻訳書」編纂を推進した成果である。

　第三段階は，菊池の教科書（1888・1889），藤澤の教科書（1896・1898）にそ

の典型をみることができる。菊池の教科書（1888）は，明治21年に文部省から出版された。その3年前の明治18（1885）年に，英国において「平面幾何学教授条目」が出され大きな指針が示された。2年後の明治20（1887）年に，菊池はこれを訳出している。菊池の教科書は英国の条目にほぼ沿うているが，英国の教科書の翻訳ではない。松原（1987）は，窪田忠彦の『科学　第18巻第1号』（1948）での言，「この条目によって書かれたウヰルソンの幾何学教科書よりも菊池の教科書ははるかに論理の筋道が整然としていて，殆どの中学校が長期に亘ってこの本を採用していたのも頷ける」を紹介している（松原, 1987, p.118）。菊池の教科書（1888・1889）は，わが国の中等教育の幾何学の内容を決めたのである。そして，この教科書の様式（左起横書き）は，後の数学教科書のモデルになった。

3．幾何教育における西洋数学の「受容」

わが国に定着している「幾何」という語は，『幾何原本』前六巻（1607）という中国の書物の名に由来する。『幾何原本』前六巻（1607）は，マテオ・リッチの口訳と徐光啓の筆受によってユークリッド『原論』の漢訳本として生まれ，中国においては「幾何（いくばく）？」という問いに答えるための量の技術の基礎理論として受け入れられた。その後も幾何学は量の技術であるという捉え方は変わらず，中国は清末に至ってもユークリッド幾何学を真に受容することはできなかった。江戸時代の日本の数学（和算）も中国の数学と同様，量の技術すなわち算術であった。当時の日本人や中国人に決定的に欠如していたのは，演繹的思考であり，論証の精神であった。これら日本人の思考様式が，ユークリッド幾何学の理解を妨げた大きな要因として考えられる。日本の数学者がユークリッド幾何学に接したとき，彼らにとって論証の幾何学としてのその意味を理解することは大きな困難であった。それゆえ，『幾何原本』は数回にわたる輸入にもかかわらず幕末に至るまで日本に影響を及ぼすことは少なかった。西洋数学の導入が盛んになる幕末から明治初期にかけ，西洋の幾何学を受容していく過程において『幾何原本』は強く影響を及ぼし，大きな役割を担うことになる。ユークリッド幾何学受容の初期様相をよく表すとみられる瓜生

寅編（1872）『測地略』「幾何学」の部には，命題を一般的に記述することとそうすることによる体系化における意義の理解，ユークリッド幾何学の体系化の根幹に関わる「公準（要請）」や「作図題」の認識の困難性及び命題の流れに対する理解等に，ユークリッド幾何学受容の困難性が認められる。このように，西洋の論証の幾何学は，和算の中にはほぼ無かったものであり，先の西洋数学の「受容」の第一段階において，幾何学の場合は算術や初等代数学の場合とは異なった様相を呈している。

　菊池は，当時のイギリスの数学文化に大きな影響を受け，帰国してから，ユークリッド幾何学を採用し，それを日本へ移植することに努めた。その際，日本人の表現様式にある非論理性を克服するため，代数記号を使わず幾何を表現することを通して，言文一致文体の創造を図った。さらに，日本人の和算文化に欠如しているとみられる純粋推理力を培うため，論証を導入することを通して，日本人の思考様式の改革を図った。それらが，菊池の教科書（1888・1889）という形として結実した。ここにおいて，ユークリッド幾何学は「受容」され，それが後の中等学校における「幾何学」の基盤になったものと考えられる。菊池は，古代ギリシアに由来する論証の精神の文化的価値を認め，それを導入し教育に位置付けた点で，日本の数学文化に重要な貢献をした（佐藤，2006，p. 53）。

4．菊池大麓の目に見える業績

　先の年表抄（表2-2）を見てみよう。明治10（1877）年，菊池は留学を終えて帰国し，東京大学の数学教授に就任する。その後，日本の大学における数学研究の基礎をつくることに尽力していった。また，帰国後は東京数学会社の会員ともなり，数学の術語（学術上の訳語）の統一にも深く関わっていった。明治21（1888）年及びその翌年には菊池の教科書（1888・1889）を出版した。これらは，その後の中等教育に論証幾何学を定着させていくことになる。厳密な論理体系の学習を通して，正確な思考を養い推理力を発達させることこそが数学教育の目的であるという菊池の教育思想が，その後の数学教育に普及しそれに携わる教師を捉えた。明治30（1897）年に，菊池の教科書の教師用書に当

たる『幾何学講義　第一巻』を出版し，菊池の教育思想の更なる啓蒙を図った。明治34（1901）年3月に「中学校令施行規則」が公布された。（先の表2-2には「中学校施行規則改正」とあるが，正確には「改正」ではなく「公布」である。）この「中学校令施行規則で，中学校数学科の目標がわが国で初めて次の通り明文化された。

> 数学は数量の関係を明にし計算に習熟せしめ兼て思考を精確ならしむを以て要旨とす。数学は算術，代数初歩及平面幾何を授くべし。

　同年6月に，当時東京帝国大学総長であった菊池は，文部大臣に就任し，教育行政の表舞台に立ち，数学教育に関わる教育制度にも大きな影響を及ぼしていくことになる。文部大臣就任の翌年（1902），「中学校施行規則」の改正と「中学校教授要目」の制定である。これらによって，菊池の基本的な考え方が具体化された。「中学校施行規則」の改正によって，数学科は次のように規定された。

> 数学は数量の関係を明にし計算に習熟せしめ兼て思考を精確ならしむを以て要旨とす。数学は算術，代数，幾何及三角法を授くべし。

　この数学科の規定により示された基本的な枠組みは，その後約40年間続くことになった。同年（1902），文部省は「中学校教授要目」を制定した。これによって，わが国で初めて，中学校の指導内容が教科毎に系統的に示された。平面幾何の部分については，菊池の教科書（1888）年の内容構成とされている。

5．菊池大麓の考えた数学教育の目標

　菊池は，菊池の教科書（1888・1889）を通して，どのような彼の幾何教育思想を実現しようとしたのであろうか。
　菊池の教科書（1888・1889）の解説書である『幾何学講義　第一巻』の「第一章　総論」には次のように記されている。

> 幾何学に於ては少数の公理及定義を基礎とし，夫より逐次推究し正答の証明無くしては一歩も進まず，実に演繹推理法の最好き例なり。故に幾何学は其の講ずる所

> の事項が吾人の生存する空間の性質にして宇宙万物皆此性質を有せざる無きを以てこれを知ること人生極めて必要の事たるのみならず，又其の攻究の方法は吾人の何事に付ても行わざるを得ざる推理の方法を練習するに最適当せり：此学科の普通教育中の一大科目たるはまた至当の事なりと言ふ可し．

　ここには，幾何学教科書編纂の目的として，延いては普通教育中における幾何教育の目的として，実質的な面と形式的な面の二つが強く語られている。実質的な面は，ユークリッド幾何学に基づく厳密な論証体系，延いては西洋の学問としての数学の性格を教授しようというものである。形式的な面は，その教授を通して正確な思考を養い推理力を錬磨することをねらいとするものである。この二つは，菊池にとって幾何教育における大きな柱であり，相互に作用しあい進められていくものであった。菊池はこの目標の実現のために，次のような具体的な主張と取り組みを行っている。その主なものは，後の数学教科書の様式となる横書きの実施，代数と幾何を分離しての言文一致体の創造，厳密な論証体系の学習を通しての日本人の思考様式の改革等である。その後，ペリーの提唱（1901年）から世界的な規模で始まった「数学教育改造運動」を契機として，菊池・藤澤らによる「分科主義」や「論理主義」の強調は世界の時流に逆行するものだという批判も強められていくことになった。

6．わが国の数学教育の目標

　菊池（1897）は，「論証幾何学の起こり」について，次のように言及している。

> 　　幾何学者としての最初の人は，2500年程前のタレース（Thales）である。プラトー（Plato）はタレースの弟子ピュタゴラス（Paithagoras）の門に学んだ。プラトーは幾何学者であるのみならず最も哲学に秀で，その問答という数編は今もなお哲学者の尊敬する所である。これより幾何学は実に一大進歩を為していった。紀元前300年頃のイウクライデス（Eucleides）は当時幾何学上知られていた事項を整頓し証明を厳密にし，自己の発見を加えて幾何学書数部を著した。その現存するものはイウクリッドの幾何原本という。
> 　　　　　　　　　　　　　　　　　　　　　　（菊池，1897，附録 i -iii）

伊東（1987）は，「論証（証明）の起こり」について，次のように述べている。

　　我々が今日，数学すなわち証明であるという観念をもっているとすれば，それはギリシアという一文化圏で起こった特殊な概念が，その後中世ラテン世界に受けつがれ，やがて西欧近代数学の基本概念となり，それを我々もまた受け入れたということに他ならない。ギリシアで起こったことは一つの特殊な，しかし重要な意味をもつ事件であった。この事件がギリシアにおいてのみ起こった理由は，ギリシアの社会的構造すなわちポリス的構造にあると考えられる。数学は上から与えられるものではなく，ポリスにおける市民の「イソノミアー」（権利の平等）によって，誰もがものごとの根拠，理由，その「なぜ」を問うことができる。それに答えることから，さらに新たな問いが生み出され，そこに「問答」の連鎖が生じ，ついには公理や公準のような究極的原理が明らかにされるという事態が起こるのである。こうした特殊ギリシア的文脈において成立した数学の証明的性格は，その後近代西欧数学の中にも受けつがれ，その普遍化に伴い後世に大きな影響をもち，数学の基本的性格の一つをつくることになった。

（伊東，1987，pp. 18-19）

　わが国では，この度の学習指導要領の改訂（2017年）で「主体的・対話的で深い学び」が打ち出された。生徒にとって今，数学は上から与えられるものではない。数学の学習の中で誰もが「なぜ」を問うことができる。それに答えようとし，新たな問いを生み，「問答」の連鎖を生じさせる。そのような数学的活動を通して，自分自身の中に数学をつくり，数学の「深い学び」を実現させることができる。これからも，そのような数学教育が目指されなければならない。

　菊池に，伊東（1987）の述べる「イソノミアー」等の認識があったかどうかは定かではないが，次はいえよう。菊池は，古代ギリシアに由来する論証の精神の文化的価値を認め，それをわが国の数学教育の礎に据えたのである。

　明治からの時代の激しい変遷を経て，菊池・藤澤への数々の批判をも超え，わが国の「数学教育の目標」の根幹に通底してきているものは，日本人が苦難を乗り越え日本古来の数学（和算）文化に受容した，古代ギリシアに由来する

論証の精神ではないだろうか。ここにわが国の数学教育の歴史的基盤を見直し，豊かな数学教育創造への歩みを確実に進めていかなければならない。

> **章末問題**
> 1．学校教育は国家の一省庁が基本的に管轄する未来への投資といってよい。学校数学の目標の歴史的展開を略述し，未来への展望を述べよ。
> 2．わが国の学校数学は西洋数学の受容にはじまる。その意味で菊池大麓の果たした役割は非常に重要である。菊池の経歴を略述し，彼の果たした学校数学への役割を述べよ。

引用・参考文献

伊東俊太郎（1987）「序説　比較数学史の地平」伊東俊太郎編『中世の数学』共立出版，1-29．

岩崎秀樹・銀島文（2010）「世界の数学教育」岩崎秀樹編『新しい学びを開く数学科授業の理論と実践』ミネルヴァ書房，57-75．

OECD，国立教育政策研究所監訳（2004）『PISA2003年調査　評価の枠組み：OECD生徒の学習達成度調査』ぎょうせい．

片岡徳雄編（1992）『授業の名言』黎明書房．

瓜生寅編（1872）『測地略』文部省．

菊池大麓（1888）『初等幾何学教科書　平面幾何学』大日本図書．

菊池大麓（1889）『初等幾何学教科書　立体幾何学』大日本図書．

菊池大麓（1897）『幾何学講義　第一巻』大日本図書．

菊池大麓（1906）『幾何学講義　第二巻』大日本図書．

公田藏（2006）「明治前期の日本において教えられ，学ばれた幾何」『数学史の研究』数理研講究録1513巻：188-202．

クライン，M，柴田録治監訳（1976）『数学教育現代化の失敗：なぜジョニーはたし算ができないのか』黎明書房．

国立情報学研究所（2013）「国立情報学研究所ニュース No.60」https://www.nii.ac.jp/userdata/results/pr_data/NII_Today/60/all.pdf．

佐藤英二（2006）『近代日本の数学教育』東京大学出版会．

清水静海（1997）「菊池大麓と藤澤利喜太郎の学力観」『20世紀数学教育の流れ』日本数学教育学会編，産業図書：17-30．

徐恵淑（1995）「韓国」『CRECER 第17巻　数学教育の動向』ニチブン，226-239．

伊達文治（2013）『日本数学教育の形成』渓水社．

長澤亀之助訳（1887）『スミス初等代数学』数書閣．

中村幸四郎（1978）『ユークリッド』玉川大学出版部．

平林一榮（1987）『数学教育の活動主義的展開』東洋館出版.
藤澤利喜太郎（1896）『算術教科書　上巻・下巻』大日本図書.
藤澤利喜太郎（1898）『初等代数学教科書　上巻・下巻』大日本図書.
松原元一（1987）『日本数学教育史Ⅳ数学編(2)』風間書房.
文部科学省（2017）『中学校学習指導要領（平成29年告示）』.
山本信也（2010）「わが国における目標の史的変遷」岩崎秀樹編『新しい学びを拓く　数学科授業の理論と実践――中学・高等学校編』ミネルヴァ書房，41-55.
Clements, M. A., Bishop, A. J., Keitel, C., Kilpatrick, J. & Leung, F. K. S. (Eds.) (2013) *Third international handbook of mathematics education*, Springer.
vom Hofe, R., Kleine, M., Blum, W., & Pekrun, R. (2006) "The effect of mental models ("grundvorstellungen") for the development of mathematical competencies: First results of the longitudinal study PALMA", In Bosch, M. (Ed.), *Proceedings of the IV Congress of the European Society for Research in Mathematics Education*, Barcelona, Spain : FUNDEMI-IQS, 142-151.

（岩崎秀樹・伊達文治）

第3章

数学的な見方・考え方と評価

　日本の数学教育において,「数学的な見方・考え方」は中心的な目標として位置づいてきた。「数学的な見方・考え方」は,目標概念であり,包括的かつ抽象的に述べられうるために,その文言だけをみても,それが意味することは捉え難い。本章は,「数学的な見方・考え方」の歴史的な展開をたどることから,「数学的な見方・考え方」が意味する本質を述べ,それが実際の学習指導そして評価において,どのような役割を果たしうるのか,について論じる。そこで本章では,次の4つの課題を取り上げて考察する。

1. 数学教育の目標としての「数学的な見方・考え方」の変遷はどのように記述されるか。
2.「数学的な見方・考え方」の本質とは何か。また,その今日的な意義は何か。
3. 数学的な見方・考え方をどの様に学習指導・設計に活かすのか
4. 目標としての「数学的な見方・考え方」に準拠した学習評価およびその方法は,どうあるべきか。

本章の内容
　第1節　これまでの「数学的な見方・考え方」
　第2節　数学的な考え方の本性
　第3節　数学的な見方・考え方の学習指導
　第4節　数学的な見方・考え方を通した評価

第1節　これまでの「数学的な見方・考え方」

　数学的な見方・考え方は，これまでの日本の数学教育において，中心的な目標として位置づけられてきた。新しい学習指導要領における中学校数学の目標は，次のように記されている。

> 目標
> 数学的な見方・考え方を働かせ，数学的活動を通して，数学的に考える資質・能力を次のとおり育成することを目指す。
> (1) 数量や図形などについての基礎的な概念や原理・法則などを理解するとともに，事象を数学化したり，数学的に解釈したり，数学的に表現・処理したりする技能を身に付けるようにする。
> (2) 数学を活用して事象を論理的に考察する力，数量や図形などの性質を見いだし統合的・発展的に考察する力，数学的な表現を用いて事象を簡潔・明瞭・的確に表現する力を養う。
> (3) 数学的活動の楽しさや数学のよさを実感して粘り強く考え，数学を生活や学習に生かそうとする態度，問題解決の過程を振り返って評価・改善しようとする態度を養う。

　今回の学習指導要領の改訂においては，従来の教科内容の理解（「何を学ぶのか」）に加え，「何ができるようになるのか」という資質・能力（コンピテンス）の視点が重視されている。そのため，学習指導要領の目標の記述も，「① 知識及び技能」「② 思考力，判断力，表現力等」「③ 学びに向かう力，人間性等」という3つの柱から再整理されている。このような資質・能力ベースのカリキュラム改革において，「数学的な見方・考え方」が第一に位置づいていることが意味することは何であろうか。

　本学習指導要領の作成プロセスにおける「算数・数学ワーキンググループにおける審議の取りまとめ」をみてみると，数学的な見方については，数学的な見方については，「事象を数量や図形及びそれらの関係についての概念等に着

目してその特徴や本質を捉えることであると整理することができる」とされ，数学的な考え方については，「目的に応じて数・式，図，表，グラフ等を活用し，論理的に考え，問題解決の過程を振り返るなどして既習の知識・技能等を関連付けながら統合的・発展的に考えることであると整理することができる」とされている。さらに，数学的な見方・考え方について，「これらを踏まえると，算数科・数学科において育成される「数学的な見方・考え方」については，「事象を数量や図形及びそれらの関係などに着目して捉え，論理的，統合的・発展的に考えること」として再整理することが適当である」と述べられている。

このように，数学的な見方・考え方は，現在の日本においても中心的な目標であり，かつ数学に関する様々な見方や考え方を含めて再整理されたものであることがわかる。数学的な見方・考え方は，今日新たに目指される目標ではないので，その中身や本性とは一体どのようなものか，ということを理解するためには，これまでの数学的な見方・考え方に関する歴史的な展開を俯瞰し，どのように現在があるのかを理解することが肝要であろう。したがって以下では，これまでの数学的な見方・考え方に関する様々な議論を概観する。

1．数学的な考え方のはじまり

近代日本（明治期）の数学教育は，初等教育において生活に役立つ知識・技能という点で実質陶冶が，そして中等教育においては推理力などの思考方法という点で形式陶冶が強調されることから始まっている。その後，戦前の『尋常小学算術』（緑表紙教科書）において，実質陶冶と形式陶冶を統合する概念としての「数理思想」の涵養が教育目標とされた。さらに昭和17年発表の中学校数学教授要目において，数理思想が取り入れられることになる（長崎，2011）。昭和10年代に登場した「数理思想の開発」は，数学教育の中心的な目標として位置づくことになる。これが現在の「数学的な考え方」のはじまりである。

数理思想：
数理を愛し，数理を追求把握して喜びを感ずる心を基調とし，事象の中に数理を見

> 出し，事象を数理的に考察し，数理的な行動をしようとする精神態度
>
> （塩野直道）

　戦後，わが国初の学習指導要領は，昭和22（1947）年に「試案」として告示された。そこでは，「指導目標」とは別に，「指導方法」としての「児童・生徒の活動」が明記されている。「試案」の時期（「生活単元学習」期）を経て昭和31（1956）年に発刊された高等学校の学習指導要領（「系統学習」期）において，目標にはじめて「数学的な考え方」という表現が明示される。以下に，当時の学習指導要領の目標を挙げる。

> 　高等学校の数学科は，中学校数学科の教育をもとにして，これを発展させたものである。すなわち数学科全般として，生活を合理化し，向上させていくのに基礎となるような数学的な教養を生徒に与えることをねらうとともに，これを通じて，各生徒の個性と進路に応じた基本的な数学的な能力や態度を養うことをめざすものであって，主として，次のことを目標とする。
> 1．数学の基本的な概念・原理・法則等を理解し，これらを応用する能力を養う。
> 2．数学が体系的にできていることと，その体系を組み立てていく考え方とを理解し，その意義を知る。
> 3．数学的な用語や記号の正しい使い方を理解し，これらによって数量的な関係を簡潔明確に表現し，処理する能力を養う。
> 4．論理的な思考の必要性を理解し，筋道を立ててものごとを考えていく能力と習慣とを身につける。
> 5．数学的な物の見方，考え方の意義を知るとともに，これらに基づいてものごとを的確に処理する能力と態度とを身につける。

　この学習指導要領では，数学的な考え方を具体的に表すものとして「中心概念」が併記されている（長崎，2011，2013）。例えば，「数学Ⅰ」では，「代数的内容」，「幾何的内容」とともに「中心概念：a．概念を記号で表すこと，b．概念・法則などを拡張すること，c．演繹的な推論によって知識を体系だてること，d．対応関係・依存関係を捉えること，e．式や図形について不変性を見いだすこと，f．解析的方法と図形的方法の関連」と記されていた。その後の学習指導要領では，中心概念は記されなくなったが，数学的な考え方が目標としてはじめて明記された当時において，教育内容として数学の方法的側面が

記されていたことは，数学的な考え方の本質を捉える上で，重要な視点となりうる。

さらに昭和33（1958）年の小学校と中学校の学習指導要領において，「数学的な考え方」という表現が登場することとなる。ただし，この学習指導要領においては「数学的な考え方とは何か」という概念規定は明確にはなされてはいない（長崎，2009）。

2．数学的な考え方の展開

高等学校数学で「中心概念」とともに議論されてきた数学的な考え方ではあったが，1960年代になると小学校算数を中心に，「数学的な考え方とは何か」という議論が，数学教育者や数学者によって様々に展開されるようになる（長崎，2009）。また1970年代・80年代になると小学校だけではなく，中学校や高校においても徐々に教育目標として認められるようになり，その研究や実践が発展していった。

数学的な考え方の代表的な論者として中島（1981）は，1950年代から1960年代に文部省において，小学校学習指導要領の算数科に「数学的な考え方」を導入し，その後，その考え方を『算数・数学教育と数学的な考え方』にまとめている（長崎，2009）。そこでは，「算数・数学としてふさわしい創造的な活動（問題解決）が自主的にできる能力・態度」の育成をめざし，数学的な考え方の構造と創造の論理として，次の5点を挙げている。

1．課題を，簡潔，明確，統合などの観点をふまえて把握すること
2．仮想的な対象の設定と実在化（実体化）のための手法
3．解決の鍵としての「数学的なアイデア」の存在とその意識づけ
4．「構造」の認識と保存—特に拡張・一般化による創造の手法と論理—
5．評価—解決の確認とその真価の感得，残された課題と問題への志向—

この当時はいわゆる数学教育の「現代化」期であり，教科としての数学的内容の現代化が叫ばれていたその最中において，「数学的な考え方」によって，その本質的な理念としての形式陶冶と実質陶冶の統合を目指していたといえよ

う。

　しかし，このような視点が当時の中等教育数学，特に高校数学においてどの程度意識されていたのであろうか。また，今日の中等教育の数学教育において数学的な考え方の育成がどのように展開されているのであろうか。今日の中等教育数学に対する資質・能力ベースのカリキュラム理念の変更をみてみると，現在に至る数学の方法的側面への反省とみることができ，したがって今日の学習指導要領において，数学的な考え方が中心的な位置づけをなすことは意義を有する。

第2節　数学的な考え方の本性

1.「数学的な考え方」が目標でなければどうなる？

　前節においてみてきたように，数学的な見方・考え方とは，概略まとめれば，生徒が数学をするときの思考である。当然ではあるが，数学をしていなければ，数学的な見方・考え方が用いられることはない。また，教師ではなく，「生徒」が数学をすることに関する記述であり，したがって「数学的な考え方」の主体は常に生徒でなければならない。

　「数学的な考え方」が数学教育の目標として位置づくことの意義とは何か。もし当該の数学的概念を知ることのみが目標であれば，どのような学習指導が展開されうるであろうか。例えば，中学校や高校の数学で学習するような「二次方程式の解の公式」や「正弦定理」などは，それを記憶することを目指す授業があるとすれば，「それを知っているからどうなのか」と素朴に（生徒は）思うであろう。平林（2004）は，中等教育数学のカリキュラムについて，「すべての者が科学者・技術者になるかのような，甚だしくは，すべての者が数学者になるかのようなカリキュラム」（p.165）になることに警鐘をならしているが，数学者・科学者になるために必要な数学的な内容ではなく，数学的な考え方を中心として，生徒が社会参加するための資質・能力のあり方が問われてい

る。このことが，教科内容ベースから資質・能力ベースへのカリキュラム理念の変更される意義であろうし，「数学的な考え方」という目標概念によって，授業において生徒自身が数学を創造したり，発展させることが表されていることは，数学教育の目標として重要な価値をもつ（学習指導との関わりは第3節で詳述する）。

さらに，その「生徒」は，もちろんある特定の「生徒」を対象としているのではなく，「すべての生徒」が対象となる。すべての生徒にとっての数学教育を考えるとき，数学的な内容ももちろん重要ではあるが，「数学的な考え方」もまた重要で主要な目標として位置づくことになる。

2．「数学をする」ということ

このように，数学の授業においては，生徒が数学的な見方や考え方を用いてどのように数学をしているのか，ということは重要な視点となる。しかし，そのようにみたときには，次の疑問として，「『数学をする』とはどういうことか？」が問いとして生じうる。数学教育においては，それは「数学的活動」として表現され，本書においては第4章に詳述されている。しかし，「数学的な考え方」を理解するために，以下では大局的な視点から，それを記述してみたい。

「数学をする」とはどのようなことか，ということを考えたとき，それは，数学の問題集にあるような問題を解くこと，ある数学的な命題を証明すること，数学的な定理を理解すること，公式を暗記することなど，「数学をする」ことの解釈はその前提の置き方によって多様に捉えられうる。しかし，これまでみてきたように，日本の数学教育においては，数学的な見方・考え方によって表現される「数学をすること」は，単に数学的な定理を記憶すること以上に，数学を創りあげたり，それを一般化・論証したり，拡張し発展させること，といったプロセスを重視していることがわかる。今日では「主体的・対話的・深い学び」（文部科学省，2017）が目指されているが，実は日本の数学教育においては，それを「数学的な見方・考え方」という目標概念によって，表現してきたと解釈できる。

島田（1977）は,「既成の数学の理論を理解しようとして考えたり,数学の問題を解こうとして考えたり,あるいは新しい理論をまとめようとして考えたり,数学を何かに応用して,数学外の問題を解決しようとしたりする,数学に関係した思考活動を,一括して数学的活動」(p.14) とし,それを以下の図3-1で示している。

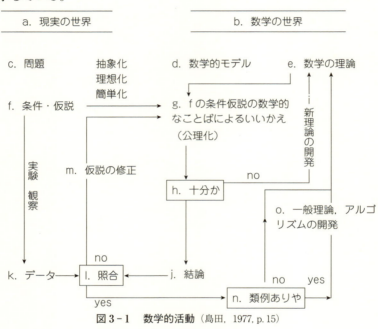

図3-1 数学的活動（島田, 1977, p.15）

この図において数学的活動は,現実の世界の問題から抽象化,理想化,簡単化することで数学的モデルを作成し,それから数学の世界での一連の活動を経ることで問題解決を行うものとされている。また,数学的モデルについては,「翻訳された命題群が見込みのあるものかどうかは,それが数学として何かの意味の決定可能性を持つか否かによる。もつときは,これを一つのモデルとよび,その過程をモデル化」(島田, 1977, p.44) としている（1977年にすでに本図が示されていることに留意されたい）。

上述の,「すべての生徒にとっての数学をすること」を考えるとき,島田がまとめる数学的活動は示唆的である。ヴィットマンらは,数学を応用指向と構

造指向の相補的な「パターンの科学」と捉えている（Müler et al., 2004）。構造指向の数学とは，端的に述べれば，数学の構造（パターンと関係）を探求する指向性であり，他方，応用指向とは数学外との接点をもつ数学で，数学の活用や応用，統計なども含まれることになる（「パターンの科学」という数学の捉え方に関しては，デブリン（1995）を参照）。すべての生徒が社会に参加することを想定した場合，応用指向と構造指向のどちらか一方ではなく，両者の数学が必要となり，そこでは応用指向と構造指向との協調が図られることが求められている。このようにみれば，上述の数学的活動は，すべての生徒にとって求められる様々な数学的活動を包含しており，それは生徒が素朴に数学をする活動を記述しているとみることができる。

3．数学的な考え方の拡張

　数学的な考え方は，数学教育の目標概念であり，現在においても，その捉え方は議論がなされている。本節のまとめとして，今日的な数学的な考え方の捉え方の1つとして，長崎（2007）の「数学の力」について述べる。それは，上述の島田が述べる数学的活動と対応するものであり，応用指向や構造指向の両方の数学を包含する「数学的な考え方」の拡張として，みることができる。

　長崎ら（2007）は，これまでの「数学的な見方・考え方」に関する議論を総括したときに，数学を創り出す考え方，発展させる考え方に強調点があることを指摘している。それはこれまでの数学的な考え方がどちらかといえば，構造指向に傾いていたことを指摘するものといえる。これに対して，長崎らは，これからの数学教育においては，数学を現実場面に活用したり，コミュニケーションする能力なども含める必要があり，それらを「数学の力」として再構成しており，次の4点を挙げている。

- ・数学を生み出す力
- ・数学を使う力
- ・数学で表す力
- ・数学で考え合う力

この「数学の力」は，これまでの「数学的な考え方」を拡張し，より広く捉えなおしていると解釈できる。このように，今日の「数学的な見方・考え方」の捉え方は，数学の内的な構成，発展だけではなく，数学外への接点をもち，それは生徒が数学的な見方や考え方を発揮し，社会に参加することを想定している。ただし，重要なことは，どちらか片方ということではなく，そのバランスをどのようにとるのか，ということである。また同時に，内容と方法は不可分であり，数学的な考え方の重視は，数学的な内容の軽視を意味しないことも留意すべき点である。

第3節　数学的な見方・考え方の学習指導

1．数学的な見方・考え方の顕在化としての数学的活動

　これまでに見てきたように，数学的な見方・考え方は，わが国の数学教育における中心となる目標であることは確かである。しかしながら，そのことをどのように学習指導の設計に活かせばよいのであろうか。もしも目標が知識だけであれば，その知識を教師や教科書が提示し，それを覚えるように指示すれば済む話であるかもしれない。しかしながら，数学的な見方・考え方は，数学的な知識に裏付けられているにせよ，まさに「見方・考え方」である以上，単純に教師が提示して指導することは不可能である。それゆえに，学習指導を設計するとき，我々教員は数学的な見方・考え方をどのように捉え，指導に反映させていくかを検討しなければならないのである。

　議論の出発点として，生徒の数学的な見方・考え方は，名前が表すように直接観察できるものではない，という明らかな点から始めることにしよう。そのため，どのような形で扱うにせよ，数学的な見方・考え方を可視化し，観察できる形にすることが要請される。見えないままでは学習の意図的な設計は著しく困難であり，それは次節で述べる評価が著しく困難になる，という事実に依拠しているからである。

しかし、「あなたの数学的な見方・考え方を書いてください」などと生徒に頼むのは滑稽であるし、仮にそうしたとしても、おそらく書き出されたものは正確ではない。まして、生徒の頭の中を直接覗くことは不可能であるし、可能であったとしても倫理的に許されることではない。したがって、我々は生徒の数学的な見方・考え方を、個々の生徒が行う、観察可能な何らかの行為を、数学的な見方・考え方が顕在化されたものとして読み取ることしかできない。しかも、そうした行為には何らかの意味で数学が付与されていなければ、『数学的な』見方・考え方として捉えることは明らかに不可能である。

以上を踏まえて結論づけるならば、数学的な見方・考え方は問題を解決する中で数学的活動として観察されるものである、といえる。構造志向的なものであれ、応用志向的なものであれ、ある問題が数学と関わっており、またその解決に数学が必要とされるとき、生徒はその問題や状況を見た上で解決に臨むことになる。しかし、人間は対象をニュートラルな状態で見ることが不可能であり、常に自らの考え方、知識などに影響を受けながら物事を見ざるを得ない。したがって、その問題を解決しようと試みる過程においては、そのような意味で見た問題や状況に依拠しながら、解決活動を行う事となるため、数学的な見方・考え方が数学的活動として顕在化されるのである。学習指導設計における目標として数学的な見方・考え方を考えるということは、すなわち目標とする数学的活動を考えることに他ならないのである。

しかも、数学的な見方・考え方というものは、まさに「見方・考え方」であるために、一朝一夕で身に付くものでもない。学習指導要領で提示される数学的な見方・考え方は、各学校で学び終えたときに身に付いていることが期待されているもののはずである。したがって、目標とする数学的な見方・考え方が、各学年（あるいは各学期など）でどの程度まで育まれるかを考え、各々の単元でどのように展開されるかを常に意図しなければならないのである。

2．数学的な見方・考え方の分類に関わる問題点

ところで、このような立場に立ったとき、目標とされる数学的な見方・考え方が非常に包括的で、抽象的なものになっていることが注目される。これは、

数学的な見方・考え方が数学教育全体に対する目標となる以上，避けられないことでもある。したがって，それらを具体化するとどのような見方・考え方となるか（あるいはそれらが顕在化された活動とは何か）という分類を行い，その結果を学習指導の設計に活用しようとする場合がある。例えば，中学校学習指導要領解説（文部科学省，2009）はこのような分類を積極的に試みている。こうした試みの有用である面は，もちろん否定されるものではないが，結果として得られた「○○という数学的な見方・考え方（あるいは数学的活動）」を直ちに学習設計に反映させることには，ある種の危険性が伴うことに我々は留意しなければならない。

　何故ならば，「目標」となる事柄は，学んでいる途上の生徒たちがその事柄を十分に達成できていないために目標として位置づけられているという，明確な前提がそこに認められるからである。どのような数学的な見方・考え方を目標とするにせよ，それは学校教育全体（またはその学校種）で数学を学び終えた時に身に付いているものであって，個々の授業においては，生徒達は目標（教師）から見れば未成熟で，曖昧で，混在して，未整理な「見方・考え方」をしているはずである（少なくとも，学習のかなりの割合において）。したがって，数学的な見方・考え方をどれほど細かく分類し，精緻化したとしても，それらを通して生徒達の未成熟である見方・考え方を捉えようとした時に，「不十分なものである」としか判断できないのである。その様に判断するだけであればまだしも，こうした捉え方は未成熟な生徒の思考を「不十分なもの」として排除することにさえつながりかねない。知識を教えることが目的であれば，不十分な考え方は（少なくとも，最終的には）排除されてしかるべきであるかもしれない。しかし，「見方・考え方」という，一朝一夕では身に付かないようなものを育てようと考えた時は，一方に目標を据え置きながら，生徒が今有している見方・考え方を顕在化させ，評価し，発展させ，徐々に目標とする「見方・考え方」を養うことしかできないはずである。「このように見なさい，このように考えなさい」と教師が言えば済むものではないから，次の事例で示すように，個々の単元や授業における活動を通して育んでいくしかないのである。

3．実際の設計

　結論からいえば，実際に授業を設計する際は，個々の具体的な問題場面において，所与の数学的な見方・考え方がどのような形で数学的活動として顕在化するか，を考えることが有用である。ここでは，高等学校数学Ⅰの三角比の定義を例に，付随する一連の学習を考えてみよう。通常，三角比は中学校で学んだピタゴラスの定理を元に，直角三角形の3辺の比として導入される（図3-2左）。その後に，90°以上180°以下の三角比を扱うために，単位円（正確には半円だが，ここでは単位円で統一する）の座標を用いて三角比を改めて定義する，ということが行われる（図3-2右）。ここでは，この単位円を用いた三角比の定義の拡張を事例として考えてみよう。

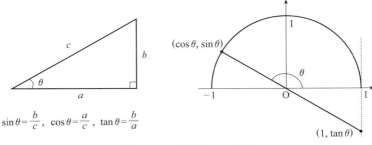

図3-2　三角比の二つの定義

　もしも知識を教えるだけなら，話は簡単である。「θが90°を超えるときを考えて，（図3-2右図のように）半径1の円とその座標を用いて三角比を定義する」と生徒に伝え，覚えさせればよい。5分か10分もあれば終わる話であろう。多少，気を利かせて，単位円における$0°<\theta<90°$の場合に言及するかもしれないが，その程度である。

　しかし，数学的な見方・考え方を育むという観点からこの場面を見てみよう。もしも，数学的な見方・考え方が養われていれば，図3-2左で示されたような，90°未満で定義された三角比について，次のような見え方をすると期待される：このような三角比の数学的な有用性とは何だろうか？　その有用性はど

の範囲で適用可能なのだろうか？ sin，cos などの記号にすることで何が可能になるだろうか？ …等々。そして，このような疑問を抱き，答えようとする数学的活動が展開されることが期待され，そのように学習を設計することが要請される。

　このような疑問は，三角比の定義そのものを見ているだけでは答えが浮かばない。そこで，直角三角形を用いて三角比を定義しているとき（すなわち，単位円が未知であるとき）に，三角比を利用した三角形の面積の求め方を考えている，と想定してみよう。三角比の定義より，図3-3左側のような三角形の高さ h は，$a\sin\theta$ で求めることができるため，簡便に三角形の面積を計算することができる。θ が鈍角の場合を考えてみると，図3-3で示したように一工夫必要ではあるが，やはり高さ h は，$a\sin(180-\theta)$ で求めることができる。しかし，θ が90°未満かどうかで，一々式を使い分けるのは簡潔・明瞭とは言い難い。だが，もしも $\sin\theta = \sin(180-\theta)$ と定義することができればどうだろうか。その場合，どのような三角形に対しても単一の式で三角形の面積を求めることができる，と気づければ大変な進歩である。

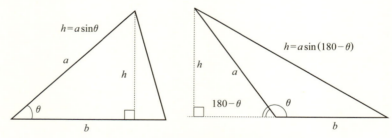

図3-3　三角比を用いた三角形の面積の求め方

　では，90°未満の角 θ に対して定義されている三角比 $\cos\theta$ についてはどうだろうか。紙幅の都合上仔細は省略するが，余弦定理の場合を考えてみよう。例えば，ユークリッド原論において余弦定理は θ が鈍角の場合と鋭角の場合について分けた定理として扱われているが（命題2-12と命題2-13），余弦定理 $a^2 = b^2 + c^2 - 2bc\cos\theta$ において，θ が鋭角の時は $2bc\cos\theta$ を引き，鈍角の時は $2bc\cos(180-\theta)$ を足す，と考えることが可能である。ここでも，$\cos\theta = -\cos(180-\theta)$ と定義すると，どのような三角形に対しても余弦定理を

そのまま用いることができるのである。なお、$\tan\theta = -\tan(180-\theta)$ や、θ が180°を超える場合（数学Ⅱ）については読者の方で考えていただきたい。

以上のように、$\sin\theta = \sin(180-\theta)$，$\cos\theta = -\cos(180-\theta)$，$\tan\theta = -\tan(180-\theta)$ を満たすように定義することができれば、90°未満の三角比について成り立った様々な定理を、そのままの形で様々な図形に適応することができるので、非常に都合が良いのである。したがってこれらの要請を満たすモデルとして単位円が導入されると同時に、$0°<\theta<90°$ に制限した時、直角三角形を用いた定義と同値であることから、三角比として認めてよいことが明らかになる（拡張と呼ばれる、詳細は中島（1981）を参照せよ）。このように、三角比を単位円で定義する学習を考えると、その1時間だけではなく、他の定理の学習設計に対しても大きな影響を与えるといえる。

さて、以上の様な一連の学習設計プロセスにおいては、三角比の定義という、高等学校数学では比較的単純な知識に対して、もしも「数学的な見方・考え方」が高等学校1年生なりに顕在化するとすれば、どのようになるであろうか、ということを一貫した視点としておいている。例えば、一節で触れた中島（1981）による「算数・数学としてふさわしい創造的な活動（問題解決）が自主的に出来る能力・態度」が働くとすれば、「三角形の面積を求める方法をどんな θ に対しても同じ形式のまま利用できるようにしたいと活動する」「三角比を改めて定義する必然性を以って定義する」、といった具合である。また、最初は三角比の定義から学習を設計し始めたが、それ以前の学習である三角形の面積の求め方など、単元全体を通じた設計へと発展していることも指摘されよう。すなわち、三角比の定義を単位円へと拡張する前に、90°以上の θ について考える必然性のあるような問題でsin, cos, tan に関わる定理を、少なくとも一つは学んでおく必要があるのである。

なお、このような設計に際して留意する点が2つある。一つは、教師は生徒の多様な考えを許容しなければならない、ということである。先に述べたように、目標とする数学的な見方・考え方は、学習の最終段階で達成されているべきものであり、学ぶ途上にある生徒たちの見方・考え方は未成熟である、ということを教師は自覚しなければならない。鈍角 θ を有する三角形に対して、そ

の面積を $S = \frac{1}{2}ab\sin(180-\theta)$ で求めることは，数学としては不十分であるかもしれないが，生徒の考えとしては極めて高い価値を有しているのである。二つ目は，数学的な見方・考え方を育む時，問題を必ずしも複雑な問題場面に限らなくともよい，ということである。これは，特に応用指向の数学的な見方・考え方を育もうとする時に顕著であるが，複雑な問題場面（数学的であれ，現実的であれ）を用いようとする傾向が認められる。そのような場面がふさわしい学習であればもちろんよいことであるし，ここでそのような用い方を否定する意図はない。しかし，複雑な問題場面は，解釈したり解決したりするだけで生徒たちが手一杯になりがちである，という側面があることもまた事実である。三角比の定義，三角形の求積方法，余弦定理，といった，高等学校数学の中では比較的単純な場面でも，数学的な見方・考え方は十分養える，ということを教師は十分に自覚し，その上で学習を設計するべきであろう。

　繰り返しになるが，数学的な見方・考え方の内実を探るよりも，このように個々の内容や単元に準拠する形で，どのように数学的な見方・考え方が顕在化され得るかを議論することで，学習指導が設計されていく。一方で，高等学校では，この後数学Ⅱで，三角比をさらに拡張して180°以上あるいは0°未満の θ について三角関数として扱う。しかし，そのような折に働き，数学的活動として顕在化される数学的な見方・考え方は，数学Ⅰの三角比を学習しているときのものより，尚一層目標に近づいているはずである。どのように顕在化されるか，それは是非読者の方で設計してもらいたい。

　最後に，本小節に一つ重要な補足をしておく。それは，数学的な見方・考え方やその発露としての数学的活動には，必ずしも直接的に観察可能ではなく，言語化や具体化が困難であるようなものも含まれる，ということである。むしろ，場合によってはそのようなものの方が重要でさえある。例えば図形（特に立体）に対する感覚やイメージ，類比的な考え方といったものは非常に重要な「数学的な見方・考え方」であるが，明示的な活動として観察することは著しく困難である。しかしながら，このことと本小節の論考は決して矛盾しない。何故ならば，ここでは評価まで視野に入れた学習設計という観点から数学的な見方・考え方を捉えているからであり，それらをより広く捉えようとしたとき

に，直接観察可能ではない数学的な見方・考え方が注目されるのは，自然なことだからである。むしろ，本小節で述べてきたように，例えば図形に対する感覚やイメージが背後にあるとき，それらが個々の場面においてどのような活動や行為を通して顕在化され得るのか，またどのように学習指導に位置づいて行くか，を我々は議論していくべきである。

第4節　数学的な見方・考え方を通した評価

1．学力・学習の三層構造

　数学的な見方・考え方をはじめ，見えにくい学力をどう可視化し，その評価をどのように行えばよいのか。指導改善に生きる評価のためには，目標を明確化し，適した評価方法を設計していくことが求められる。「アクティブ・ラーニング（AL）の評価」という言葉もしばしば耳にするが，そうした問題の立て方は，学習を通してどんな力を育てたいのかという目標に関する問いを伴わない時，学びの証拠集めはしても改善につながらない，「評価のための評価」に陥ることが危惧される。「ALの評価」は「（ALを通じて育成すべき）資質・能力の評価」とされるべきであって，「指導と評価の一体化」の前に，「目標と評価の一体化」を追求する必要がある。願いやねらいをもって子どもたちに意識的に働きかけたなら，それらが実現されたかどうかを確かめる方向に自ずと教師の思考は進むはずである。目標と評価を結びつけて考えることで，指導と評価も自ずとつながってくるのである。

　目標を明確化し，適した評価方法を設計していく上で，学力の質的レベルに注目することが有効である。個別の知識・技能の習得状況を問う「知っている・できる」レベルの課題（例：穴埋め問題で「母集団」「標本平均」等の用語を答える）が解けるからといって，概念の意味理解を問う「わかる」レベルの課題（例：「ある食品会社で製造したお菓子の品質」等の調査場面が示され，全数調査と標本調査のどちらが適当かを判断しその理由を答える）が解けると

は限らない。さらに，「わかる」レベルの課題が解けるからといって，実生活・実社会の文脈での知識・技能の総合的な活用力を問う「使える」レベルの課題（例：広島市の軽自動車台数を推定する調査計画を立てる）が解けるとは限らない。このように，教科内容に即した学力・学習の質的レベルは三層で捉えることができる。

　ドリブルやシュートの練習（ドリル）がうまいからといってバスケットの試合（ゲーム）で上手にプレイできるとは限らない。ところが，従来の学校教育では，子どもたちはドリル（知識・技能の訓練）ばかりして，ゲーム（学校外や将来の生活で遭遇する本物の，あるいは本物のエッセンスを保持した活動：「真正の学習（authentic learning）」）を知らずに学校を去ることになってしまっているのではないか。変化の激しい社会の中で学校教育に求められるようになってきているのは，知識・技能を総合して他者とともに協働的な問題解決を遂行する「真正の学習」と「使える」レベルの学力の保障である。そして，そうした学習が自ずと生じるよう，「問題のための問題」（思考する必然性を欠いた不自然な問題）に陥りがちな，学校での学習や評価の文脈を問い直すことが求められている。

　ただし，真正な文脈という場合，市民，労働者や生活者の実用的文脈（数学を使う活動）のみに限定する必要はない。例えば，科学的な法則を発見したり歴史上の真理を追究したりする課題のように，知的な発見や創造の面白さにふれる学者や専門家の学問的・文化的文脈（数学を創る活動）も，真正な文脈といえる。つまり，学校の外の専門家や大人たちも追究に値すると認めるような，「教科する（do a subject）」ことを促す問いや課題を設定できるかどうかが問題なのである。「数学的な見方・考え方」という概念は，生徒の数学的活動が「数学する」経験たりえているかを教師が見極める手がかりとみることができる。

2．パフォーマンス評価とは何か

　図3-4に示したように，目標となる学力の質に応じて適した評価方法は異なるが，「使える」レベルの学力の評価についてはパフォーマンス評価が有効

第3章　数学的な見方・考え方と評価

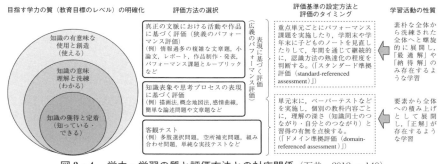

図3-4　学力・学習の質と評価方法との対応関係（石井，2012, p.140）

である。パフォーマンス評価とは，思考する必然性のある場面（文脈）で生み出される学習者の振る舞いや作品（パフォーマンス）を手がかりに，概念の意味理解や知識・技能の総合的な活用力を質的に評価する方法である。それは狭義には，現実的で真実味のある（真正な）場面を設定するなど，学習者のパフォーマンスを引き出し実力を試す評価課題（パフォーマンス課題）を設計し，それに対する活動のプロセスや成果物を評価する，「パフォーマンス課題に基づく評価」を意味する。パフォーマンス課題の例としては，その町の軽自動車台数を調べる標本調査の課題，お得な携帯電話の料金プランを選ぶ関数の課題などが挙げられる。

またパフォーマンス評価という場合，広義には，授業中の発言や行動，ノートの記述から，子どもの日々の学習活動のプロセスをインフォーマルに形成的に評価するなど，「パフォーマンス（表現）に基づく評価」を意味する。「総合的な学習の時間」の評価方法としてしばしば使用されるポートフォリオ評価法も，パフォーマンス評価の一種である。

テストをはじめとする従来型の評価方法では，評価の方法とタイミングを固定して，そこから捉えられるもののみ評価してきた。これに対しパフォーマンス評価は，課題，プロセス，ポートフォリオ等における表現を手掛かりに，学習者が実力を発揮している場面に評価のタイミングや方法を合わせるものと言えよう。深く豊かに思考する活動を生み出しつつ，その思考のプロセスや成果を表現する機会を盛り込み，思考の表現を質的エビデンスとして評価していくのがパフォーマンス評価である（授業や学習に埋め込まれた評価）。

3. ルーブリックとは何か

　パフォーマンス評価においては，客観テストのように，目標の達成・未達成の二分法で評価することは困難である。パフォーマンス課題への学習者の取り組みには多様性や幅が生じるため，教師による質的で専門的な解釈と判断に頼らざるをえない。よって，パフォーマンス評価では，主観的な評価にならないように，「ルーブリック（rubric）」と呼ばれる，パフォーマンスの質（熟達度）を評価する採点指針を用いることが有効となる。

　表3-1のように，ルーブリックとは，成功の度合いを示す3～5段階程度の数値的な尺度と，それぞれの尺度に見られる認識や行為の質的特徴を示した記述語から成る評価基準表のことをいう。また多くの場合，ルーブリックには各点数の特徴を示す典型的な作品事例も添付される。典型的な作品事例は，教師や学習者がルーブリックの記述語の意味を具体的に理解する一助となる。

表3-1　算数・数学に関する一般的ルーブリック（「方略，推理，手続き」）*

熟達者	直接に解決に導く，とても効率的で洗練された方略を用いている。洗練された複雑な推理を用いている。正しく問題を解決し，解決結果を検証するのに，手続きを正確に応用している。解法を検証し，その合理性を評価している。数学的に妥当な意見と結合を作りだしている。
一人前	問題の解決に導く方略を用いている。効果的な数学的推理を用いている。数学的手続きが用いられている。すべての部分が正しく，正解に達している。
見習い	部分的に有効な方略を用いておるため，何とか解決に至るも，問題の十分な解決には至らない。数学的推理をしたいくつかの証拠が見られる。数学的手続きを完全には実行できていない。いくつかの部分は正しいが，正解には至らない。
初心者	方略や手続きを用いた証拠が見られない。もしくは，問題解決に役立たない方略を用いている。数学的推理をした証拠が見られない。数学的手続きにおいて，あまりに多くの間違いをしているため，問題は解決されていない。

注：数学的問題解決の能力を，「場面理解」（問題場面を数学的に再構成できるかどうか），「方略，推理，手続き」（巧みに筋道立てて問題解決できるかどうか），「コミュニケーション」（数学的表現を用いてわかりやすく解法を説明できるかどうか）の三要素として取り出し，単元を超えて使っていく。ここでは「方略，推理，手続き」の部分のみ示している。
出典：http://www.exemplars.com/rubrics/math_rubric.html

第3章　数学的な見方・考え方と評価

　ルーブリックは，パフォーマンス全体を一まとまりのものとして採点する「全体的ルーブリック」としても作成できるし，一つのパフォーマンスを，複数の観点で捉える「観点別ルーブリック」としても作成できる。一般に，全体的ルーブリックは，学習過程の最後の総括的評価の段階で全体的な判断を下す際に有効で，他方，観点別のルーブリックは，パフォーマンスの質を向上させるポイントを明示するものであり，学習過程での形成的評価に役立てやすい。

　認識や行為の質的な転換点を決定してルーブリックを作成する作業は，3，4名程度の採点者が集まり，一般的には下記のように進められる。① 試行としての課題を実行しできる限り多くの学習者の作品を集める。② 観点の有無や何段階評価かを採点者間で確認しておく。③ 各人が作品を読み採点する。④ 次の採点者にわからぬよう付箋に点数を記して作品の裏に貼り付ける。⑤ 全部の作品を検討し終わった後で全員が同じ点数をつけたものを選び出す。⑥ その作品を吟味しそれぞれの点数に見られる特徴を記述する。⑦ 点数にばらつきが生じたものについて，採点者間の観点等のズレを明らかにしつつ合意を形成する。

　観点別で採点するか，何点満点で採点するかなどは状況に合わせて考えていけばよい。もちろん，表3－1のようなルーブリックのひな型や，他者が作成したルーブリックを使ったり，それまでの実践経験に基づく学習者の反応の予想をもとに教師一人でルーブリックを作成したりすることもできる。だが，そうした方法で作成されたルーブリックについては，その仮説としての性格を自覚し，実際の学習者の作品をもとに再検討されねばならない。その際，クラス間，学校間で類似の課題を用い，それぞれの実践から生まれてきたルーブリックと学習者の作品を持ち寄って互いに検討する作業（「モデレーション（moderation）」）は，ルーブリックの信頼性（比較可能性）を高める上で有効である。

　パフォーマンス課題は，特定の内容を当てはめることで解決できる「適用」問題ではなく，文脈に応じて手持ちの知識・技能を結集するプロセスが試される「総合」問題である。そして，そうしたプロセスを支える知的・社会的能力の育成は，長期的な視野で考えねばならない。「知識・技能」については，授業や単元ごとの指導内容に即した「習得目標」について，理解を伴って習得しているかどうか（到達・未到達）を評価する（項目点検評価としてのドメイン

準拠評価)。一方,「思考・判断・表現」については，その長期的でスパイラルな育ちの水準を段階的な記述(「熟達目標」)の形で明確化し，重要単元ごとに類似のパフォーマンス課題を課すなどして，学期や学年の節目で，知的・社会的能力の洗練度を評価する(水準判断評価としてのスタンダード準拠評価)。例えば，単元で学んだ内容を振り返り総合的にまとめ直す「数学新聞」を重点単元ごとに書かせることで，概念を構造化・体系化する思考の長期的な変化を評価する。あるいは，学期に数回程度，現実世界から数学的にモデル化する思考を伴う問題解決に取り組ませ，思考の発達を明確化した一般的ルーブリックを一貫して用いて評価することで，数学的モデル化や推論の力の発達を評価するわけである。力試し的に「この問題」が解けたかどうか(思考の結果)を見るのではなく,「この手の問題」が解けるためにさらに指導が必要なこととは何なのか，どんな力を付けないといけないのかといった具合に，思考のプロセスに着目しながら子どもたちの思考の表現を解釈していくことが必要なのである。

4．学習者主体の学びを創る評価へ

表3-2に示したように，近年の形成的評価の研究においては，教師が評価を指導改善に生かす(「学習のための評価」)のみならず，学習者自身が評価を学習改善に生かしたり，自らの学習や探究のプロセスの「舵取り」をしたりすることの意義が強調されている(「学習としての評価」)。

深い学びを実現すべく，課題や活動を設計したとしても，実際に子どもたちが学習の深さを厳しく追求しようとするとは限らない。学びの深さは，子ども自身が学習をどう捉え，どのように学習過程をメタ認知的に自己調整しているかによって規定される。そして，そうした子どもの学習観や自己学習・評価の在り方は，彼らの教室での評価のされ方によって形作られる。評価課題の文脈が実生活に即したものになっていることは，そのこと自体が測ろうとしている学力観を暗示しており，子どもたちの日々の学習を方向づけることになる。創造的な授業が育む本物の学力を把握するためだけでなく，そうした本物の学力を真に形成するためにも，授業改革は，評価の問い直しにまで至らなければな

表3-2　教育における評価活動の三つの目的（石井，2015）

アプローチ	目的	準拠点	主な評価者	評価規準の位置づけ
学習の評価（assessment of learning）	成績認定，卒業，進学などに関する判定（評定）	他の学習者や，学校・教師が設定した目標	教師	採点基準（妥当性，信頼性，実行可能性を担保すべく，限定的かつシンプルに考える。）
学習のための評価（assessment for learning）	教師の教育活動に関する意思決定のための情報収集，それに基づく指導改善	学校・教師が設定した目標	教師	実践指針（同僚との間で指導の長期的な見通しを共有できるよう，客観的な評価には必ずしもこだわらず，指導上の有効性や同僚との共有可能性を重視する。）
学習としての評価（assessment as learning）	学習者による自己の学習のモニターおよび，自己修正・自己調整（メタ認知）	学習者個々人が設定した目標や，学校・教師が設定した目標	学習者	自己評価のものさし（学習活動に内在する「善さ」（卓越性の判断規準）の中身を，教師と学習者が共有し，双方の「鑑識眼」（見る目）を鍛える。）

らない。

　子ども自身が自らのパフォーマンスの善し悪しを判断していけるようにするには，授業後の振り返りや感想カード等により学習の意味を事後的に確認，納得するのでは不十分である。学習の過程において，目標・評価規準，および，それに照らした評価情報を，教師と学習者の間で共有すること，それにより目標と自分の学習状況とのギャップを自覚し，それを埋めるための改善の手立てを学習者自らが考えるのを促すことが必要となる。作品の相互評価の場面で，また日々の教室での学び合いや集団討論の場面で，よい作品や解法の具体的事例に則して，パフォーマンスの質について議論する（学習者の評価力・鑑識眼を肥やす機会をもつ）。そして，どんな観点を意識しながら，どんな方向をめざして学習するのかといった各教科の卓越性の規準を，教師と学習者の間で，あるいは学習者間で，教師が想定した規準自体の問い直しも視野に入れて，対話的に共有・共創していくわけである。

　試合，コンペ，発表会など，現実世界の真正の活動には，その分野の実力を

試すテスト以外の舞台(「見せ場(exhibition)」)が準備されている。パフォーマンス評価のポイントの一つは,こうしたテスト以外の「見せ場」を教室に創り出すことにある。教師やクラスメート以外の聴衆(他学年の子ども,保護者,地域住民,専門家など)の前で学習の成果を披露し,学校外のプロの規準でフィードバックを得る機会が設定されることで,学習者の責任感と本気の追究が引き出されるとともに,そこでプロの規準(その分野の活動のよさの規準)を学ぶことで,教師から価値づけられなくても,学習者が自分自身で自律的に学習を進めていくことや,教師の想定や目標の枠を超えた「学び超え」も可能になるだろう。

章末問題

1. 高校数学において,数学的な考え方に関する議論は,どのように展開されてきたのか。また,そのことと現在の資質・能力ベースのカリキュラム理念との関係を論述せよ。
2. 「数学的な見方・考え方」が「目標にある授業」と「目標にない授業」の違いを,具体的な教材をもとに説明し,「数学的な見方・考え方」が目標として位置づく意義を論ぜよ。
3. 高等学校数学Ⅱにおいて,中学校で既習の指数を,整数・有理数・実数の範囲に拡張し,またそれらを関数で扱うようになる。こうした指数の拡張や,関数としての扱いを指導するに際して,所与の数学的な見方・考え方がどの様な形で数学的活動として顕在化するかを考察せよ。
4. 単元を1つ選んで,その内容について,パフォーマンス課題とルーブリックを作成せよ。

引用・参考文献

石井英真(2012)「学力向上」篠原清昭編著『学校改善マネジメント』ミネルヴァ書房.
石井英真(2015)『今求められる学力と学びとは——コンピテンシー・ベースのカリキュラムの光と影』日本標準.
石井英真(2015)『増補版・現代アメリカにおける学力形成論の展開』東信堂.
ウィギンズ,G.&マクタイ,J.,西岡加名恵訳(2012)『理解をもたらすカリキュラム設計——『逆向き設計』の理論と方法』日本標準(原著2005年).
梶田叡一(2010)『教育評価(第2版補訂2版)』有斐閣.
ギップス,C.,鈴木秀幸訳(2001)『新しい評価を求めて——テスト教育の終焉』論創社.

島田茂（1977）『算数・数学科のオープンエンドアプローチ——授業改善への新しい提案』みずうみ書房．
鈴木秀幸（2013）『スタンダード準拠評価——『思考力・判断力』の発達に基づく評価基準』図書文化．
田中耕治（2008）『教育評価』岩波書店．
田中耕治・西岡加名恵・石井英真編（2015）『新しい教育評価入門』有斐閣．
デブリン，K.，山下純一訳（1995）『数学：パターンの科学 宇宙・生命・心の秩序の探求』日経サイエンス社．
中島健三（1981）『算数・数学教育と数学的な考え方』金子書房．
長崎栄三（2007）「数学的な考え方の再考」，長崎栄三・滝井章編著『算数の力を育てる③ 数学的な考え方を乗り越えて』東洋館出版社，166-183．
長崎栄三（2009）「数学の力へ」長崎栄三・國宗進・太田伸也・相馬一彦編著『豊かな数学の授業を創る』明治図書，174-195．
長崎栄三（2011）「中等教育における数学教育の歴史的考察」高等学校数学教育研究会編『高等学校数学教育の展開』聖文新社，129-161．
長崎栄三（2013）「高等学校数学科における「中心概念」の誕生とその後——高等学校学習指導要領数学科編昭和31年度改訂版を中心に」日本数学教育学会誌『臨時増刊 数学教育学論究』，95：249-256．
西岡加名恵（2016）『教科と総合学習のカリキュラム設計——パフォーマンス評価をどう活かすか』図書文化．
Müller, G. N., Steinbring, H., & Wittmann, E. Ch., 國本景亀・山本信也訳（2004）『PISAを乗り越えて——生命論的観点からの改革プログラム 算数・数学授業改善から教育改革へ』東洋館出版社．
平林一栄（2004）「高等学校数学教育理念の問題」長崎栄三・長尾篤志・吉田明史・一楽重雄・渡邊公夫・国宗進編著『授業研究に学ぶ 高校新数学科の在り方』明治図書，165-195．
文部科学省（2017）『中学校学習指導要領（平成29年告示）』．

（阿部好貴・早田　透・石井英真）

第4章

数学的活動に基づく学習指導の設計

　数学教育の目標は，その評価の規準として機能し，数学教育の内容は，その方法と不可分である。本章は，主として数学教育の方法論を扱うが，内容論や目標論とも密接に関連していることに留意されたい。数学教育の目標や内容が，意図されたカリキュラム（学習指導要領）に明示的に規定されているのに対して，数学教育の方法は，実施されたカリキュラム（単元や授業）を対象とする。その際，数学科の授業設計の指針となるのが，数学的活動である。そこで本章では，次の4つの課題を取り上げて考察する。

1. 意図されたカリキュラムにおいて，数学的活動とはどのように規定されているか。また，数学的活動の質の高まりは，どのようなプロセスで進むのか。
2. 実施されたカリキュラムにおける数学的活動をベースとした中学校数学の授業とはどのようなものか。また，その授業設計の方法とはどうあるべきか。
3. 実施されたカリキュラムにおける数学的活動をベースとした高校数学の授業とはどのようなものか。また，その授業設計の方法とはどうあるべきか。
4. 数学的探究の本性やそのプロセスとは何か。

本章の内容
　第1節　数学的活動のプロセス
　第2節　数学的活動に基づく中学校数学科の授業設計
　第3節　数学的活動に基づく高校数学の授業設計
　第4節　数学的探究のプロセス

第1節　数学的活動のプロセス

　数学的活動が重視されるようになったのは，決して最近のことではなく，数学的な考え方と同様に，わが国の数学教育の展開の中で繰り返し強調されてきていることである。しかし，数学的活動の意味は必ずしも明確ではなく，多様な捉え方がある。また，数学的活動は，わが国の数学教育だけで注目されているわけではなく，国際的にも様々な形で示されてきていることである。そこで，本節では，数学的活動に関する国内外の文献を参照しながら，数学的活動の様々な捉え方や理論を紹介し，学習指導の設計に向けた視点を示す。

1．数学的活動の過程（プロセス）と所産（プロダクト）

　平成29年3月に小学校と中学校の学習指導要領が改訂され，平成30年3月に高等学校の学習指導要領が改訂された。学習指導要領には様々な情報が含まれているが，改訂後にいち早く話題になることの一つに「内容」に関する情報がある。今回の改訂でも，「小学校の『数量関係』領域がなくなり『データの活用』領域ができるらしい」「中学校で箱ひげ図を教えることになるらしい」「高等学校では数学Cが復活したようだ」などは，いずれも程度の差こそあれ「内容」に関する情報である。戦後の学習指導要領の変遷をみると，昭和40年代の「数学教育の現代化」時代を境にして，算数・数学科の内容は，改訂の度に減少してきたが，平成20年改訂（小・中学校）・21年改訂（高校）の学習指導要領では内容が増加に転じたことが注目されたように思う。このように，これまでの教育課程（カリキュラム）は，主に「内容ベース」で語られてきたように思われるが，平成29年・30年改訂の教育課程は，「内容ベース」ではなく「資質・能力ベース」であるといわれている（石井，2016）。

　数学教育の立場から「資質・能力ベース」のカリキュラムに基づく学習指導の設計を考えるとき，数学的活動のプロセスの意義や役割は極めて大きい。こ

第4章　数学的活動に基づく学習指導の設計

れまでの「内容ベース」のカリキュラムとは，言い換えると，「数学的活動のプロダクト（所産）」に基づくカリキュラムであったといえよう。つまり「数」「図形」「関数」などの内容は，数学的活動の結果として得られたものであり，それらは学習指導要領の内容の項目あるいは教科書の目次（単元名）として並んでいるため，教師にとっても生徒にとっても明確である。一方，数学的活動のプロセス（過程）は，「数学化すること」「一般化すること」「論証すること」などのように，内容を指導したり学習したりしていく過程に内在しているものの，必ずしも明確に言葉で表現されるとは限らない。このことに関連して，平成29年改訂の中学校学習指導要領解説数学編では，次のような記述と図（図4-1）が見受けられる。

「数学的活動は，学習指導要領上，「A数と式」「B図形」「C関数」及び「Dデータの活用」の四つの領域と並列に示されているが，四つの領域とは縦軸と横軸の関係にあり，中学校数学科の教育課程に構造的に位置付けられる。つまり，数学的活動を四つの領域の指導内容からいったん切り離し，…（中略）…四つの領域を包括し，学習指導要領の内容に位置付けている。」
（文部科学省，2017，p. 38）

図4-1　数学的活動と内容領域の関係
（文部科学省，2017，p. 38）

「数学的活動」に関して，「四つの領域と並列に示されている」や「内容に位置付けている」という記述は，わが国の学習指導要領の性格上，それが明確な方法領域をもたないゆえの措置であると考えられるが，「縦軸と横軸の関係」や「指導内容からいったん切り離し」という記述からは，異なる内容領域に共通するプロセスとしての数学的活動という意味合いも示唆される。学習指導要領では，数学的活動を「事象を数理的に捉え，数学の問題を見いだし，問題を自立的，協働的に解決する過程を遂行する」という観点から，中学校数学科では次のような3つの〔数学的活動〕（ア，イ，ウ）を定め，第1学年と第2，3学年に分けて示している。

表4-1 中学校学習指導要領における〔数学的活動〕の整理
(文部科学省, 2017：39)

	第1学年	第2, 3学年
ア 日常の事象や社会の事象から問題を見いだし解決する活動	日常の事象を数理的に捉え，数学的に表現・処理し，問題を解決したり，解決の過程や結果を振り返って考察したりする活動	日常の事象や社会の事象をを数理的に捉え，数学的に表現・処理し，問題を解決したり，解決の過程や結果を振り返って考察したりする活動
イ 数学の事象から問題を見いだし解決する活動	数学の事象から問題を見いだし解決したり，解決の過程や結果を振り返って総合的・発展的に考察したりする活動	数学の事象から見通しをもって問題を見いだし解決したり，解決の過程や結果を振り返って総合的・発展的に考察したりする活動
ウ 数学的な表現を用いて説明し伝え合う活動	数学的な表現を用いて筋道立てて説明し伝え合う活動	数学的な表現を用いて論理的に説明し伝え合う活動

　このように学習指導要領上では〔数学的活動〕が「内容」として位置付けられているが，教師は，数学的活動は本来的に様々な指導内容（数学的内容）の学習指導に不可欠なプロセスであることを理解することが重要である。

2. 大規模調査の評価枠組みにおける数学的プロセス

　数学的活動のプロセスと類似した概念として，「数学的プロセス」と呼ばれるものがある。数学的プロセスも数学的内容に対置される概念であり，国内外の大規模調査において評価枠組みの構成要素の一つとして考慮されている。以下では，国際的な大規模調査としてPISA調査，国内の大規模調査として全国学力・学習状況調査を取り上げ，各調査の枠組みにおける数学的プロセスの位置づけを紹介しよう。

(1) OECD/PISA調査の評価枠組みの場合
　近年のわが国のカリキュラム改革，数学教育の研究や実践に大きな影響を与えている大規模調査の一つにOECD/PISA調査がある。PISA調査は，義務教

育終了段階にあたる生徒（15歳）を対象とした国際調査であり，2000年以降3年に1度実施されてきている。本節での考察の焦点では，調査の内容や結果ではなく，その評価枠組みである。そのために数学的リテラシーが中心分野として調査されたPISA 2012年調査の枠組みに焦点をあてる。PISA 2012年調査における数学的リテラシーの定義＊の記述に関して，特に「数学的に状況を定式化する」「数学的概念・事実・手順・推論を活用する」「数学的な結果を解釈し，適用し，評価する」は，「数学的なプロセス」として　評価枠組みの構成要素に組み込まれている（経済開発協力機構（OECD），2016）。また，この「数学的なプロセス」の基盤となる数学的能力として次の7つの考慮している。

- コミュニケーション
- 数学化
- 表　現
- 推論と論証
- 問題解決のための方略の考案
- 記号的，形式的，専門的な表現や操作の使用
- 数学的ツールの使用

　PISA 2012調査では，こうした基本的な数学的能力に加えて，調査問題で扱う数学的な内容，調査問題が置かれた文脈という側面から，次頁の図4-2のように「実際の数学的リテラシーのモデル」が示されている。

　なお，ここでは評価枠組みの概要のみを紹介したが，PISA 2012年調査で出題された問題例や結果分析も公表されているので（国立教育政策研究所，2013；経済協力開発機構，2016），それらを参照すると数学的なプロセスや能力をより具体的に理解することができるだろう。

　＊ PISA 2012年調査における数学的リテラシーの定義は次の通りである。
　「様々な文脈の中で数学的に定式化し，数学を活用し，解釈する個人の能力。それには，数学的に推論することや，数学的な概念・手順・事実・ツールを使って事象を記述し，説明し，予測することを含む。この能力は，個人が現実世界において数学が果たす役割を認識したり，建設的で積極的，思慮深い市民に求められる，十分な根拠に基づく判断や意思決定をしたりする助けとなるものである。」
（経済協力開発機構（OECD），2016，p. 38）

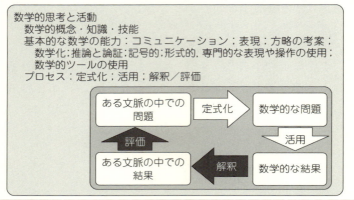

図4-2　実際の数学的リテラシーのモデル（経済協力開発機構（OECD），2016, p.40）

（2）全国学力・学習状況調査の問題作成の枠組みの場合

　国際的な学力調査の動向の中で，わが国では，平成19（2007）年度以降，全国・学力学習状況調査を実施してきている。調査問題は，「知識」に関する問題と「活用」に関する問題から構成されており，特に中学校数学の「活用」の問題作成の枠組みでは，次のような「数学的なプロセス」が考慮されている（国立教育政策研究所，2017, p.7）。

　　$\alpha 1$：日常的な事象等を数学化すること
　　$\alpha 2$：情報を活用すること
　　$\alpha 3$：数学的に解釈することや表現すること
　　$\beta 1$：問題解決のための構想を立て実践すること
　　$\beta 2$：結果を評価し改善すること
　　$\gamma 1$：他の事象との関係を捉えること
　　$\gamma 2$：複数の事象を統合すること
　　$\gamma 3$：事象を多面的に見ること

　これらの「数学的なプロセス」は，PISA調査における「数学的なプロセス」の意味内容と共通点もみられる。また，学習指導要領上の数学的活動との

関わりについて，清水（2015）は，「この調査で示された「数学的なプロセス」は，学習指導要領で示された数学的活動において用いられるプロセスを具体的に記述したものとみることもできる」(p.145) と述べているが，同時に，「評価を視野に入れた形で数学的活動の諸相をさらに検討してみることに意味がある」(p.146) とも述べている。

全国学力・学習状況調査の問題や結果等は，国立教育政策研究所のホームページで公開されているので，それらを参照すれば，数学的なプロセスや数学的活動に対してより具体的なイメージを描くことができるだろう。

3．数学的活動の諸理論

ここまでみてきたように，数学的活動（あるいは数学的プロセス）は，用語として学習指導要領や学力調査などの公的な文献の中に見出すことができ，様々な位置づけや捉え方がなされていることがわかる。一方，数学教育学の研究論文においても数学的活動をテーマとしたものが国内外で多数発表されている。その中から，以下では，特に数学的活動の理論に関わる研究を紹介しよう。

(1) 数学的活動の水準論

これまで多くの数学教育研究者によって数学的活動のプロセスのモデルが示されてきている。例えば，図4-2の数学的リテラシーのモデルの内部にみられるサイクル図のように，「現実世界（現実的文脈）における数学的活動」と「数学世界（数学的文脈）における数学的活動」の往還を表すモデルはその典型である。わが国では，島田（1977/1995）が「オープンエンド・アプローチの研究」の中で示した数学的活動のモデルが有名であるが，このモデルも「現実世界」と「数学世界」を往還する活動を背景としている（第3章も参照）。

一方，数学的活動のプロセスを階層化（水準化）したモデルもある。オランダのフロイデンタール研究所で開発された現実的数学教育（Realistic Mathematics Education）の理論（RME理論）はその代表的なものであろう。RME理論は，日本を含めた多くの国々において，教材開発やカリキュラム開発に援用されている。RMEでは，「現実性」に2つの意味を与えている。一つは，現実

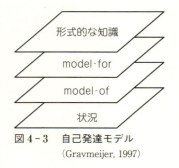

図4-3　自己発達モデル
(Gravmeijer, 1997)

世界との関連性であり，もう一つは学習者にとっての真実味である。すなわち，たとえ現実世界との関連性が弱くとも，学習者にとって真実味があれば，その問題場面は，「現実的（realistic）」であるとみなされる。このような現実性の捉え方は，特に中等教育段階では重要であろう。こうした立場から，RMEでは，「自己発達モデル」（図4-3）と呼ばれる数学的活動の水準論を展開している（Gravemeijer, 1997 ; Van den Heuvel-Panfuizen, 2003）。自己発達モデルとは，数学的活動を「状況的」「参照的」「一般的」「形式的」という4つの関連から階層化・水準化した理論的枠組みである。特に第二水準（参照的水準）と第三水準（一般的水準）は，モデル（model）の性格に注目して，それぞれ「"model-of"の水準」と「"model-for"の水準」と呼んでいる。第二水準で用いられるモデルは，第一水準の「状況」を定式化したモデルであるが，第三水準で用いられるモデルは，第四水準で用いられる数学的推論や形式的な知識のためのモデルである。つまり自己発達モデルでは，第二水準から第三水準への移行が本質的であり，教材開発やカリキュラム開発等では，現実性のある問題場面から生じたモデル（"model-of"）が，次第に洗練されていき，初めの問題場面を離れて，数学的知識のためのモデル（"model-for"）へと変化する漸進的な過程であるという点が重要視されている。例えば，生物の個体数の変化を数学的にモデル化し，将来予測を行おうとするとき，過去の個体数のデータから，「毎年同じ数ずつ増加える」や「毎年同じ割合で増加する」といった仮定をおくことは"model-of"の水準の活動であり，そこから一次関数や指数関数といった数学的モデルを定式化することは"model-for"の水準の活動であるといえる。しかし，これらの数学的モデルは，ある時間区間には適合するが，（増加数や増加率が正のときは）際限なく個体数が増加するため，より長期の将来予測にとっては不都合がある。この不都合を解消するためには，"model-of"の水準において「個体数が大きくなるにつれて，増加率が減少する」という仮定を新たに設定することが考えられる。そこから微分方程式という新たな数学的モデルを定式化することは"model-for"の水準の活動であろ

う（バージェス&ボリー，1990）。

（2）「証明と論駁」のサイクルによる数学的活動

　数学教育学においては，数学者の数学的活動を参照して，その本質的な側面をモデル化し，数学教育に援用しようとする研究もある。ラカトシュの主著『数学的発見の論理：証明と論駁』（ラカトシュ，1980）では，いわゆるオイラーの多面体の定理「多面体の頂点の数を V，辺の数を E，面の数を F とすると，すべての多面体について V − E + F = 2 が成り立つ」を巡る数学史の展開を，架空の教室における教師と生徒の間の対話として再構成している。そこでは，最初の推測（V − E + F = 2）と証明があり，推測や証明を論駁するような反例が次々と出現し，反例に対処するために所与の証明を分析し……，という一連の数学的活動により推測や証明を洗練していく「証明と論駁」のサイクルが示されている。

　一方，ラカトシュ（1990）による数学的活動の描写は，オイラーの多面体の定理をベースとした事例研究であるため，数学教育に援用するために様々な研究がなされてきている（Ernest, 1994；大谷，2002；小松，2014，など）。例えば，Ernest（1994）では，「証明と論駁」のサイクルにおける弁証法的側面に注目し，その一般的性格を次のように定式化している。

表4-2　一般化された数学的発見の論理の弁証法的形式（Ernest, 1994, p.43）

第 n 段階の科学的文脈：背景となる科学的及び認識論的文脈（問題，概念，方法，インフォーマルな理論，証明規準と証明パラダイム，メタ数学的視座などを含む）

テーゼ　第 n(i) 段階：新たなまたは改良された推測，証明，問題の解法，理論などの提案

アンチテーゼ第 n(ii) 段階：テーゼにおける提案に対する弁証法的対応
　　・批判的対応（反例，反論，論駁，提案の批判）
　　・受容的対応（提案の受容，提案の拡張）

ジンテーゼ　第 n(iii) 段階：提案の評価と修正
　　・局所的再構造化（提案の修正）
　　・大局的再構造化（文脈の再構成）

帰結（第 n + 1 段階）：新たに受容／拒絶された提案，改良された科学的・認識論的文脈

このように「証明と論駁」のサイクルは，数学者の実際の数学的活動をモデルとしたものであり，数学に対する絶対的見方を問い直し，数学といえども誤りを免れることはできず「思索と批判，証明と論駁による推量の不断の改良を経て成長する」（ラカトシュ，1980，p.5）という過程こそが数学の本当の姿であること具体的に描き出した。こうした数学観は，相対主義的数学観ないし可謬主義的数学観と呼ばれるものであり，中等数学教育における数学的活動や数学的探究を実践する上で重要な意味をもっている。なお，「証明と論駁」による数学的活動の具体例については，大谷（2002）や小松（2014）などが参考になる。

（3）数学的活動のレイヤー論

```
┌─ C ──────────────────────────┐
│  カリキュラムを貫く基軸としての数学的活動  │
│  mathematical activity through the curriculum / │
│                    inter - unit         │
│ ┌─ B ────────────────────────┐│
│ │     単元を通して培う数学的活動      ││
│ │ mathematical activity through the unit / ││
│ │              intra - unit          ││
│ │┌─ A ──────────────────────┐││
│ ││ 1 授業時間において設定される数学的活動 │││
│ ││  mathematical activity in a lesson  │││
│ │└──────────────────────────┘││
│ └──────────────────────────┘│
└──────────────────────────────┘
```

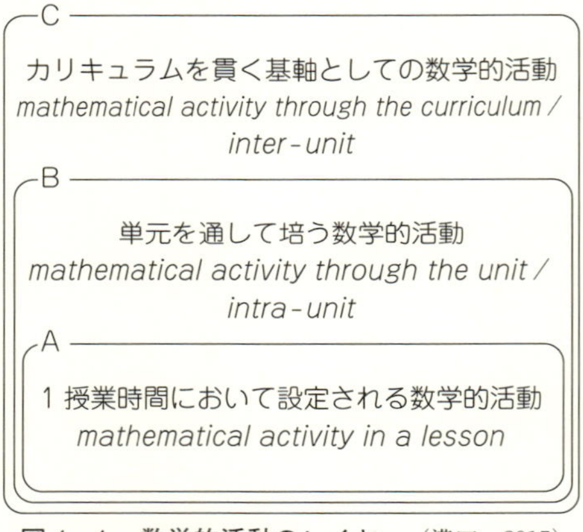

図4-4　数学的活動のレイヤー（溝口，2015）

　数学的活動に基づく授業設計を行うとき，カリキュラム，単元，授業といった異なるスパンを考慮することは重要である。数学的活動のレイヤー論（溝口，2015）は，数学的活動のプロセスを，長期的視野，中期的視野，短期的視野から規定しようとする枠組み（図4-4）であり，これまでに論証カリキュラムの開発（宮川他，2015）や関数と方程式のカリキュラム開発（溝口，2015）などに援用されている。

　図4-4において，レイヤーAにおける数学的活動は，「1時間の授業」という短期的視野から規定されるものである。実際には，教師が作成する学習指導案の記述や授業中の生徒の問題解決活動として現れるものである。レイヤーBにおける数学的活動は，数時間の授業から成る「単元」という中期的視野から規定されるものである。レイヤーBの数学的活動は，レイヤーAの数学的活動よりも時間的スパンが長く，学習指導案では「単元目標」の記述に現れるもの

である。それは個々の授業における個々の問題からは離れて，単元全体を通して展開される活動を意味する。レイヤーCにおける数学的活動は，いくつかの単元がネットワーク化された「カリキュラム」という長期的視野から規定されるものである。レイヤーCの数学的活動は，必ずしも学習指導案の記述に現れるとは限らないが，カリキュラムの理念や目標との対応から設定されるものである。また，3つのレイヤーは，より上位のレイヤーの数学的活動の実現可能性がより下位のレイヤーの数学的活動によって検証されたり，より下位の数学的活動の妥当性がより上位のレイヤーの数学的活動によって評価されたりする。例えば，関数と方程式のカリキュラム開発の事例（溝口，2015）では，3つのレイヤーにおける数学的活動がそれぞれ次のように規定されている。

- レイヤーCの数学的活動：関数や方程式を問題解決のツールとして使いこなせること
- レイヤーB：グラフの移動により数量関係を理解すること
- レイヤーA：問題場面をグラフに表す／問題場面から連立方程式をつくる／グラフから連立方程式をつくる／条件を満たす解を求める

これらの表現をみると，A，B，Cの順に，活動の記述の抽象度が高くなっていることがわかるだろう。このように数学的活動に基づく学習指導の設計においては，1時間の授業だけでなく中・長期的な視野から数学的活動を規定し，その実現可能性や妥当性を実践的に検討することが重要となる。

第2節　数学的活動に基づく中学校数学科の授業設計

1．数学的な見方・考え方と問題解決

我々は，日々学習指導を通して学習者に望ましい人間性を形成してほしいと期待する。そのために我々は，算数・数学学習を通して学習者の思考がそれまでよりも高次のものへと発展することを期待する。しかし，学習者は「学習」しようとして学習するわけではない。ある活動を経たとき，結果としてそれが，

教師の視点から見れば「学習」であると映るのである。このとき学習者が行うことは，ある場面に直面して何らかの問題を意識し，それを解決しようとすることである。そうした問題は，しばしば学習者の直面する困難として生じる。学習者が困難に直面し努力する必要があるような場合「学習」が成立するのである。したがって，学習者が問題を解決する際，ほとんど努力を要しないような場合，我々は「学習」の程度としては，それほど高いものとしては認めない。無際限な困難を想定する必要はないが，問題を解決する上で，学習者にとって相当の努力を要するような場合，高い程度の「学習」と認めることになる。それゆえ，学習者がいかなる困難に直面すべきであり，また実際に直面し，そしていかにそのような困難を克服すべきか，さらにそれをいかに支援するかが教授実践における基本的な問題構成として提起される。

　これまで学習指導要領は数回の改訂を経てきた。そこにおいて，算数・数学科の教科としての目標の変遷を見た。そのそれぞれに，固有の特徴があり，常に我々の教授実践を方向づけてきたことは否定されるものではない。しかしながら，そこに一貫して脈々と流れる算数・数学教育の目的として，我々は《数学的な見方・考え方の育成》を見ることができる。戦後の混乱の中でわが国初の学習指導要領は，昭和22（1947）年に「試案」として告示された。そこでは，「指導目標」とは別に「指導方法」としての「児童・生徒の活動」が明記されている。また，翌23（1948）年に告示された「改訂」版では，次期の学習指導要領に向けての修正が図られるが，そこでは，「理解と技能」として22年版における「活動」に相当する項目が明記され，さらにより具体的な様相としての「経験」が示される。そうした経緯を経て，昭和26（1951）年に告示されることとなる学習指導要領（試案）改訂版（小学校算数科編）では，「指導の目標」に対応して「関係のある学習活動の例」が示されることとなる。ここで「指導の目標」は，「一般目標」の下に置かれ，「一般目標」が社会的目標と数学的目標の二つの部分からできているのに対し，「指導の目標」は主として数学的目標の分析したものがあげられる。和田（1997）によれば，これらは，子どもの生活指導に重点がおかれたものであるが，その意味するところは，子どもたちが創造していく経験をもつことであり，これを実践していくことである。「試案」の時期を経て昭和31（1956）年の高等学校改訂版，さらに昭和33（1958）

年の学習指導要領（小・中）において「数学的な考え方」という表現が登場することとなるが，これは戦前の緑表紙教科書時代における《「数理思想」の開発》に連なるものである。中島（1981）によれば，この「数学的な考え方」の育成として目指そうとしたことは，「算数・数学としてふさわしい創造的な活動（問題解決）が自主的にできる能力・態度」を子どもの身に付けさせようとすることであった。

　数学的な見方・考え方は，文字通り「見方・考え方」であり，それ自体我々にとって観察不可能である。このとき，数学的な見方・考え方が生きて働く場として，我々は問題解決をおくのである（伊藤，1993）。このとき，問題を解決するのは，一人ひとりの学習者である。すなわち，問題解決における活動を通して，児童・生徒の数学的な見方・考え方を顕在化させ，これをもって観察可能な対象とすることを意図するのである。このことは，評価の問題とも不可分な関係にあり，我々は目標として数学的な見方・考え方を掲げる以上，これを評価する必要がある。上述の通り，観察不可能な対象を評価するにあたり，観察可能な問題解決における児童・生徒の活動を通してこれを評価することを考えたいのである。したがって，次に問題とされるのは，問題解決における児童・生徒の活動であり，我々は，以下に述べるように，これを「数学的活動」として位置づけたいと考えるのである。

2．数学的活動と創造的実践力

　活動は，ある目標に対してこれを評価する上での対象として位置づけられる。そのため，当該の数学的活動には，教師の目から見たとき何らかの数学的価値が備わっていることが要請される。この意味で「数学的活動」は理論負荷的（Hanson, 1958/1986）である。そして，そのことは教師側に終始していてよいとされるものではなく，次には生徒自身がそのことを自覚的に行うことを目指したい。すなわちこうした考えの基に，「数学的活動」は，生徒が数学の問題解決において，合目的的に行う活動であり，そこには当該の数学的価値が負荷されていると見なされる。それゆえ「数学的活動」は，生徒がそのようにするであろうと《予想される》対象ではなく，まさに《期待する》対象として位置

づけられなければならない。実際の生徒の数学学習においては，「数学的活動」は個々の教材に固有なものとして特定されるべきものである。このとき，そのような「数学的活動」は，一意に認められるものとして特定されるべきではない。すなわち，生徒の学習においてこれを期待するならば，そこには一連の系列としての多様な様相をおく必要がある。換言すれば，生徒が困難としての問題場面に直面したとき，必ずしも一足飛びに，あるいは一様な方向性をもって解決へといたるとは限らない。そのために，我々は，いかなる数学的価値を有する活動を生徒がいかに経験することによって，真の問題の解決へと至り，かつこれを生徒が評価し得るかを教授上の問題として，同定する必要がある。そのために，実際の授業設計において，これらの活動を特定する視点を設けておくことは，有効であろうと思われる。そのような視点として，後述する《創造的実践力》を提案したい。

　従来からも，「創造性の基礎」を培うことが求められてきている。「創造性」はマスメディアにもしばしば現れるような言葉であるが，数学教育の目標としておくなら，ある程度の特徴づけをしておかなければ，無内容な用語になりかねない。Haylock は創造性を「独創性」，「流暢性」，「柔軟性」の3つの様相で分析的に捉えている（Haylock, 1987）。「独創性」とは，文字通り，これまでに誰も考えていないような，その個人独自のアイデアの創出によるものを意味する。「流暢性」は，当該のことがらに対して，より多くのものを創出する様相を表す。また「柔軟性」は，当初当該のことがらとは無縁であると思われたようなものに対して，これを結びつけることで新しい何かを生み出すことである。これら3様相は，多くの先行研究において議論されてきているように，「創造性」を数学教育の用語として分析する。しかしながら，教育の営みに携わる我々にとっては，生徒がこれこれの「創造性」を示したことをいくら分析できたとしても，それでは十分ではなく，むしろいかにして生徒に「創造性」を実現し得るかが課題として残されることになる。

　それでは，我々は，上に示された3様相としての「創造性」を果たして生徒にいかに実現するべきであるか。このとき，「柔軟性」については，後述するように教授・学習上の問題として定立し得ることは可能であろう。しかし「流暢性」については，そのことの価値は認め得たとしても，それではいかにして

そのことが具体的に学習指導の対象となり得るかといえば、「他の考え方はないだろうか」の類いの支援に象徴されるように、厳密な意味においては個々の学習者自身が実現することを待つ以上に、我々の有する手だてはない。そのことは、もう一つの様相である「独創性」にも関わることとして考えられ、実際の学習指導においては、我々教師は、いわゆる「別解」を学習者が想起するために、具体的な視点の変更やそこで用いられる新たな（数学的）道具の示唆を行うのが普通である。もちろん、ここでこのことを否定する意図はなく、「独創性」という様相から見たとき、それはすでに学習者によって実現されたものとはなっていないことを示したいのである。

　この点において示されるように、生徒の数学学習において期待される「創造性」は、言わば「開かれた創造性」といった語義の純粋な意味において生徒に依存するものというよりは、むしろ教育的に、したがって教師によって「期待される創造性」である。換言すれば、「創造性」に対して、我々はこれを《目的》概念（目的としての「創造」）として捉えるのではなく、《方法》概念（方法としての「創造的」）として教育の営みにおいてその実現を図ることを意図することが要請される。目的としての「創造」は、既存の知識・概念等の延長としては、いかにしても可能ではなく、これらとは異なるものを新しく構成することによって初めて可能となる。そのようなことを学習の主体である生徒に求めることは、果たして適当であろうか。そうではなく、我々は、当該の教育目標を実現するにあたり、あたかも生徒自身が、数学的知識・概念等を発見し、構成し、導き出したものであるかのような場の構成を図ることを通して、生徒が《真理に対する責任の担い手》（Balacheff, 1999）として成長していくことを期待するのである。したがって、我々は、上述の通り、純粋な語義としての「創造性」を教育の対象とするのではなく、まさにこの点において「創造性の基礎」を標榜すべきあり、そして、これを実現する上での期待する児童・生徒像として以下のように規定される《創造的実践力》を掲げたい。

　　● 困難に直面しても、果敢に立ち向かい克服していこうとする生徒
　　● 学んだ数学的な見方・考え方（知識・技能等）を、学んだ以上に使いこなせる（実践できる）生徒
　　● 学んだことを生かしつつ、既存の認識を乗り越えてさらに新しいことを

生み出せる生徒

　この創造的実践力として示された生徒像の様相は，上述の数学的活動を特定する視点の枠組みを提供し得る。

3．数学的活動と問題解決

　「問題解決」という語は，数学の学習においてもはや当然のように用いられる語となってきている。しかしそれゆえに，その用いられ方はそれぞれに異なり，個々の文脈に応じて解釈することが要請される。一般に，問題解決授業が謳われるときは，個々の生徒の問題解決力の育成を意図しているのであり，そのことについて疑う余地はない。しかし問題となるのは，ではどのようにしてそうした問題解決力を育成するかという点である。通常「問題解決の過程」として述べられるものは，問題の理解，解決の計画，解決の遂行，解決の評価等，多少の表現の違いはあれ，基本的に個人の問題解決を対象としていることが多い（ポリア，1945/1975）。もちろん，それ自体否定されるものではないが，一方で「問題解決授業」といわれるとき，そうした個人を相手にするだけでなく，授業の形態として語られるものである。すなわち，そこで考えられているのは，個々の生徒の学びの様相を含む，教室における学びのあり方である。そのような「問題解決授業」を語る上でも，やはりその語られ方は多様である。それらは，どれも誤りではなく，ある意味でどれも正しいものであろう。これでなければならない，というものはない。一方で，その多様さがゆえに，互いの土俵を前提とすることから，その中で用いられる各々の用語の違い等が影響し，議論が噛み合わないことも見受けられる。そこで，以下の記述の理解を助けるために，「問題解決授業」のモデルを検討することとしよう。

　数学の授業としての問題解決授業は，問題の提示，自力解決，解決の練り上げ，振り返り・評価問題，といった基本的な流れを踏むことは一般に認められるところであり（図4-5），多くの実践がこの形式に沿っている。ところが，その一つ一つの相が十分吟味されていなかったり，あるいは誤解をされていたりする傾向にある。また，それらの相の相互連関についても同様のことが指摘される。これらの点についての議論を深めるために，図4-6に示される問題

第4章　数学的活動に基づく学習指導の設計

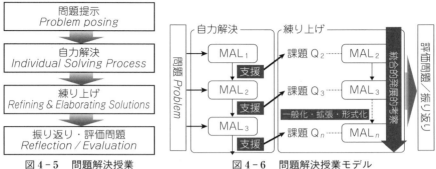

図4-5　問題解決授業　　　　図4-6　問題解決授業モデル

解決授業モデルを，以下の議論の基礎とする。ここで，MALは「1授業時間において設定される数学的活動 mathematical activity in a lesson」（第1節参照）を意味する。すなわち，数学的活動が埋め込まれた問題解決授業を表現したモデルとなっている。これは，しかし1つのケースとして示されるものであり，そこでは，練り上げが《MAL_2》から開始されている。このようなケースにおいては，自力解決の場において，すでにすべての生徒が《MAL_1》を達成しており，《MAL_2》を達成したかこれに従事していることが要請される。したがって，この場合，練り上げを開始するにあたって，言わば「参加チケット」として《MAL_2》は位置づけられる。このとき，練り上げにおける活動を取り上げる上で示される《課題Q》は，自力解決における《支援》と対応するものである場合が多い。それは，以下の理由による。個々の《支援》は，活動の促進を意図するものとして置かれたものであり，それゆえそれらはその一つ一つが生徒にとって重要な意味をもつことになる。もし自力解決においてようやく《MAL_2》に着手することができた生徒には，以後の《支援》をまだ経験していないことになり，そこから教室全体で協同で解決活動を遂行していく必要がある。《MAL_2》を何とか達成し，次の《支援》を教師から受けていた生徒には，その《支援》によって期待される活動がまだ達成されていないわけであるから，この生徒は，ここから協同で解決活動を遂行することになる。《MAL_3》を遂行している，あるいは達成した生徒には2つの可能性がある。第一は，期待する活動の系列に沿って解決活動を変容させてきた生徒である。このような生徒には，自らの解決活動を振り返る貴重な場を提供することにな

る。第二は，初めから自力で《MAL3》を達成した生徒である。もちろん自力解決の場においても同様な教師の働きかけが必要なことは言うまでもないが，このような生徒たちは，多くの場合，自身が遂行した活動の価値を必ずしも把握できているわけではない。したがって，練り上げの場において，個々の解決活動の価値とその変容を，教師による（あるいは生徒同士による）《課題Q》を基に経験することを通して，自らの解決活動の価値を真に評価し得ることになる。さらに問題の解決が得られることは，真の練り上げの開始であると見ることもできる。図4-6において，《MAL3》に続いて《MALn》を位置づけるのはこのためである。そのような様相の典型として，一般化，拡張，形式化が指摘される。まさにこれらが，練り上げが数学的に構造化される観点となり得るものである。

4．授業設計のアプローチ

上述のような問題解決授業モデル（図4-6）をもとにした実際の授業設計において，次のような2つのアプローチが考えられる。一つは，問題の解決において，期待する活動を構想することから授業を設計し，そこにおいて《練り上げ》は，期待する活動（MAL）の組織化（関連づけ）によって構成されるとするアプローチである。このようなアプローチでは，実際には《本時の問題》に対していかなる活動が数学的に価値づけられるか，という視点をもって，具体的に活動を構想し，構想された活動をどのように組織化（関連づけ）する

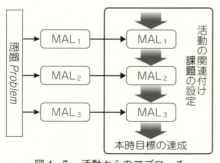
図4-7　活動からのアプローチ

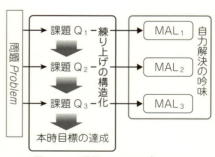
図4-8　課題からのアプローチ

ことで，一般化や拡張，あるいは形式化といった統合的発展的考察が図られるか吟味することになる。これらの統合的発展的考察の具体的様相は，本時の目標に対応するものである。こうしたアプローチを「活動からのアプローチ」と呼ぶ（図4-7）。

　一方，《練り上げ》の展開を《課題》の（構造的）連鎖によって構想することから授業を設計するもう一つのアプローチが考えられる。そこにおいて，《自力解決》における期待する活動（MAL）は，《練り上げ》の実現に必要なものとして設定され，《支援》されなければならない。実際には，《本時の問題》の解決に当たって，真に議論されなければならない《課題》は何か，ということを先ず洗い出すことから始める。これらの《課題》は，本時の目標に対応する。さらに，《練り上げ》においてそのような課題の検討を可能にするため，《自力解決》ではどんな数学的活動が要請されるか，吟味するものである。こうしたアプローチを「課題からのアプローチ」と呼ぶ（図4-8）。

　通常，活動からのアプローチによって授業の設計が行われることが多いであろう。これは，当該のアプローチが比較的に実施しやすいということによる。そこで以下では，課題からのアプローチによる授業設計の例を示すこととする。

5．中学校における授業設計の実際

(1) 単元の見直し：「単元を通して培う数学的活動」

　中学校第3学年において，「平行線と線分の比」（小単元）が位置づけられ，この中で「中点連結定理」が取り上げられる。教科書によっては，この小単元の冒頭に扱われることもあれば，最後に扱われることもある。授業者の学校で採用している教科書では，はじめに平行線と線分の比を一般的な場面で学習した後，その特殊な場面として中点連結定理が位置づけられる構成となっていた。しかしながら，協働による授業設計のための討議の中で，次のような意見が交わされた。

- そもそも，中点連結定理は，当該小単元の最も特殊な場合ではないか。
- 学習の流れを，特殊から一般へと進めることはできないか。そうすることで，証明の機能である体系化を学ぶ機会を提供できるのではないか。

●もし，中点連結定理を当該小単元の最初に位置づければ，以後の命題の証明の手がかりとして，これを用いることができるのではないか。

これを受けて，当該授業の設計に先立ち，(小)単元の見直しが行われた。すなわち，「単元を通して培う数学的活動」(第1節参照)として，《証明の機能としての体系化を経験すること》，その具体的な展開として《中点連結定理を他の関連する命題の証明に活用すること》が構想された。

(2) 問題の開発

本時の授業設計では，「証明に一足飛びに向かうのではなく，子どもの素朴な説明を大事にしながら，証明へと高めていくよう学習指導すること」といった基本的な考え方を大切にし，加えて《証明を作る活動》に重点を置き，次時において《証明をかく活動》，《証明をよむ活動》を位置づけることを確認した。このとき，従来の中点連結定理の指導では，(指導計画の位置づけから)そのような定理があることを先に示し，生徒に証明を求めるという展開に終始していた，といった課題が示され，当該小単元の第1時に位置づけるのであれば，この定理(命題)を生徒自身が作り出すような場面を設定する，といった問題の条件が要請される。従来の指導においては，中点連結定理を証明する必然性を，生徒自身が感じることが困難であった。ある《命題》の証明場面で，もし《中点連結定理》が成り立てば，その命題が証明される，といった場面を設定することで，体系化の観点からも，以後の証明活動において，これを根拠とすることが可能となる。

以上のような議論を踏まえて，図4-9のような問題場面の検討を図った。

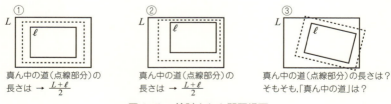

図4-9　検討された問題場面

（3）練り上げの構想

　上記の問題場面に対する大まかな生徒の反応予想を基に，練り上げを構想した。その際，大切にしたことは，証明の必要性を生徒が感じられるようにすることであった。

　第一に，生徒からは，多くの誤答が示されるであろうことは容易に想像された。しかし，そもそも生徒は，それらが誤答であるかどうかの判断基準を有していない。そこで，そのような基準は，問題に含まれる条件として示す必要があることが確認された。そのような基準として，次の２つが要請される：〔基準１〕①～③のいずれの場合も，同じ方法で作図されること，〔基準２〕①～③のいずれの場合も，「真ん中の道」は同じ長さであること。

　第二に，生徒の考案した誤答を，単に基準に基づいて棄却するのではなく，その中に何か正答へといたるための手がかりを見出すことができないか検討する場面を設けることが求められた。このとき，「三角形を作れば（その底辺に対して）半分の長さを容易に見つけることができる」ことをもとに，三角形で内側の長方形の周りを覆えば「（内側と外側の長方形の各辺の）半分の長さ」を容易に作ることができることを解決の手がかりとすることとした。これは，小

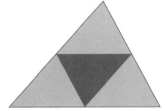

図4-10　色板並べ

学校低学年以来，例えば「色板並べ」等の活動（図4-10）から経験してきていることである。

　第三に，そのように三角形で覆ったとき（図4-11）上記の基準１，２を満たす問題の解決が得られる。しかしながら，それは，経験的に得られたことを基にしており，どんな三角形についてもこのことが成り立つかどうか，まだ確認できていない。そこで，「三角形を使えば半分の長さが作れる」こ

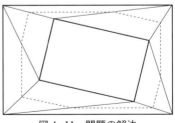

図4-11　問題の解決

とを調べるためには，命題『△ABCで，AB，ACの中点をそれぞれM，Nと

するとき，$MN = \frac{1}{2}BC$』を定式化し，これを証明する必要があることを確認し，次時にこれを証明する，といった展開を構想した。ここで，上記の命題は，中点連結定理として不完全である。すなわち，「$MN \parallel BC$」が含まれていない。このことをはじめから命題に含むのではなく，上記命題の証明（2つの三角形の相似）をよむことで，このことも同時に主張されることを見つけることを意図した。

（4）数学的活動の構想：課題からのアプローチ

上記の議論に基づき，図4-12のように数学的活動が構想された。

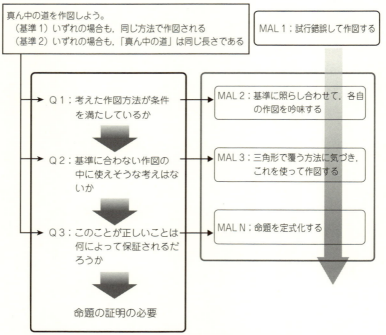

図4-12　活動からのアプローチによる数学的活動の構想の実際

これらの数学的活動は，創造的実践力の各様相の視点から次のように解釈される。MAL1とMAL2はセットとして見ることができる。すなわち，様々に

第4章　数学的活動に基づく学習指導の設計

試行錯誤してあれこれと作図してみて，それらが所与の基準を満たすかどうか，確認し，さらに試行錯誤を繰り返す，といった活動である。創造的実践力の第1の様相は，「困難に直面しても，果敢に立ち向かい克服していこうとする」というものであった。これは換言すれば「既習事項を活用して問題解決に取り組む」ことといえる。生徒は，活動を通して様々に視点を変更することで，自己の認識に固執しない柔軟な思考を展開することが可能である（溝口，1995）。MAL3は，創造的実践力の第2の様相である「学んだ数学的な見方・考え方（知識・技能等）を，学んだ以上に使いこなせる」ことに対応し，三角形に関する素朴な経験を当該の論証に適用しようとする活動であり，加えて第3の様相である「学んだことを生かしつつ，既存の認識を乗り越えてさらに新しいことを生み出せる」活動にも対応している。特に，MAL3では，誤りを単に棄却するのではなく，それらを精査することを通して，次なるアイデアへの手がかりを得ようとするものである。数学の歴史において，新しい概念や方法は，単に特別な天才の手によるだけでなく，そこに至るまでの様々な「誤り」の積み重ねや，そうした営みの反省的検討を経て生み出されることが多々認められる（Bachelard, 1934/2002, 1938/1975）。生徒がこうした経験を踏むことは，数学を学習していく上で大切なこととして位置づけられたものである。また，MAL N も「学んだことを生かしつつ，既存の認識を乗り越えてさらに新しいことを生み出せる」活動として捉えられる。加えてこの活動は，次時への問いとしての機能も併せて有する。

以上の授業設計は，図4-13の板書計画としてまとめられる。

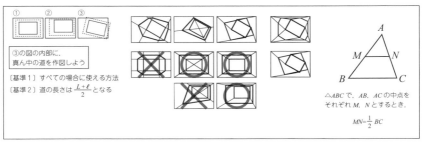

図4-13　板書計画

第3節　数学的活動に基づく高校数学の授業設計

　高校数学は，算数や中学数学と比べて学習内容も高度で，抽象性も増し，より厳密な論理性が要求される。しかし，そのような高校数学の学習指導に不可欠である数学的活動は，基本的に小学校・中学校と同様である。にもかかわらず，高等学校数学科の授業は，小学校や中学校と比べると，これまで数学的活動があまり行われてこなかったことが指摘されている（例えば，日本数学教育学会，2013，p.7）。その結果として，「数学の定理・公式は覚えていても，その意味を理解していない，活用できない」という高校生は少なくない実態がある。そのような状況を少しでも改善しようと，平成30年告示の学習指導要領では，数学的活動がより一層重視されるとともに，授業改善が進まない要因の1つである入試制度にもメスを入れ，大学入学共通テストはこれまで以上に「思考力・判断力・表現力」を重視した出題となるなど，様々な改革が進んでいる。しかし，どんなに周囲の条件が変化しても，授業が改善されなければ意味はない。数学的活動は，高校数学の授業改善の大きなキーポイントになるといっても過言ではない。本節では，数学的活動に基づく高校数学の授業構成の事例を，数学Ⅰの単元「図形と計量」を中心に取り上げて考察する。

1．新たな概念理解の指導場面における授業設計

　数学Ⅰの単元「図形と計量」では，まず三角比（sine, cosine, tangent）の概念を導入した上で，それを鈍角へと拡張し，また三角比に関わる性質として正弦定理や余弦定理等を扱う。もともと三角比の概念は，ヒッパルコス（Hipparchus）が，天文学の問題を解決するために，半径を固定した円において，中心角と弦の長さの関係を表にしたのが始まりといわれている（カッツ，2005，p.162）。このように，必然性があって三角比の概念が誕生したのであるが，高校生に指導する際に，三角比の定義をいきなり示して，その利用例を説明すると

第4章　数学的活動に基づく学習指導の設計

いう展開では，三角比を学ぶ意義が理解できないであろう。なぜ新たな概念として三角比を学ぶのか，新たな記号 sin，cos，tan を使う必要があるのか，このことを理解できるような数学的活動に基づく授業構成が重要である。

そこで例えば，次のような展開が考えられる。まず，問題1-1を提示する。

【問題1-1】次のそれぞれの直角三角形で，斜辺の長さが1のとき，対辺や底辺の長さを調べよう。

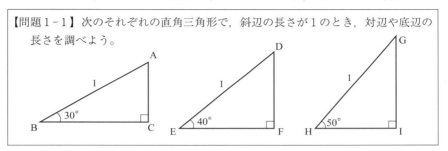

上の3つの三角形のうち，△ABC のみは $AC = \dfrac{1}{2}$，$BC = \dfrac{\sqrt{3}}{2}$ と容易に求まるが，それ以外の三角形については，これまでの知識で対辺や底辺の長さを正確に表すことができない。個人やペア，グループでの追究を通して，およその長さを知ろうと，相似な三角形をかいて定規で測って調べる生徒が出てくることが予想される。また，対辺と底辺の一方がわかれば，三平方の定理で他方もわかることに気付く生徒も出てくるであろう。

ある程度時間をとったところで，DF や GI の長さは，循環しない無限小数になることを説明した後，新たな記号を使って表すことを提案する。すると，例えば，DF = f(40°)，EF = g(40°) 等と表すことを提案する生徒も出てくるであろう。ここで重要なことは，角度によって長さが異なる点を意識させることである。少し時間をとった後，授業者の方から，DF = sin 40°，EF = cos 40° と表し，「サイン 40°」「コサイン 40°」と読むことを説明する。

その上で，次の問題1-2に取り組ませる。

【問題1-2】次のそれぞれの直角三角形で，対辺や底辺の長さを表そう。

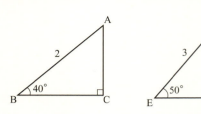

ここでも，個人やペアで追究する時間をとると，右図のような線分 MN を引いて，三角形の相似の性質から，次の結果を導く生徒がいるであろう。

$AC = 2 \times MN = 2 \times \sin 40°$

$BC = 2 \times BN = 2 \times \cos 40°$

同様に考えれば，△GHI について，

$GI = c \times MN = c \times \sin \theta$

$HI = c \times HN = c \times \cos \theta$

を導くこともできるであろう。

これを受けて，最後に次の問題1-3を提示する。

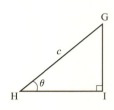

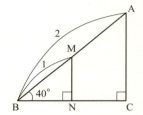

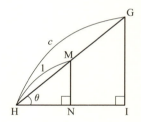

【問題1-3】次の直角三角形で，$\sin \theta$, $\cos \theta$ を，a, b, c を用いて表そう。

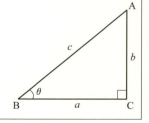

こうして，最終的に，教科書に載っている三角比（sine, cosine）の定義にたどり着くことができる。

これらの数学的活動を通して，三角比を新たに導入する意味を理解し，合わせて，三角比（sine, cosine）を使って，直角三角形の斜辺が分かっているとき

に，底辺や対辺の長さを表す方法についても理解することができるであろう。

なお，sine，cosine の定義を，それぞれ直角三角形の斜辺の長さに対する対辺の長さの割合，底辺の長さの割合と捉えれば，基準量である斜辺の長さを 1 としたときの対辺，底辺の長さであると捉えることができる。このように，三角比（sine，cosine）を長さで定義することは，円の中心角に対する弦の長さを調べた歴

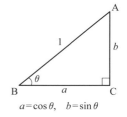

史的な視点からも自然であり，生徒にとっても理解は容易であろう（須藤，2008；David，2010；熊倉，2015）。

2．定理・公式等の意味理解の指導場面における授業構成

「図形と計量」では，三角比の概念を学習した後に，三角比に関わる性質として，正弦定理や余弦定理等を扱う。特に，余弦定理は，中学で学習する「三平方の定理」の拡張になっていて，三角形の 3 辺の長さと 1 つの角の関係を表している。したがって，余弦定理を使うことで，三角形の 2 辺と 1 つの角から他の 1 辺を求めたり，3 辺から 1 つの角を求めたりすることができる。これらの余弦定理の意味と必要性を理解できるような数学的活動に基づく授業構成が重要である。

そこで例えば，次のような展開が考えられる。まず，問題 2-1 を提示する。

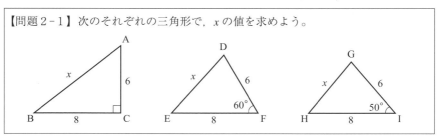

上の 3 つの三角形のうち，△ABC の x の値は，三平方の定理を使って容易に求めることができる。次に，△DEF の場合は，このままでは三平方の定理が使えないが，次頁の図のように垂線 DH を引いて 2 つの直角三角形を作るこ

とで，x の値を求めることができる。△GHI の場合も，△DEF の場合と同様に垂線を引いて考えれば，x の値を求めることができる。

これらの問題を，個人やペア，グループで追究する。その後，全体で x の値を確認した上で，次の問題 2-2 を提示する。

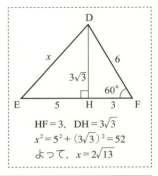

HF = 3, DH = $3\sqrt{3}$
$x^2 = 5^2 + (3\sqrt{3})^2 = 52$
よって，$x = 2\sqrt{13}$

【問題 2-2】 問題 2-1 の△GHI で，辺の長さや角を一般化して，x の関係式を作ろう。

この問題を解決することは，結果として余弦定理を導く活動となる。

AC = b, BC = a, ∠ACB = θ とすると，
AH = $b\sin\theta$, CH = $b\cos\theta$, BH = $a - b\cos\theta$ より，
$x^2 = (a - b\cos\theta)^2 + (b\sin\theta)^2$
$= a^2 - 2ab\cos\theta + b^2\cos^2\theta + b^2\sin^2\theta$
$= a^2 + b^2 - 2ab\cos\theta$

問題 2-1 を解決する活動を行うことで，生徒自身が余弦定理を比較的容易に導くことができるだけではなく，余弦定理が三平方の定理の拡張であり，一般の三角形において成り立つ性質であることを理解することができる。また，このような理解のもとでは，教科書にあるように 3 つの式を並列で並べて示す必要もないであろう。

なお，上の証明は鋭角三角形の場合であるので，鈍角三角形の場合は別途証明する必要がある。ただし，鈍角の三角比の学習順序については様々な意見がある（長岡，2003；熊倉，2006）。それは，鈍角の三角比の定義が三角関数の定義に近く，鋭角の三角比とは質的に異なるため，この定義を生徒が唐突に感じるというものである。そこで，鈍角の三角比を学習する順序を，鋭角三角形における正弦定理や余弦定理を扱った後に扱う，という考えである。

3．現実事象と関連付けた指導場面における授業設計

「図形と計量」のよさを理解し，学ぶ意義を実感するには，現実事象と関連づけた問題に触れることも重要である。「図形と計量」の現実事象への活用場面としては，測量がよく取り上げられる。ここでも，測量に関連した数学的活動に基づく授業構成について考えてみよう。

例えば，次のような展開が考えられる。まず，問題3－1を提示する。

【問題3－1】東京スカイツリーは，実際には東京タワーよりも高いが，見る場所によって東京タワーの方が高く見えることがある。では，東京都庁展望室からはどちらが高く見えるだろうか。

この問題は，特定の課題に関する調査（国立教育政策研究所，2013）で出題された問題ⅡB ③を参考にアレンジしたものである（熊倉，2017）。

問題の解決のためには，まず次のような図を描き，「どちらが高く見えるか」を判断するのに「仰角 α, β の大小」を比較すればよいことを理解する必要がある。

この図を描くことは，第1節で述べた OECD/PISA 調査における「数学的プロセス」の基盤となる数学的能力の1つである「数学化」であり，全国学力・学習状況調査における「数学的プロセス」のうちの「α1：日常的な事象等を数学化すること」に相当する。また，例えば，目の高さは無視して考える，途中に障害物がないとする等，理想化して考えることも重要である。

次に，α, β を求めるためには，次の情報が必要であることを確認する。
・東京都庁展望室，東京タワー，東京スカイツリーの高さ
・東京都庁展望室から東京タワー，東京スカイツリーまでの距離

必要な情報について，授業者がそのまま与えるのではなく，生徒自身に考えさせることが重要である。なぜならば，現実の場面では，問題を解決するのに，

必要な情報があらかじめわかっていることは決して多くないからである。インターネット等を使用できる環境であれば，情報の取得も生徒に委ねるのがよいであろう。この考えは，シュバラールの提唱する「世界探究パラダイム」における学習過程において「資料を調べ必要な情報を自ら見つけ出すという過程」（Chevallard, 2015）を重視する考えに通ずるものである。

実際，東京都庁展望室の高さ202m，東京タワー333m，東京スカイツリー634m，および東京都庁展望室から東京タワー，東京スカイツリーまでの距離5929m，10892mを調べた上で，それらを用いて$\tan\alpha$，$\tan\beta$を計算すると，

$$\tan\alpha = \frac{333-202}{5929} = 0.02209... \qquad \tan\beta = \frac{634-202}{10892} = 0.03966...$$

よって，$\tan\alpha < \tan\beta$ より $\alpha < \beta$ から，東京スカイツリーの方が高く見えると結論づけることができる。

この結果を一斉で確認した上で，振り返って次の問題3-2を提示する。

【問題3-2】東京スカイツリーは，東京タワーよりもどの程度高く見えるのだろうか。

生徒の中には，α, β の値を求めるものもいるであろう。実際調べると，$\alpha = 1.265...°$, $\beta = 2.271...°$ であり，仰角の差は約1°しかない。この結果を見て，ほとんど差がないと感じる生徒も少なくないであろう。

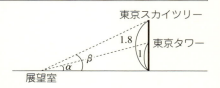

別の方法として，例えば，仮に東京スカイツリーが東京タワーと同じ地点にあるとして，東京スカイツリーの見かけの高さを計算する生徒もいるであろう。

これを計算すると，

$$5929 \times \tan\beta = 235.15... \fallingdotseq 235\,\mathrm{m}$$

となるので，東京都庁展望台との高低差は，東京タワーの場合333-202=131mの約1.8倍であることがわかる。

なお，この問題をさらに発展させて，東京タワーと東京スカイツリーが同じ高さに見える地点を求める活動も考えられる。この場合は，東京タワーと東京

スカイツリーからの距離の比が，東京都庁展望室との高低差の比$(333-202):(634-202)$に等しい点の軌跡，すなわちアポロニウスの円になる。軌跡については，正式には数学Ⅱ「図形と方程式」の学習内容になる

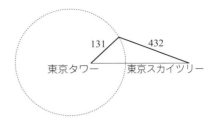

が，ここで軽く触れることも考えられるであろう。

4．学習内容の探究の指導場面における授業設計

「図形と計量」では，正弦定理や余弦定理と合わせて，次の図のような三角形の面積公式も学習する。ここでは，この面積公式を探究する授業構成を考えてみよう。

三角形の面積については，小学校で学習済みであるが，ここで扱う公式は，与えられた条件が「底辺」「高さ」ではなく，「2辺」「2辺の挟む角」である。このように，与えられた条件が異なっても，面積を求めることができることのよさを理解することが重要である。また，同様にして，三角形だけではなく他の図形でも，条件を変えて面積を求めることができる。

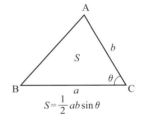

そこで，例えば次のような展開が考えられる。まず問題4-1を提示する。

【問題4-1】三角形以外の図形でも，与えられた条件が異なるときに面積を求める公式を探してみよう。

生徒は，個人やペアで探究して，例えば，ひし形や平行四辺形，等脚台形，台形などの図形について次頁のような公式を発見するであろう。

他にも，同じ等脚台形や台形でも，次頁の下図のように与えられた条件が異なる場合を考える生徒もいるであろう。

これらの公式を一斉の場で互いに発表した上で，公式同士を比較する活動も

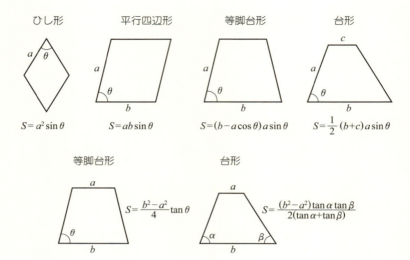

重要である。例えば,平行四辺形で $a=b$ とした場合がひし形になること,台形で $\alpha=\beta$ とした場合が等脚台形になることが確認できる。

次に,対角線の長さに注目して,次の課題4-2を提示する。

【問題4-2】対角線の長さが与えられているときに,さらに面積を求める公式を探してみよう。

ここでも,個人やペアで探究して,例えば,ひし形や平行四辺形,等脚台形,台形などの図形について,次のような公式を発見するであろう。

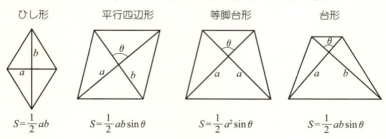

さらには,一般の四角形について探究する生徒もいるであろう。実は,台形や平行四辺形と同じ公式になる。

それらも含めて，発見した公式について，一斉の場で互いに発表する中で，最終的には，一般の四角形の場合に統合できることを確認することが重要である。

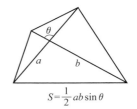

なお，条件として対角線を用いない一般の四角形について，右の公式を発見することが考えられる。これは，2つの三角形に分割して，三角形の公式を使うことで容易に導くことができる。しかし，この場合，6つの条件 $a, b, c, d, \alpha, \beta$ は凸四角形の場合には過剰であり，例えば条件 β が1つなくても，四角形は1つに決まることを確認しておきたい。

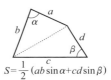

中には，右の図のような a, b, c, α, β が与えられた一般の四角形について，探究する生徒もいるかもしれない。この場合，例えば次のように公式が導かれる。

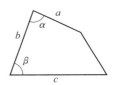

右図のように，A〜Dを付し，ADとBCがCD側のEで交わるとする。$DE=x$，$CE=y$とし，四角形の面積を S とすると，$\angle E = 180° - (\alpha + \beta)$ より

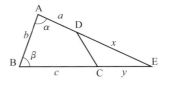

$$S = \triangle EAB - \triangle EDC$$
$$= \frac{1}{2}\{(a+x)(c+y) - xy\}\sin(\alpha+\beta) = \frac{1}{2}(ac + ay + cx)\sin(\alpha+\beta) \quad \cdots \quad ①$$

また，$\triangle CDB = S - \triangle ABD = \triangle EDB - \triangle EDC$ だから，

$$S - \frac{1}{2}ab\sin\alpha = \frac{1}{2}\{x(c+y) - xy\}\sin(\alpha+\beta) = \frac{1}{2}cx\sin(\alpha+\beta) \quad \cdots \quad ②$$

同様に，$\triangle DCA = S - \triangle ABC = \triangle ECA - \triangle EDC$ だから，

$$S - \frac{1}{2}bc\sin\beta = \frac{1}{2}ay\sin(\alpha+\beta) \quad \cdots \quad ③$$

②，③を①に代入して整理すると，

$$S = \frac{1}{2}\{ab\sin\alpha + bc\sin\beta - ac\sin(\alpha+\beta)\}$$

ADとBCがAB側で交わるときも,同様に証明できる。

また,上記の公式は,加法定理を使って導くこともできる。

導いた公式をあらためて振り返ると,$a=0$,$c=0$,$b=0$のときには,三角形の場合の公式に帰着されることが確認できる。

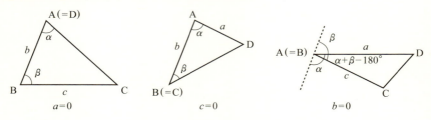

上記は,公式の特別な場合を調べたが,逆に公式を導く前に,特殊化・単純化した場合を考えることで,ある程度の結果を予想することができるであろう（Mahajan, 2015）。特に,ここで述べた自らで新たな公式や性質等を探究的に見い出すような場合には,はじめに予想する活動が有効である。

5．単元全体を通した数学的活動

以上,高等学校数学Ⅰの単元「図形と計量」について,単元の導入である「新たな概念理解の指導場面」,単元で扱う「定理・公式等の意味理解の指導場面」,単元で学んだことを活用する「現実事象と関連付けた指導場面」,単元で学んだことをもとに探究する「学習内容の探究の指導場面」の4つの授業構成を示した。一つ一つの授業構成は,第1節で述べたレイヤーAにおける数学的活動である。一方,これら4つの指導場面を通して,「図形と計量」に関して概念理解,活用,探究の指導場面における活動は,レイヤーBにおける数学的活動である。さらには,「新たな概念理解」や「定理・公式等の意味理解」において中学校での学習内容と体系的に関連づけたり,「学習内容の探究」において未習の学習内容と関連づけたりする活動は,レイヤーCにおける数学的活動であるといえるであろう。このように,数学的活動を軸とした授業を構成する上では,1時間単位でのみ考えるのではなく,単元全体を通して,さらには,単元間のネットワークを意識して検討することが重要である。

第4章　数学的活動に基づく学習指導の設計

第4節　数学的探究のプロセス

1．探究の経験：4つの4

　数学教育の文脈において，「探究」という概念から最も遠いものとして考えられがちなのは，「計算」であろう。確かに，「左辺から右辺を求める」ことを計算とみなせば，その通りかもしれない。では「右辺から左辺を求める」場合はどうだろうか。このようにやや広く計算を捉えるとき，それは身近な数学的操作として，探究のスタート地点になりうる。新年を寿ぐ数学愛好家によって毎年行われる探究がよい例である。今年の場合，「2019」という数値を生み出す美しい式を，少なくない人々が探したのである。

　ここでは別の事例として，「4つの4」を取り上げる。「4つの4」とは，「4」という数字を丁度4回用いた計算によって，指定された数（以下，目標数）を作り出すという，有名な数学パズルの一つである（e.g., 平林，1994）。目標数が「16」の場合，例えば4つの4と3つの加法演算子「+」による計算式 [4+4+4+4] でそれを達成できる。もちろん，[4×4÷4×4] なども答え方の一つである。括弧記号による演算順序の指定を認めれば，[(4+4−4)×4] などといった答えもつくれる。また，利用できる演算子を四則に限らなければ，例えば [(4^4)÷4÷4] といった作り方もできる（4^4＝4^4）。さらに，二項演算ばかりでなく単項演算も認めれば，例えば [$\sqrt{4}×\sqrt{4}×\sqrt{4}×\sqrt{4}$] という答えもある。単項演算子に加えて，位取り記数法の仕組みを利用すれば，[44−4!−4] でも 16 を生み出せる。以上の操作は「4つの4」のルールとして通常すべて認められているようである。

　試しに好きな数字を決めて4つの4でそれを作ってみていただきたい。思う存分に探究せよ！

＊＊＊

　いかがだっただろうか。いかにも「数学的探究」という装いの取り組みが行

われたのではなかろうか。以下では，その探究の経験を頼りに，数学的探究のプロセスについて，詳しく説明していきたい。

2．探究のプロセス

探究のプロセスとは何かというのは，難しい問題である。辞書的な答え，数学者的答え，数理哲学者的答え，政策決定者的答えなど，様々な答え方がありえよう。本節では「数学教育学」の立場から，探究のプロセスについてみていく。数学教育学とは，数学的知識の普及と獲得の科学であり（Chevallard & Sensevy, 2014)，本書の読者のニーズによりフィットした「探究」についての知見を有していると考えるからである。以下に続く議論は，今日の数学教育学の中心的な理論の一つである「教授人間学理論（以下，ATD；Anthropological Theory of the Didactic)」(cf. ボスク・ガスコン，2017；シュバラール，2016；Chevallard, to appear；宮川，2011；2012）に基づく。ATDはフランスの数学教育学者イブ・シュバラール（Yves Chevallard）と，フランスとスペインのグループを中心に構築されてきた理論であり，40年ほどの歴史をもつ。様々な数学教育学の理論の中でもATDに注目する理由は，筆者の知る限りで本理論がもっとも「広い」探究の捉えを採用しており，かつその捉えが指導される知識（数学など）の本性に着目した形で作られているからである。

(1) Study and Research Path：勉強と研究の往還

ATDにおいては，探究プロセスは"Study and Research Path"（以下，SRP）という視点で捉えられる（cf. Barquero & Bosch, 2015；シュバラール，2016；宮川・濱中・大滝，2016；Winsløw, Matheron & Mercier, 2013)。直訳すれば，「勉強・研究経路」である。この用語は，探究プロセスが勉強の段階と研究の段階を含んでいることを明確に表している。ATDの文脈において，勉強とはすでに先人によってまとめられている知識を手に入れることであり，研究とは自分自身の成果を生み出すことである。先ほどの「4つの4」の探究において，多くの方は，基本的には「研究」だけを行なったのではないだろうか。そこでは既有の知識だけを頼りに，紙とペンを使って，自分の設定した目標数

を作ろうと奮闘したと想像される。しかし，少し時間の幅を広げれば，その探究は「勉強」の段階を含んでいる。当たり前のことであるが，「4つの4」の研究は，小学校以来の算数・数学の勉強の成果に基づいているのである。

探究プロセスが「勉強と研究の往還＊」から成り立つというのは，当然すぎて見落とされがちな事実である。例えば，新学習指導要領の「総合的な学習の時間」において，「探究」はますます重要視されているが，そのプロセスは，「1．課題の設定」，「2．情報の収集」，「3．整理・分析」，「4．まとめ・表現」とされ，勉強の段階を考慮していない（文部科学省，2017，p.8）。実際，先の「4つの4」の探究においても，勉強が生じたという実感はないのではないか。実はこれには明確な理由がある。（2）ではこの点についてみていきながら，SRPの主たる特徴の一つを明らかにしてみよう。

＊「往還」は"dialectic"の訳語である。dialecticは通常「弁証法」と訳され，思考や議論の方法を意味することが多い。しかし，少なくともATDやそれを含む「フランスを起源とする教授学」（cf. 宮川，2011）では，研究方法ではなく研究対象の特徴を表すための表現として，dialecticという言葉がしばしば用いられる。こうした使用法におけるdialecticは，「当該のプロセスが二つの極を行き来しながら進行する」というニュアンスであるため，ここではdialecticに「往還」という訳語を与える。実際，わが国のATDの先行研究でもdialecticは往還と訳されている。

（2）検索活動の重視：メディアとミリューの往還

SRPとは要するに勉強と研究の往還であるが，「4つの4」に関して経験された多くの探究は，勉強を明示的には含まなかったと思う。それは，そこで行われた探究が，いかなるメディアの参照も伴わなかったからである。ここでいう「メディア」というのは，何らかの情報を我々に与えようとするあらゆる媒体のことを指す。テレビ，新聞，ウェブサイト，教科書，教師などがここで「メディア」と呼ばれるものの主たる例である。例えば，もし「4つの4」の探究においてインターネット検索を行っていれば，それに関わる様々なウェブサイトに出会うことになり，「4つの4」の内容に関わる様々な勉強が生じえたはずである。図4-14はウェブページの一例＊であるが，そこには「4つの4」で使用されうる記号が説明されており，このゲームのルールの勉強を促し

使用可能な記号 [編集]

日本の場合、一般的には以下の記号（演算）が使われているようである。

- 四則演算
- 小数点
- 冪乗
- 平方根
- 階乗
- 循環小数の循環節を表す点 $\left(.\dot{4} = 0.\dot{4} = 0.444\cdots = \frac{4}{9}\right)$

以下の記号が用いられることもある。

- 二重階乗 !!（1または2からその数までの偶数のみまたは奇数のみの積）
- ガウス記号（小数点以下の端数を切り捨てる）
- ガンマ関数（xが整数ならばΓ(x)=(x-1)!）
- パーセント（4% = 0.04）
- Σ（その数までの和）

図 4-14　ウェブページの例（" 4 つの 4 "，n.d.）

ている。また，もし中学校 3 年生がこの探究を行なった場合，「あらゆる目標数に対応できる一般的な方法」に興味をもち，結果として対数の勉強が必要となる可能性は低くはないだろう。

　　＊ 4 つの 4　(n.d.) ウィキペディア．Retrieved October 23, 2017, from https://ja.wikipedia.org/wiki/4%E3%81%A4%E3%81%AE4

　ATD において，メディアと対をなす概念は「ミリュー（milieu）」である。"milieu" はフランス語で「環境」を表す言葉であり，数学教育学の文脈では，数学的活動に使用される有形無形の道具の集まりのことを指す。例えば，問題や教具などがミリューの要素の例である。もちろん，鉛筆や消しゴムや机や椅子などもミリューに含まれるとみることもできるが，ATD では探究に本質的に関わるミリューである「教授ミリュー（didactic milieu）」を "M" と表し，その内実を集合の外延的記法で次のように定式化している。

$$M = \{A_1^\diamond, A_2^\diamond, \ldots, A_m^\diamond, W_{m+1}, W_{m+2}, \ldots, W_n, Q_{n+1}, Q_{n+2}, \ldots, Q_p, D_{p+1}, D_{p+2}, \ldots, D_q\}$$

$A_i^\diamond$ は先行研究の成果を表している。"A" は Answer の A であり，"$\diamond$" は「折紙つき（hallmarked）」といったニュアンスである。「4 つの 4」の探究の場合は，例えばウェブサイト上で見つけられる自分の選んだ目標数の作り方などである。W_j は $A_i^\diamond$ を理解・再構成し，自分なりの成果 $A^\heartsuit$ を作る際に必要にな

第 4 章　数学的活動に基づく学習指導の設計

る，様々な「物」を指す。"W" は Work の W であり，ここでは作品を意味する。「4つの4」の探究の場合，例えば対数の理論は，非常に有益な作品Wとなる。Q_k は探究の中で生じてくる新たな問いであり，"Q" は Question の頭文字である。特定の目標数を作ろうとするとき，様々な問いが付随して生じるであろうが，そのうちの代表的なものは，「どのような演算が認められるのか？」というものだろう。また最初に選んだ目標数を作った後に，「他の数についてはどうか？」，「あらゆる目標数に対応できる一般的な方法はあるのか？」と問うた方も多くいるだろう。D_l はデータを意味する（Data の "D"）。最後の答え $A^♥$ へ向かう過程で生じる様々な活動によって生み出される数とその作り方は，目標数を作る際のデータとして，探究に不可欠な基盤となる。

　勉強・研究経路 SRP は，「メディアの参照」と「ミリューとの相互作用」という二つの極を行き来しながら進む。「メディアとミリューの往還」は，SRP の特徴の一つであるが，現在の日本の教育システムの中では，メディアの極での活動は，普通は生じていないだろう。生じていたとしてもそれは，多くの場合，ミリューの極での活動を伴わない「調べ学習」になりがちではないか。ではなぜそうなのか。理由は様々にあろうが，（3）ではそのうちの一つをみることで，SRP のもう一つの主たる特徴をあぶりだしたい。

（3）問いの重視：問いと答えの往還

　教室におけるメディアの参照が真正の探究ではなく「調べ学習」になりがちなのは，探究のスタート地点に，探究を動機づける面白い「最初の問い」がないからである。「面白い問い」というのは，より正確にいえば，それが探究者にとって取り組むに値する「自然な」ものであり，様々な付随する問いを生み出す「生成力」をもっているということである。「4つの4」は，小学生でもわかる状況のシンプルさ，いろいろな目標数を作るというゲーム性，様々な数学的知識に繋がる多様性から，自然で生成力のある問いの源泉としての大きな可能性をもっている。

　生成力のある最初の問いは，多くの付随する問い Q を生み出すばかりでなく，それらに対する既存の答え $A^◇$ や自分たちによる暫定的な答え A を引き出していく。「4つの4」の探究の場合でいえば，「1をどうやって作るのか？」，

99

「2についてはどうか？」といった様々な問いが生じると同時に，それらへの答えとしての$A^\diamond$やAも自ずと生まれていく。こうした「問いと答えの往還」は，SRPの最も顕著な特徴である。

探究が問いに導かれて進むということは，自明なことのように思われるかもしれない。しかし，少なくとも日本においては，研究者の活動においてさえも，「問い」が暗黙的になることは珍しくない。そこでは，「研究目的」や「研究課題」という表現はよく現れるが，いわゆる"Research Question"に対応する日本語は存在しない。これは教育の文脈における探究についても同様で，例えば（1）で述べた「総合的な学習の時間」における探究は「1．課題の設定」から始まる。

ここまでみてきたことをまとめると，ATDにおける探究プロセスの表現であるSRPは，「勉強と研究の往還」，「メディアとミリューの往還」，「問いと答えの往還」という相互に関連する三つの主たる往還によって進む，ということなる。これで，本節のテーマである「探究のプロセス」を十分に知ったことになるだろうか。実は残念ながらそうではない。なぜならば，以上のような往還を経て生み出される「探究」そのものが一体何であるかを我々はまだ確認していないからである。「探究にはどのような参加者がいるのか？」，「探究はどこから始まりどこで終わるのか？」，「探究の参加者は何をするのか？」といった問いの答えはまだ明確でない。次項ではこれらの問いを探究してみよう。

3．探究の本性と条件

（1）探究の図式

本書の読者が想定するような「探究」には，二種類の異なる役割をもつ人々が登場する。一つは「生徒」という役割であり，もう一つは「教師」という役割である。教授人間学理論ATDでは，探究の状況に参加している生徒の集まりをX，教師の集まりをYと書く。個々の生徒xはXの要素であり（$x \in X$），個々の教師yはYの要素である（$y \in Y$）。そして，そこには，探究を動機づける中心的な問いQが存在する。探究のスタート地点は，このような三つの要素から構成される一つの学習指導システムである。このシステムは

$S(X;Y;Q)$ と表記される。本節冒頭で行なっていただいた「4つの4」の探究もこのシステムを起源にもつが，そこでは多くの場合，教師不在（$Y=\emptyset$）であっただろう。また，今日の学校教育で行われている教室での探究では，教師一人（$Y=y$）や Team Teaching（$Y=\{y_1, y_2\}$）の場合が多いはずである。もし我々が，探究的でない従来型の場面をこの図式で記述する場合，作品 W を用いて $S(X;Y;W)$ となる。そこでは，学習指導の中心は問いではなく，教えなければならない内容（作品 W）である。

以上のように探究のスタート地点には何らかの問い Q がある。ではゴール地点には何があるのだろうか。すでに少し触れたように，それは自分なりの最後の答え $A^♥$ である。$S(X;Y;Q)$ が $A^♥$ を生み出すことが探究の終わりを意味する。この行為は次のような図式で表現される。ここでは「↘」は「生み出す（bring into being）」を意味する。

$$S(X;Y;Q) \hookrightarrow A^♥$$

ではどのように $A^♥$ を生み出すかといえば，ミリュー M との相互作用によってであり，したがって生徒 x と教師 y からなるクラス $[X;Y]$ はミリュー M を構成する様々な道具を，自分たちで作ったり，様々なメディアから見つけたりすることによって，集めなければならない。このような「道具を集めミリューを構える」行為を顕在化させた場合，探究の図式*は次のように表される。ここでは「⌒」は「集める（bring together）」を意味する。

$$[S(X;Y;Q) \frown M] \hookrightarrow A^♥$$

> *この図式は正式には「ヘルバルト図式」と呼ばれる。この「ヘルバルト」は，19世紀前半に活躍したドイツの教育学者ヨハン・フリードリヒ・ヘルバルト（Johann Friedrich Herbart）のことである。ヘルバルトの名をこの図式に冠する理由は筆者の知る限りでは説明されていないが，ヘルバルトがその教育論において「多方興味の陶冶」の重要性を主張していた点を，ここに記しておく（cf. 高久，1984）。

「探究とは何か？」と問われたら，ATD の視点からは上述のような図式に従う取り組みと答えることになる。それはやや奇妙な記号列によって表現されているが，意味自体が風変わりというわけではない。そこで表されている事柄は，探究の参加者，スタートとゴール，道具であり，何らかの探究を行なった

ことがある人ならば誰でも同意できるもののはずである。これでATDの視点からの探究とそのプロセスの特徴づけには十分に触れることができた。続いて生じる自然な疑問は「どのような条件のもとで，探究の図式に沿ったSRPが実現されるのか？」という，授業デザインや指導方法に関わる問いであろう。実はこの点については，ATDの中心的なテーマとして，まさに研究の真っ只中である。以下では，そうした探究の条件について，現在えられている知見を紹介する。

（2）作品訪問から世界探究へ

　ここまでみてきたように，「探究の図式」によって表現されている探究は，今日の通常の教室で行われている伝統的な学習スタイルとは大きく異なる。実はこれは，両者の活動の背景にある教育理念が根本的に違うことに起因する。シュバラールは，教えるべき内容やそれを指導する方法を暗黙的に処方する規則の集まりを「教授パラダイム（didactic paradigm）」と呼ぶ（cf. シュバラール，2016）。そして，今日支配的なパラダイムを「作品訪問（visiting works）のパラダイム」と特徴づける。このパラダイムにおいては，学ばれるべき知識は，「記念碑」に例えられる知識の細切れであり，生徒は一つ一つそれらを訪ね，鑑賞し，愛しさえしなければならない，ということが学習指導の前提となる。教師の役割はツアーガイドのようなものである。このように学ばれた知識が試験の後に用をなさなくなることは，学校教育を通過したものなら誰しもが多かれ少なかれ経験していることであろう。あらゆる知識はそもそも，何らかの問題を解決するため生じたはずであるが，作品訪問パラダイムのもとに組織される学習指導では，生徒は提示された知識の小片の存在理由や機能性を感じることができないのである。それは旅行で何かのモニュメントを訪ねたとしても，記念碑となっている出来事の歴史的意義を我々がほとんど知ることができないことと同様である。

　こうした作品訪問に変わる教授パラダイムを，シュバラールは「世界探究（questioning the world）のパラダイム」と呼ぶ。このパラダイムにおいては，学習指導の中心になるのは，知識の小片（作品 W）ではなく問い Q となり，探究者は問いへ答える過程で必要になった知識を必要なだけ学びながら，自分

なりの答えを作り出していく，と想定される。探究の形で学習指導が進めば，そこで獲得された様々な作品 W は，すべて問いへ答えるための道具という必要性を伴って生じているため，作品訪問のケースとは対照的に，明確な存在理由をもつことができる。スーパーサイエンスハイスクール制度（SSH）に代表される探究型指導の強調は，教授パラダイムが作品訪問から世界探究へと変わりつつあることを示す傍証である。また，PISA に先導された「リテラシー」への着眼も，教授パラダイムが確実に変化していることを示唆している。しかし，それらはあくまでも「兆し」であり，シュバラールが世界探究パラダイムに基づいて提唱する図式に従った探究は未だに実現されていない。今日の学校教育システムは作品訪問パラダイムへと最適化された形でそもそも作られており，真正の探究を学習指導の中で実現するためには様々なレベルでの改革が必要である。そしてそれは一朝一夕に達成されるようなものではなく，まさに現在進行形で行われている。今後のさらなる実践と研究が求められるのである。

章末問題

1. 中学校または高校の教科書から，一つの単元を選び，その中にどのような数学的活動のプロセスが含まれているか，考察せよ。
2. 中学校数学科の指導内容を一つ選び，数学的活動に基づく授業の学習指導案を作成せよ。
3. 高校数学科の指導内容を一つ選び，数学的活動に基づく授業の学習指導案を作成せよ。
4. 数学的探究を導く SRP の「最初の問い」を考案せよ。また，その問いをもとに，自ら探究し，探究の過程で生じた問いを列挙せよ。

引用・参考文献

石井英真（2016）「資質・能力ベースのカリキュラムの危険性と可能性」『カリキュラム研究』25：83-89.
伊藤説朗（1993）『数学教育における構成的方法に関する研究〈上・下〉』明治図書出版.
大谷実（2002）『学校数学の一斉指導における数学的活動の社会的構成』風間書房.
V. J. カッツ，上野健爾・三浦伸夫監訳（2005）『カッツ 数学の歴史』共立出版.
熊倉啓之（2006）「学ぶ意義を実感させる三角比の指導に関する研究」『数学教育論文発表会論文集』39：355-360.

熊倉啓之（2015）「sine, cosine の定義の指導に関する考察」『日本数学教育学会第 48 回秋期研究大会発表収録』237-240.

熊倉啓之他（2017）「高等学校における「数学的な活用力」の育成を重視した学習指導」『静岡大学教育学部研究報告（教科教育学篇）』48：133-146.

経済協力開発機構（OECD）編著, 国立教育政策研究所監訳（2016）『PISA 2012 年調査評価の枠組み』明石書店.

国立教育政策研究所（2013）『特定の課題に関する調査（論理的思考）調査結果～21 世紀グローバル社会における論理的に思考する力の育成を目指して』69-73.

国立教育政策研究所編（2013）『生きるための知識と技能 5：OECD 生徒の学習到達度達成調査（PISA）2012 年調査国際結果報告書』明石書店.

国立教育政策研究所教育課程研究センター（2017）「平成 29 年度全国学力・学習状況調査解説資料（中学校数学）」
（http://www.nier.go.jp/17chousa/17chousa.htm）

小松孝太郎（2014）『算数・数学教育における証明指導の改善』東洋館出版社.

島田茂（1977/1995）『算数・数学科のオープンエンドアプローチ』みずうみ書房.

清水美憲（2015）「数学科における教科目標としての「数学的活動」の再考」, 日本数学教育学会『第 3 回春期研究大会論文集』(pp. 143-148).

シュバラール, Y., 大滝孝治・宮川健訳（2016）「明日の社会における数学指導――来たるべきカウンターパラダイムの弁護」『上越数学教育研究』31：73-87.

須藤誠明（2008）「三角比の指導における数学史の活用」『数学教育論文発表会論文集』41：375-380.

高久清吉（1984）『ヘルバルトとその時代』玉川大学出版部.

中央教育審議会（2016）「幼稚園, 中学校, 高等学校及び特別支援学校の学習指導要領等の改善及び必要な方策等について（答申）」
（http://www.mext.go.jp/b_menu/shingi/chukyo/chukyo0/toushin/1380731.htm）

長岡耕一（2003）「三角比の指導に関する考察と指導順序についての提案」『日本数学教育学会誌数学教育』85(9)：32-37.

中島健三（1981）『算数・数学教育と数学的な考え方――その進展のための考察』金子書房.

日本数学教育学会（2013）『これでいいのか学校数学パート 6』平成 22 年～24 年度日本数学教育学会意識調査委員会報告書, 3-10.

バージェス, D. & ボリー, M., 垣田高夫・大町比佐栄訳（1990）『微分方程式で数学的モデルを作ろう』日本評論社.

平林一栄（1994）『算数指導が楽しくなる小学校教師の数学体験』黎明出版.

ボスク, M.・ガスコン, J., 大滝孝治・宮川健訳（2017）「教授学的転置の 25 年」『上越数学教育研究』32：105-118.

ポリア, G., 柿内賢信訳（1945/1975）『いかにして問題をとくか』丸善.

Sanjoy Mahajan, 柳谷晃監訳（2015）『掟破りの数学――手強い問題の解き方教えます』共立出版, 17-40.

溝口達也（1995）「数学学習における認識論的障害の克服の意義：子どもの認識論的障害

との関わり方に焦点を当てて」『筑波大学教育学系論集』20(1)：37-52.

溝口達也（2015）「カリキュラム開発における数学的活動とそのネットワークの方法論的考察」日本数学教育学会『第3回春期研究大会論文集』57-62.

宮川健（2011）「フランスを起源とする数学教授学の『学』としての性格――わが国における『学』としての数学教育研究をめざして」日本数学教育学会誌『数学教育学論究』94：37-68.

宮川健（2012）「フランスを起源とする数学教授学：『学』としての性格」全国数学教育学会誌『数学教育学研究』18(1)：119-123.

宮川健・濱中裕明・大滝孝治（2016）「世界探究パラダイムに基づくSRPにおける論証活動(1)：理論的考察を通して」全国数学教育学会誌『数学教育学研究』22(2)：25-36.

宮川健・真野祐輔・岩崎秀樹・國宗進・溝口達也・石井英真・阿部好貴（2015）「中等教育を一貫する数学的活動に基づく論証指導の理論的基盤：カリキュラム開発に向けた枠組みの設定」全国数学教育学会誌『数学教育学研究』21(1)：63-73.

文部科学省（2017）『中学校学習指導要領解説数学編（平成29年7月）』日本文教出版.

文部科学省（2017）『中学校学習指導要領解説：総合的な学習の時間編』東山書房.

和田義信著作・講演集刊行会（1997）『和田義信著作・講演集［2］論文集』東洋館出版社.

Bachelard, G.（1934）*Le nouvel esprit scientifique*, Paris, PUF.（バシュラール，関根克彦訳（2002）『新しい科学的精神』筑摩書房．）

Bachelard, G.（1938）*La formation de l'esprit scientifique*, Paris, J. Vrin.（バシュラール，及川馥・小井戸光彦訳（1975）『科学的精神の形成――客観的認識の精神分析のために』国文社）

Balacheff, N.（1999）"Contract and Custom : Two Registers of Didactical Interactions," *The Mathematical Educator*, 9(2)：23-29.

Barquero, B. & Bosch, M.（2015）"Didactic engineering as a research methodology : From fundamental situations to study and research paths", In A. Watson & M. Ohtani（Eds）, *Task design in mathematics education : An ICMI study 22*, Springer：249-272.

David, M. Bressoud.（2010）"Historical Reflections on Teaching Trigonometry", *Mathematics Teacher*, 104(2)：106-112.

Chevallard, Y.（2015）"Teaching Mathematics in Tomorrow's Society : A Case for an Oncoming Counter Paradigm", *The Proceedings of the 12th International Congress on Mathematics Education*, 173-187.

Chevallard, Y. & Sensevy, G.（2014）"Anthropological approaches in mathematics education, French perspective", In S. Lerman（Ed.）*Encyclopedia of mathematics education*, Springer：38-43.

Ernest, P.（1994）"The Dialogical nature of mathematics", In P. Ernest（ed.）*Mathematics*, education and philosophy : an international perspective（pp. 33-48）, London：The Falmer Press.

Gravemeijer, K.（1997）"Mediating between concrete and abstract", In T. Nunes & P. Bryant（Eds.）*Learning and teaching mathematics : An International perspective*（pp.

315-345), Psychology Press.

Hanson, N. R. (1958) *Patterns of Discovery*, Cambridge University Press.（ハンソン，村上陽一郎訳（1986）『科学的発見のパターン』講談社.）

Haylock, D. W. (1987) "Framework for assessing mathematical creativity in school children", *Educational Studies in Mathematics*,18(1) : 59-74.

Lakatos, I. (1976) *Proofs and refutations : the logic of mathematical discovery*, edited by J. Worrall & E. Zahar, Cambridge : Cambridge University Press.（ラカトシュ，佐々木力訳（1980）『数学的発見の論理――証明と論駁』共立出版.）

Winsløw, C., Matheron, Y., & Mercier, A. (2013) "Study and research courses as an epistemological model for didactics", *Educational Studies in Mathematics*, 83 (2) : 267-284.

（真野祐輔・溝口達也・熊倉啓之・大滝孝治）

第5章

代数分野に関する内容構成〔中・高〕

　代数とは何かと問われれば，学校数学を前提にすれば，究極的には演算について探求する分野であると答えてもよいであろう。演算可能性に応えるために数概念は拡張され，数の固有性にとらわれず演算そのものを考察するために文字式と方程式が生まれ，一連の数値に対する演算とその結果との関係を考察することは関数概念の発生につながっている。さらに，文字の指示対象の一般性・全称性と，文字操作の演算過程と演繹的推論過程との同値性から論証に代数的操作が使われている。本章では，これらのことを次の4点を課題意識として話を進める。

1. 数概念の導入とその拡張が，演算とどのような関連をもってなされているか。その数学的背景と数学史的背景から示唆される数学教育的課題を考察する。
2. 中・高校の数学における文字式の扱いは，算数での扱いとどのような質的違いがあるか。また，文字式の形式的操作の意義や文字式表現での計算手続きと数構造との二面性を生徒はどのように理解していくか。これらの考察をもとに，学習指導の問題点と課題を明らかにする。
3. 関数の考えとはどのような考え方か。そして，中・高校の数学における関数の捉え方は，算数での捉え方とどのような違いがあるか。これらのことを文字式・表・グラフの表現方法および変数概念と関連させて考察し，関数の学習指導の問題点と課題を明らかにする。
4. 代数分野における論証とは何か，また，論証に代数を用いることの意義は何か。この2つの問いを基底にして，数学教育史・数学史と関連させながら，中・高校の代数分野における論証の学習指導を考察する。

本章の内容
　　第1節　数概念とその拡張　　第2節　文字式と方程式
　　第3節　関数とグラフ　　　　第4節　代数分野における論証

第1節　数概念とその拡張

　自然数概念の発生は，様々な事物の集合から個数を抽象して得られるという考え方（この場合「基数」「集合数」"cardinal number" という）と事物の空間的・時間的系列から順序を抽象して得られるという考え方（この場合「序数」「順序数」"ordinal number" という）がある。学校数学への自然数の導入はこの2つの考え方「いくつ」と「なんばんめ」によって，小学校1年生の算数の初めになされている。その後，小学校算数では，長さや重さや嵩（かさ）といった連続量の端数を表す数として小数，分数が導入される。

　しかし，「数とは何か」という本質的問いに対し，人類は数によって何をしているか，数によって如何なる思考操作が可能となったかで答えるならば，大小比較化や順序付け，あるいはそれを複合的に内蔵した事物の標識化だけではあまりに不十分である。何よりも「計算できる」ということが，数の最も本質的機能であることに反論の余地はないであろう。では「計算とは何か」ということが問われることになるが，この問いこそ代数学発展の根源的問いである。

　数の計算とは素朴には加減乗除の四則演算である。しかし，演算の機能を抽象して数値間の対応（あるいは集合の要素間の対応）と捉えるならば，演算とは2つの数値（要素）の順序対に第3の数値（要素）を対応させる2変数関数である。これを一般化してn個の数値の順序対に第3の数値を対応させる演算も考えられるが，基本的には前述のような2変数関数であり「2項演算」と呼ばれる。ある演算の本質はその2項演算にどのような基本的条件を付加するか，あるいは赦すかということである。実際，高校数学における複素数やベクトルの演算，さらに平成21年の学習指導要領で削除された行列の演算は，この本質を生徒に意識させることに繋がる代数教材であり，そのことがこれらの教材の重要な数学教育的価値である。

　いずれにせよ，数概念の拡張は，「計算できる」ことを主要な契機としてなされることになる。中学校，高校で学習する数概念は表5-1のようになって

第5章　代数分野に関する内容構成〔中・高〕

表5-1　中学校・高校で学習する数概念

中1	正の数と負の数，自然数，素数，符号，絶対値，π
中3	平方根，根号，有理数，無理数，因数，$\sqrt{}$，三平方の定理
数Ⅰ	実数まで拡張する意義，簡単な無理数の四則演算（根号を含む式の計算，分母の有理化，2重根号）
数Ⅱ	複素数まで拡張する意義，複素数の四則演算，虚数，i，累乗根，常用対数
数Ⅲ	自然対数，e
数C	平面上のベクトル，空間のベクトル，内積，複素平面，複素数の極形式，ド・モアブルの定理

いる。

　以下では，中学校・高校における数概念の拡張が，加減乗除の四則演算の可能性の拡大および四則演算を基にした代数方程式の可解性の考察とどのような関連性をもってなされているかをみてみよう。

1．負の数の導入

　中学校第1学年では，減法の答えが常に存在するように，つまり，数の集合が減法について「閉じている」ことを保つように，負の数が導入される。負の数の意味づけは，東西反対方向への移動や零下の温度や会計の赤字などのような具体的事象の反対性を基に，数直線の左方向への延長と関連させてなされる。
　負の数の導入を演算の本質的構造の一つである「群」の立場からみれば，加法の逆演算を可能にするための「逆元」の導入であると捉えることができる。そして，逆演算をすることはその逆元を演算することと同等になる。これが，「負の数を引くことは，その符号を変えて正の数を加えることと同じである」ことの代数学的根拠である。
　多くの中学生にとっては，この減法の符号変化の妥当性が理解し難いものとなっている。この理解のための指導は，数直線上での有効線分の合成によって説明され，さらに理解を促すための具体的意味づけとしては，トランプのカードを使った操作が広く実践されている。しかし，トランプ操作では「マイナス

の赤のカードを取り去ることは，プラスの黒のカードを得ることと同じ」という解釈をさせることになり，多くの生徒にとってこの解釈に不自然さを感じるのも事実である。数学指導では，小学校算数以来，演算の妥当性を理解させるためのモデルとして具体的事象や物理的操作を与えることが有効と考えられている。しかし，生徒にとって身近な具体的事象や物理的操作は正の数に対応するものが自然で，負の数に対応するように解釈しようとするとわざとらしい不自然なものになってしまうことが多い。負の数を扱う中等教育段階では，身近な具体的事象や物理的操作をモデルとして説明することの限界が自覚されるべきであり，その教育的妥当性が真摯に反省されるべきである。中学校・高校の数学においては，演算の妥当性の理解は，右のようなや正の数からの演算構造の一貫性や形式的パターンあるいは計算法則における整合性や有用性などを根拠とする形式的理解，記号的理解を図ることが

$$
\begin{aligned}
(+5) - (+3) &= +2 \\
(+5) - (+2) &= +3 \\
(+5) - (+1) &= +4 \\
(+5) - 0 &= +5 \\
(+5) - (-1) &= +6 \\
(+5) - (-2) &= +7 \\
(+5) - (-13) &= +8
\end{aligned}
$$

目標である。そのために，どのようなパターンや計算法則の整合性・有用性を示すことが生徒の理解に有効かを探ることが教材研究の最も重要な課題である。

2. 無理数の導入

負の数の導入により，数は有理数まで拡張され，すべての有理数係数の1次方程式が解をもつようになる。そして，中学校第3学年になると，2次方程式の解の存在の必要性およびピタゴラスの定理を成立させる非通約量に対応する数として，平方根の無理数が導入される。

平方根の無理数は，自然数の比で表せない。もっとも，右のように自然数を使って $\sqrt{2}$ を連分数で表現することもできる。しかし，分母は無限に続くので有限個の自然数によって表現できない。これが小数・分数と決定的に

$$\sqrt{2} = 1 - \cfrac{1}{2 - \cfrac{1}{2 - \cfrac{1}{2 - \cfrac{1}{2 - \cfrac{1}{2 - \cfrac{1}{\vdots}}}}}}$$

異なるところである。例えば，$\sqrt{3}$ は，自然数の有限回の四則演算によっては得られない数であり，2乗して3になる数という理想的なもの，いわば「理想

数」の存在を認めなければならないのである。

　そして，整数も小数も分数も一組の数字とその平面的配置で表現されていたが，無理数は新しい記号（根号）とともに＋－などの演算記号を伴って表現されることになる。例えば，$2-\dfrac{\sqrt{3}}{5}$ を，計算の途中ではなく，これ以上式変形する必要がなく，この演算の結果得られる数を演算過程で表現していると認識されなければならない。ある数の記号表現は，その数を表現するための同値な表現方法のうち，最もシンプルと考えられる表現方法の一つなのである。分数を既約分数で答えることとするのも，$\sqrt{\ \ \ }$ の中の自然数をできるだけ最小のものにするのも，この要請からである。$2-\dfrac{\sqrt{3}}{5}$ の場合，最もシンプルな表現方法が演算過程になるのである。しかし，$\dfrac{1}{\sqrt{3}}$ と $\dfrac{\sqrt{3}}{3}$ のように，最もシンプルな表現を1つに決めかねる数もあり，ときには，複数の表現の一意性が問題となる。ただし，このような分母の有理化は，科学技術において近似値を手計算で算出することから要請されていた一種の歴史的な制約であって，電子計算器機が普及した今日では，かつてほどこだわらなくなった。

3．実数までの数概念拡張の整理

　中学校3年では，無理数導入までの数概念の拡張を反省し，自然数，整数，分数，有理数，無理数の包含関係を教科書では次のように整理されている。

図5-1　数概念の拡張の整理（1）

　高等学校の数学Ⅰでの実数までの数概念拡張の整理では，まず，小数と分数の関係が見直される。有限小数は，分母が10の累乗となる特殊な分数と考え

られ，整数は分母が1の分数とも考えられることから，いずれも既約分数で表現できるという特徴を抽出し，有理数を整数を含めた既約分数と定義する。一方，既約分数を小数にすると，有限小数か循環する無限小数になること，また，逆に，循環小数が，既約分数の形に表現できることを，具体的数値から帰納的に，しかし，一般性をもたせた説明によって確かめる。こうして，有理数が，有限小数または循環小数と同値であることが確証されている。

　一方，無理数は有理数の否定として，既約分数で表すことができない数であり，循環しない無限小数と定義される。なお，$\sqrt{2}$ が既約分数で表せないことの証明は，かつては中学校でも発展的に紹介されていたこともあったが，現行の教科書では，数学Ⅰでの背理法の応用として扱われている。

　高校の数学Ⅰでは，中学校3年での数の包含関係における分数を有限小数と循環小数に置き換えて，次のように教科書では次のように整理されている。

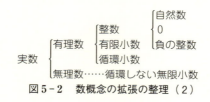

図5-2　数概念の拡張の整理（2）

　ここで，いくつかの点について補足的に解説しておきたい。まず，循環しない無限小数は，$\sqrt{2} = 1.41422356...$ や $\pi = 3.14159265358979...$ など数字がランダムに並ぶものだけであると思われやすいが，実際は，例えば，0.101001000100001...のように規則的に並ぶものも比較的容易に作ることができる。このことは循環しない無限小数も規則的に数多く多く作れることが示唆されるので，無理数が無限に存在することを感覚的に納得させることにつながるであろう。

　つぎに，既約分数を小数にしたとき，有限小数となる必要十分条件は分母に2，5以外の素因数を含まないことである。この証明は比較的容易なので，生徒に発展課題として与えることもできよう。

　また，1 = 0.9999...のように有限小数は循環小数でも表現でき，0.78 を5進数で表すと 0.34222... と循環小数となる。実は，小数はすべて無限小数に表すことができるのであり，有理数と無理数の違いは循環するかしないかの違いであることになる。このことは生徒に無限についての関心をもたせる絶好の話題

第5章　代数分野に関する内容構成〔中・高〕

となるであろう。

　ところで，集合の濃度の観点からすると，有理数は可算であり，実数は連続である。実数が非可算であることはゲオルグ・カントールの「対角線論法」で示すことができる。それは次のような論法である。

　　まず，開区間（0，1）にある実数を可算と仮定すると，（0，1）の実数はすべて順に並べることができることになる。そこで（0，1）の実数をすべて無限小数で表し，小数の位を揃えて縦に並べたとする。

　　　0．③5789 ‥‥
　　　0．2⑦894 ‥‥
　　　0．80②75 ‥‥
　　　0．002①3 ‥‥
　　　0．5107⑥ ‥‥
　　　・・・・・・・

ここで，小数点以下の対角線上の数字を異なる数字に変えた小数を考える。

　　　　37216 ‥‥
　　　　⬇　　例えば，奇数なら0，偶数なら1に変える
　　　0．00101 ‥‥

すると，この無限小数は（0，1）に属し，しかも，縦に並べたどの小数とも対角線上の数字が異なるので，縦に並んでいない新しい実数となる。

　　これは開区間（0，1）の実数をすべて順に並べることができたことに矛盾する。背理法によって，開区間（0，1）にある実数の集合は可算でなく非可算であることになる。したがって，開区間（0，1）を含む実数全体の集合も非可算となる。

このアイデアは，任意の集合のベキ集合の濃度が，もとの集合の濃度より真に大きいことの証明に応用され，「連続体仮説」や「ラッセルのパラドックス」の問題を生じさせ，「ゲーデルの不完全性定理」の証明に発展することになる。

　さて，有理数に根号で表される無理数を加えて拡大しても，濃度はまだ可算である。$3+\sqrt{2}$ のような数は，代数方程式の解となる数で，「代数的数」といわれ，その集合も可算なのである。したがって，非可算なのは，それを解とする代数方程式が存在しない数で，「超越数」といわれる数なのである。高校ま

113

での数学では，超越数は円周率 π と自然対数の底 e（ネイピア数，オイラー数ともいう）しか出てこないが，他にも，θ（ラジアン）を代数的数とする $\sin\theta$, $\cos\theta$, $\tan\theta$ も超越数である。このことを知らせれば，超越数も無限に存在することは感覚的に納得させられよう。

数学史上，超越数の発見は比較的新しく，ある数が超越数であることの証明は難問であった。ジョセフ・リューヴィルは，小数第 k! 位（k = 1，2，...）のみが 0 でない数，例えば，0.110001000000000000000100... のような数（リューヴィル数）が超越数であることを 19 世紀中期に証明している。そして，e と π が超越数であることが証明されたのは 19 世紀後期であり，それぞれ，シャルル・エルミートとフェルディナンド・フォン・リンデマンによって証明された。

ところで，有理数からの実数の構成は，デデキントの切断と，コーシーの基本列による構成が有名である。いずれも，有理数の部分集合に数を対応させている点で同値である。これらの話題を数学的能力の秀でた高校生にどの程度どのように提供し，数学的興味・関心をさらに鼓舞することができるかが，高校数学教師の専門的技量と言えよう。

4．虚数の導入

複素数への実数の拡張は，数学 II において，すべての 2 次方程式に解を存在させるためにおこなわれる。虚数は，2 乗して負になる点や，大小関係が成立しない，数直線で表現できないなどの点において，実数まで成立していた性質が崩される。

ここで，大小関係が成立しないとは順序関係が設定できないことではない。複素数でも順序関係を適切に定めれば，例えば，虚部を棚に上げて実数部の大小関係のみによって虚数の大小関係を定めれば，順序関係に関する次の 2 つの法則は成立する。

　　（三分律）任意の 2 つの虚数 α, β に対し，$\alpha<\beta$, $\alpha=\beta$, $\alpha>\beta$ のいずれか
　　　　　　が成り立つ。
　　（推移律）$\alpha<\beta$, $\beta<\gamma$　ならば，$\alpha<\gamma$

したがって，複素数も順序集合である。数学的には，すべての集合は順序関係を適切に定めれば順序集合にすることができる。しかし，複素数の集合の場合，これに演算を含めた次の2つの法則を同時に成立させることはできないのである。

・$\alpha<\beta$ ならば，$\alpha+\gamma<\beta+\gamma$
・$\alpha<\beta$，$0<\gamma$ ならば，$\alpha\gamma<\beta\gamma$

そこで，そのようなものを「数」として認める根拠は何かということが，虚数の導入によって改めて問い返されることになる。そして，複素数は，四則演算と結合・分配・交換の演算法則が成り立つことのみで，数と認めることになる。つまり，数の根拠を可換体であるという代数的構造のみに求めようとしているのである。ここでは，新たな角度から数学に発想の転換がなされることに注意したい。従来は，その存在を疑うことのない自然数を元に整数，有理数，実数へと拡張し，拡張される数は元の数の性質を保存するように行った。そして拡張された数の新たな性質を調べることが数学的探求の目的であった。しかし，複素数では，演算可能性という特定の性質の成立のみを存在根拠とし，他の不都合な性質は積極的に無視することによって，数と見なす対象を拡張しようとしているわけである。高校生には，複素数の四則演算に習熟させることに終始するだけでなく，この数学的展開における逆転の発想の重要性と面白さを理解させ味わわせたいものである。

歴史的には，16世紀には，ジオラモ・カルダノは，2次方程式を一般的技法で解くと根号の中が負の数となるものも解と認めざるを得ないことを示している。また，カルダノと同時代のイタリアの数学者ラファエル・ボンベリは，3次方程式の解の研究において，共役複素数の有用性を示し，複素数計算の規則を整備している。しかし，彼らも，虚数の存在は虚構であると考えていたようである。19世紀初期になって，ウィリアム・ロウワン・ハミルトンが，複素数を実数の順序対とする理論を展開し，それは2乗してマイナスになる数の抽象的な実体を提示したことになったが，虚数の存在の確信にはいたらなかったようである。

数学者の虚数の存在に対する確信は，幾何学的表現によって与えられたのである。それは，最初，ノルウェーの測量技師スカパー・ヴェゼルによって，幾

何学的な線分を代数的に解釈したことから18世紀末に生み出された。しかし，多くの数学者にその解釈が受け入れられたのは，19世紀初頭にカール・フリードリッヒ・ガウスが，複素数の幾何学的表現を「代数学の基本定理」（「複素係数のn次方程式は複素数の範囲で，m重解をm個と数えれば，ちょうどn個の解をもつ」）などの代数学的に重大な定理の証明に使ってからである。この複素平面の導入と共に，変換幾何的解釈や物理的解釈も可能となって初めてその存在意義が認識されるようになったのである。

　数学者の虚数の存在に対する確信は，幾何学的表現によって与えられたという史実を考えたとき，複素平面の導入が高校生の虚数の存在に対する確信を与えているか，そのような内容構成になっているかを十分に反省する必要があろう。つまり複素数と複素平面の導入は，それぞれ数学Ⅱと数学Cで分離され，数学Ⅱの段階では，直線上では表現できなかった複素数が平面上で表現できるという画期的事実が示されていない。一方，数学Cでは極形式やド・モアブルの定理や図形の複素数による解析にまで内容が展開されており，多くの高校生にとっては難解なこれらを複素数の導入に連続して学習することは難しいであろう。しかし，複素数の導入とともにその平面上での表現可能性と四則演算の幾何的意味を示す程度は，検討されるべきである。

　また，複素数による変換幾何的内容は，昭和35年度改訂の学習指導要領における数学ⅡBの座標の変換，平成元年改訂の学習指導要領における数学Bの複素数と複素平面，平成21年改訂の学習指導要領における数学Ⅲの平面上の曲線と複素平面において，発展的に取り扱われてきた。平成30年改訂の学習指導要領では極形式やド・モアブルの定理や図形の複素数による解析に留まっている。複素数と変換幾何の題材をどの程度高校教材として組み入れるかは，今後とも議論の余地のあるところであろう。

5．ベクトル・行列

　対象を演算可能性から数として取り入れられる教材は，数学Cのベクトルがある。これは演算可能性を改めて考えさせる教材となっている。ベクトルでは，乗法に相当するものに，実数倍（スカラー倍）と内積（スカラー積）と外積

（ベクトル積）があり，このうち，高校数学で扱っているのは，実数倍と内積である。実数倍はベクトル同士の乗法ではないし，内積は積がベクトルではなく乗法の結合法則が成り立たない。また，外積は積がベクトルであるが乗法の交換法則が成り立たない。これらのことはこれまでの乗法とは異なるので，これらの題材は乗法さらには演算とは何かを改めて考えさせる教材となる。

数学教育の現代化以降，高校数学で行列が扱われていたが，平成21年改訂の学習指導要領では数学活用において事象の表現方法としてのみ扱われるようになり，平成30年改訂の学習指導要領では完全に削除された。行列の演算では，とりわけ乗法について，零因子の存在や，一般に交換法則が成り立たないこと，乗法の逆演算を考えることからの単位元（単位行列）や逆元（逆行列）といった代数的構造を考えさせるのに格好の教材である。この教材を高校数学から削除したことの数学教育的影響について，今後も慎重に見極めるべきであろう。

第2節 文字式と方程式

「式は数学固有の言語」であり，他の言語と同様，「思考と伝達という2つの機能をもっている」（平林，1996）。実際，我々は自分の見出したことを式を用いて表現することで，それを見直して新たなことに気づくことがある。さらにその式に操作を施すことで，新たな情報を得ることもある。この場合，式は我々の思考を助けてくれる，いわば思考の道具である。他方で，式を他の人に見せることで，自分の見出したことを伝えることができるし，式変形をていねいに書いておくことで，自分がたどった思考の道筋まで人に伝えることができる。

2+3といった数の式については，生徒たちも小学校から慣れ親しんでいる。しかし中学校，高校で扱う式は主に文字式である。文字式を用いることで，数量の持つ構造や数量間の関係を一般的に表したり，簡潔・明瞭に表したりすることができる。また文字式を形式的に処理することで，数量についての新た

情報を見出すこともできる。同時に文字式と数式との違いにより学習者が感じる困難があることも知られている（Arcavi et al., 2017；平林，1996）。本節ではそうした点にも注意を向けながら，文字式の指導を考えてみよう。

1．主な学習内容

文字については小学校6年でxを含む式を学習するが，それ以前にも未知数を□などで表すことを学習している。また（代金）=（単価）×（個数）といった言葉の式における（個数）や（代金）は変数に当たるものと見ることもできる。中学校，高校の学習では，複数の文字を含む式や次数の高い式を学ぶとともに，式に対する形式的操作が自由にできるようになること，文字を変数として扱い考察を行うことが目指される。またその成果を利用して，方程式を形式的に解けるようになったり，方程式の学習と関数や図形の学習とを関連づけたりすることになる。

数式では計算結果が1つの数値となるが，文字式の場合は変形により基本的には別の文字式が得られるだけである。つまり，文字式の学習では，文字式で表現される数量の構造や数量間の関係に重点が置かれているといえ，文字式の変形もそうした構造や関係を探る試みともいえる。

中学校，高校で文字式および方程式に関わり学習する内容は，およそ次頁の表5-2のようになる。

方程式の解法を考えるために文字式を変形することが必要になることはもちろんであるが，文字式を用いて数学的な事象が成り立つことを証明したり説明したりする場合でも，式を変形することが重要となる。

文字式を利用して思考を進める場合，その流れはおよそ右のようになろう（三輪，1996）。①で作られた式を②で変形することで新たな情報が見えやすくなり，

> ① 日常あるいは数学の現象を文字式で表現する。
> ② 文字式を目的に応じて変形する。
> ③ 変形後の式から情報を読み取る。

それを利用者が③で読み取ることで，新たな情報を獲得する。例えば2つの整数m, nに対して$(2m+1)+(2n+1)$は2つの奇数の和であるが，これを変形して$2(m+n+1)$とすることで，和が偶数となることが見えやすくなる。した

第 5 章　代数分野に関する内容構成〔中・高〕

表 5-2　中学校・高校で学習する文字式及び方程式に関わる内容

	文字式	方程式等
中 1	文字式による表現，1文字を含む1次式の加減，1文字を含む1次式と数の乗除	等式，不等式，1元1次方程式とその解法
中 2	2文字を含む多項式の加減，2文字を含む多項式と数の乗除，単項式どうしの乗除	2元1次方程式，連立2元1次方程式とその解法
中 3	多項式と単項式の乗除，1次の多項式どうしの乗法と展開の公式，因数分解	2次方程式とその解法・解の公式（実数解の範囲）
数 I	整式の加減，整式の乗法と展開の公式，式の展開，2次式の因数分解	1次不等式とその解法，1元1次の連立不等式，2次方程式と判別式（実数解の範囲），2次不等式
数 II	3次式の展開と因数分解，整式の除法，分数式の計算	恒等式，2次方程式の解の公式（複素数の範囲），高次方程式

がって，式を変形する方法が多様になれば，それだけ新たな情報が見えやすくなる可能性も高まることになる。つまり，式を形式的に操作し，変形することは，与えられた情報から新たな情報を生み出す可能性をもつ操作であり，式の思考の機能を支えている。

$$\frac{3x+7}{x^2+5x+6} = \frac{1}{x+2} + \frac{2}{x+3}$$

また $2m+2n+2 = 2(m+n+1)$ と因数を括り出す操作や，上のような部分分数への分解では，式を計算するというよりも，計算をする前の形に戻しているようにも見える。しかしこの操作により式の新たな性質に気づいたり，さらなる変形の可能性に気づいたり，あるいは分母 $x+2$ や $x+3$ が 0 にならないように定義域を設定する必要性に気づいたりすることができる。このように，式の変形によりどのような形にすべきかは変形する目的にも依る，という点も重要である。

式の計算の学習はともすると単調になりがちであるが，式の変形により示される新たな情報は何か，またその変形にはどのような目的があったのかを，折に触れて生徒が感じることができるように配慮することが必要である。

なお，以下でも触れるように，式を変形する規則については教科書にも明記

され，授業でも取り上げられるが，式を構成する規則についてはすべてが明確に取り上げられるわけではない（平林，1996；三輪，1996）。生徒は教科書や教師が書く式を見て，式の書き方を習得することになる。この点を自覚して，適切な式の書き方を心がけるようにしたい。

数学の言語である文字式は，方程式や関数の学習につながり，さらにそこから図形の学習，確率・統計の学習でも重要な役割を果たしていく。2次関数の式から頂点を求める際も，式を変形し，その結果得られた式を読むことが重要になる。あるいは点と直線の距離の公式を導くことも，導関数を求めることも，文字式の変形に大きく依拠している。中学校，高校の学習の多くの領域での思考や伝達を担う言語を習得する機会として，文字式の学習は位置づけられる。

2．文字式の二面性

文字式に現れる文字は例えば次のような意味をもつ（三輪，1996）：(a)未知の数量；(b)既知の数量；(c)変数。(a)としては方程式を立てる際に用いられる x が典型的なものである。(b)は一次関数 $y=ax+b$ の a, b が典型であり，(c)は同じ式の x, y が典型である。ただしこの区別も絶対的なものではない。方程式中の文字を変数と考えることもあるし，ある条件を満たす一次関数を求める場合には $y=ax+b$ の a や b を変数として考えることもあろう。場面に応じて柔軟に解釈できるような指導を心がけたい。

文字式の計算は交換法則，結合法則，分配法則をもとにして行われることが多い。これらの法則は，小学校でも（□ + △）× ○ = □ × ○ + △ × ○ などとして学習してきている。ただし中学校，高校での式の学習では，上の□や△にあたる部分が文字式となる。例えば，分配法則 $A(B+C) = AB + AC$ を用いる際，A，B，C には数だけでなく文字式も入ることになる。数が入るだけであれば，例えば $5 \times (90+20)$ の答えと $90 \times 5 + 20 \times 5$ の答えが等しくなることを確かめ，2つの式が等しくなることを納得することもできる。しかし文字式の場合には，分配法則により左辺の式と右辺の式が等しくなるとして，納得する必要がある。計算法則に従った形式的操作が，生徒たちにとって思考を進めるための拠り所となることが求められる。

ところで分配法則 $A(B+C) = AB + AC$ を用いて形式的操作を行うためには，A，B，C の部分に $3x$，$2n+1$，$3x+4y+1$ といった文字式を代入することが行われなければならない。つまり文字に数を代入するのと同じように，文字に文字式を代入することが行われている。

そもそも中学校，高校での学習では，文字式どうしの四則演算が学習される。数と数の加減乗除を考えるように，文字式と文字式の加減乗除を考えている。除法を行う場合には，分子や分母が x^2+xy+y^2 や $2x^3-3ax^2-5a^2x+6a^3$ といった文字式であるような分数式も現れる。さらに a 円の商品を買って 1000 円を払ったときのおつりを $(1000-a)$ 円と文字式のままで表す場合もあるが，これはおつりと代金の関係を重視した答え方である。

文字式を代入したり，文字式どうしの四則演算をしたり，あるいは文字式自体を答えの中で用いることに対し，困難を感じる生徒がいる。こうした困難を考える一つの視点として文字式の二面性（duality）が知られている（牧野，1997；Sfard, 1991）。二面性の考え方では文字式には 2 つの側面があるとされる。一つは計算の手続きを表すという側面であり，もう一つは何らかの数値の構造を表すという側面である。例えば，$2n+1$ はある数の 2 倍に 1 を加える手続きを表すとともに，奇数の構造を持つ数であることも表している。生徒の中には算数と類似の手続き的側面は捉えられるが，後者の構造的側面が捉えられない者があり，そのために上述の困難を感じる。こうした生徒の場合，例えば $(x-y+z)^2-(x-y-z)^2$ に対して，$x-y+z$ と $x-y-z$ を 1 つのものと見て $a^2-b^2=(a+b)(a-b)$ という公式と結び付けることができにくい。あるいは，わからない数を x と置くことに抵抗はないが，$x+1$ が x より 1 大きいという構造をもつ数であることや，$x-2$ が x より 2 小さいという構造を持つ数を表すことが理解しにくい。

二面性に見られる式の 2 つの側面は，どちらが適切ということではなく，2 つの側面を適宜使い分けることが求められる。しかし，生徒は上で見たように構造的側面を捉えることに特に困難を感じるので，この点に注意をして指導にあたる必要がある。4 桁の数 $1000a+100b+10c+d$ を $9(111a+11b+c)+a+b+c+d$ と変形できたとしても，$9(111a+11b+c)$ の部分が 9 の倍数という構造を表しているとして式を読むことができなければ，$a+b+c+d$ の結果によ

り9の倍数であるかの判定ができる理由を理解することがむずかしくなってしまう。またそもそも，$1000a+100b+10c+d$ が4桁の数を表していることが理解しにくいかもしれない。実際，平成22年の全国学力・学習状況調査では，十の位の数が x，一の位の数が y の2桁の数が $10x+y$ と表されることを理解ができていたのは中学校3年生の3分の2程度に留まっている。xy や $10xy$ と答えた生徒が20%以上おり，ここにも二面性の影響をうかがうことができる。

　教師はほとんど意識せずにこの2つの側面を使っているが，指導の際には，二面性に関わる生徒の困難も念頭に置く必要がある。また，2つの側面を捉えることは一度説明すればできるというものではないので，折に触れて何度も繰り返し，文字式の構造的側面にも注意が向けられるようにしていきたい。

3．等号の捉え方

　文字式のうち，数量間の関係を示すために等号や不等号を含む式がある。等号や不等号を含む式をセンテンス型と呼び，含まない式をフレーズ型と呼んでいる。等号を含むセンテンス型の文字式，つまり等式は，左辺と右辺の2つの数量が等しいという関係を表している。しかし生徒の中には等式をこのように捉えず，算数での経験をもとに左辺を計算したら右辺になると捉えている者もいる。したがって，等号が相等性という関係を表していると生徒が理解できているのかも大切な視点である（溝口，1999）。

　例えば等号を計算の答えを書く記号と捉えていると，「$12+25=37+3=40÷2=20$」といった式を書く場合がある。そして，これと類似の書き方が文字式や方程式の学習でも見られることがある。右は方程式の授業においてある生徒が書いた式である。ここには2つの

$$\begin{array}{l}3x+2=8x-3\\=3x-8x=-3-2\\=\quad -5x=-5\end{array}$$

等号の捉え方が混在している。中央部の等号は両辺が等しいことを示すものである一方，左端の等号は前の等式を「計算した」結果を表すものとして書かれたのだと推測される。

　等式において文字をいろいろな値をとる変数と考えたときに，変数の値によらず常に成り立つ等式と，ある変数の値のときにだけ成り立つ等式がある。前

者は恒等式と呼ばれ，ある関係の全称性を示している。例えば因数分解の公式 $a^3 - b^3 = (a-b)(a^2 + ab + b^2)$ がそうであるが，一般に，文字式の変形により得られる等式は恒等式になる。これに対し，ある変数の値のときに成り立つ等式が方程式である。この場合は，等式を成り立たせる変数の値があるのかを考えること，およびその値を求めることが問題となる。同じ等式であっても，恒等式と方程式とでは等号の意味が異なることになる。

さらに関数 $y = ax$ や $y = \sin x$ のときの等号が意味する「両辺が等しい」は，恒等式とも方程式とも異なるであろう。等号の捉え方が生徒の困難を引き起こす可能性を考慮すれば，両辺が等しいという意味では共通していても，細かい点では違いがあることは意識しておくべきである。

4．方程式の解法

方程式の解は等式を成り立たせるような文字の値であるから，試行錯誤や系統的な近似により求めることが可能な場合もあろう。しかし等式の変形に基づく解法や解の公式を学習すると，そうした変形や公式の適用を行うこと自体が方程式を解くことと誤解をする生徒もいる。方程式の解はあくまでも等式を成り立たせるような値であり，それは式の変形や公式の適用により必ずしも見出さなくてもよいことは，適宜確認しておきたい。さらに，求まったものが本当に解であることを解の定義に戻り，つまり代入して等式が実際に成り立つかを確認することも，時には必要である。3次方程式や4次方程式の解の公式を見たときに，教師であっても，本当にそれで解が求まるのかの確信がもてず，求まった解を代入して確かめたくなることもあろう。生徒も似たような感じを公式に対して抱いていてもおかしくはない。

また生徒によっては $2 + \sqrt{6}$ といった「＋」や「－」記号を含む無理数が解として求まったとしても，それを数として認めることに抵抗があるために，本当に解としてよいのかに迷う場合もある。これは文字式の二面性と同様の現象と考えられ，$5 - \sqrt{7}i$ といった複素数でも同様のことが生じる可能性もある。こうした生徒の姿は，生徒が解を手続き的に求めることができるかだけでなく，求めたものを解として十分に納得して受け入れているかについても注意を払う

必要があることを示唆している。

 とは言え，中学校や高校で学習する方程式においては，方程式を変形することにより解を見出す方が効率的であり，そこに方程式の解法を学習する一つの意義がある。逆に効率的に解を見いだせるからこそ，いろいろな場面で新たな情報を獲得する手段として方程式が利用される。曲線と直線の交点，あるいは2つのグラフの交点を求める際も，方程式を用いれば形式的処理を施すことで求めることができる。またある条件を満たす関数の式を求める際も，方程式を解くことで係数を定めることができる。

 文字式の計算では交換法則，結合法則，分配法則などを式に施すことで，式の新たな形を導き出した。方程式ではこれらに加え，いわゆる等式の性質と因数分解が用いられる。ここで等式の性質とは，等式の両辺に同じ数をたす，同じ数をひく，同じ数をかける，同じ数でわるという操作をしても等式は成り立つという性質である。これは中学校1年で学習され，高校で2次方程式の解の公式を導く際にも用いられる。同様の不等式の性質は数学Ⅰで学習される。例えば文字 x が元の方程式を成り立たせるとすれば，同じ x は等式の性質に基づき得られた等式も成り立たせなければならない。これを続けると同じ x は $x=5$ も成り立たせるはずだなどとわかり，解が満たすべき必要条件が求まる，というのが等式の変形による方程式の解法の基本的な発想である。

 x を含む等式から x の値を求めることは小学校6年で学習しているが，その際には場面の意味から逆算を用いて x の値を求めている。これに対し，中学校や高校で方程式を解く際には，計算法則による各辺の変形と等式の性質に基づく等式の変形を繰り返し適用し，形式的に解を求めることになる。こうした解の求め方を生徒が納得した上で利用できるためにも，文字式の変形と等式の性質とが十分に理解されているように留意したい。

 なお因数分解を用いて解を求める方法では，因数分解をしたときの因子のうち少なくとも1つは0にならなければならない，という考え方を用いている。ここでは多項式が既約多項式の積に分解されることに加え，実数体や複素数体などの体が整域となることが用いられている。また高校で扱う解と係数の関係では，対称式が基本対称式により表されることが話題となるが，そこで現れる $\alpha+\beta$ や $\alpha-\beta$（ここで α,β は2次方程式の2つの解）が係数により表される

のかは，方程式についての議論において重要であった。こうした方程式の解法の背景にある数学的知識についても，折に触れて確認しておきたい。

5．方程式の立式

　中学校の学習では，方程式の学習の最後に，現実的な場面についてある数量を方程式により求める問題が多く扱われる。例えば，面積が $48\mathrm{m}^2$，周囲の長さ $38\mathrm{m}$ である長方形の形をした花壇について縦と横の長さを求める，といった問題である。一方高校では，現実的な場面を扱う場合もあるが，ある条件を満たすように方程式や関数の式の係数の値を決める問題や，図形の交点を考える問題で方程式が用いられることが多い。現実的な場面であれ，数学的な場面であれ，方程式は数量間の関係を表した等式であるから，方程式を作るには，場面に現れる数量間の関係を把握することが重要となる。問題文を読んですぐに方程式を立てさせるのでなく，場面のイメージを把握することや量の関係を言葉で表現することにも時間を割く必要がある。

　例えば，放物線 $y=x^2-1$ と直線 $y=2x-k$ が接するように k の値を求めるという問題であれば，まずは両者のグラフをかき，さらに k の値が変化するときに両者の関係も変化することをイメージできるようにする。その上で，放物線と直線が1点だけを共有すればよいとの理解から，共有点の座標を求める2次方程式，その方程式の判別式へと進むことで，k についての方程式を得ることになる。こうしたイメージを把握する際に，近年では入手が容易となっているコンピュータのフリーソフトを利用するのも1つの方法である。ソフトを利用することで，k の値を変化させたときの両者の関係の変化を動的に見ることが可能となる。

　一方，現実的な場面について方程式を立てる際には，文字式の二面性が影響する場合のあることに留意したい。例えば，37名のクラスで男子の人数が女子の人数よりも5人多いときに，女子の人数を求めるという問題を考えてみよう。このとき，女子の人数を x 人とおいて男子の人数を $(x+5)$ 人と表したり，$(37-x)$ 人と表したりすることになる。つまり，$x+5$ や $37-x$ という文字式を男子の人数を求める手続きとしてだけでなく，人数そのものとして捉える方

が方程式を立てやすい。上の放物線と直線の問題でも，x^2-1 と $2x-k$ が y の値そのものを表すと考える方が，方程式 $x^2-1=2x-k$ を立てやすいと思われる。場面の理解と文字式の理解が相まって初めて方程式が立てられるのである。

6．学習指導の意義

　文字式や方程式の学習は，ともすると計算練習ばかりになりかねない。もちろん文字式を利用して新たな情報を得るためには，文字式を変形することが重要となるので，変形に関わる計算練習も重要ではある。しかし，中学校，高校の学習における文字式は数量の構造や数量間の関係を表現するものであり，文字式の変形も新たな構造や情報を見出すために行っているとすれば，その変形によりどのような新たな情報が見えやすくなったのかを生徒たちに実感してもらえるような指導を，視野に入れておくことが大切であろう。

　また様々な場面で文字式の変形や方程式を解くことで結果を得た際には，その得られた結果が確かにその場面についての新たな情報を提供してくれていることを，場面に戻って確かめてみることで，文字式や方程式の有効性を改めて感じる機会を作ることもできる。そして，そうした有効性を感じることが，生徒たちの文字式の利用を促すことになると期待される。

　ところで近年は，グラフがかけるだけでなく，数式処理もできるフリーソフトが容易に入手できる。数式処理ソフトでは，文字式の変形や方程式を解くことも行ってくれる。したがって，文字式を変形することや方程式を解くことはコンピュータでも可能であるという事実も考慮しながら，文字式や方程式を学習する意義を改めて考えていくことも必要である。

　いずにしろ，文字式は数学の重要な言語であるから，「新たに数学語を指導するつもり」（岩崎，2000）で指導を考える必要がある。文の作り方や変形といった文法だけでなく，その言語でどのようなコミュニケーションが行われるのかが問われることになろう。

第3節　関数とグラフ

1．主な学習内容

　中学校,　高校で学習する関数は表5-3のようになっている。

　なお,　中学校2年では1次関数の学習の際に,　2元1次方程式との関連について,　高校の数学Ⅰでは2次関数の学習の際に,　2次方程式および2次不等式との関連についても扱われる。

　2量がともなって変化する場面を考えることは,　小学校4年から学習が始まっている。例えば,　1段が15cmの階段について段数○段とそのときの高さ□cmの関係を15×○=□などと書き表したりもしている。その後,　小学校5年で比例を,　また小学校6年で比例と反比例を学習する。ただし,　関数という用語が導入されるのは中学校1年になってからであり,　その後は,　表5-3のように扱う関数の種類が多様なものとなっていく。

表5-3　中学校,　高校で学習する関数

中1	変数と関数の定義,　比例,　反比例
中2	1次関数
中3	2乗に比例する関数（関数 $y=ax^2$）
数Ⅰ	関数の定義,　2次関数
数Ⅱ	三角関数,　指数関数,　対数関数
数Ⅲ	分数関数,　無理関数,　逆関数,　合成関数

　文字式の場合と同様,　扱うことのできる関数の種類が増えるということで,　それだけ様々なタイプの変化や数量の関係を扱うことができるようになる。例えば,　徐々に増えるという変化でも,　関数の種類が増えるとより多様な変化の仕方を表現できる（Cooney et al., 2010, p.86参照）。1次関数は次ページ図5-3の左上のグラフのような変化の割合が一定の場合しか表現できないが,　2次関

数や無理関数を用いれば，変化の割合が増加したり減少したりする場合も表現できるようになる。さらに三角関数も組み合わせれば，右下のグラフのように増減を繰り返すような変化も扱えるようになる。テイラー展開やフーリエ級数の結果を想起するならば，中学校と高校で学習する関数を用いるだけでも，さらに多様な変化の仕方を近似的には表現することができる。

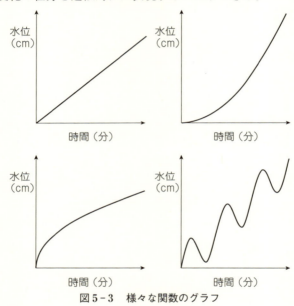

図 5-3　様々な関数のグラフ

　中学校や高校の学習では，x の値に対応して y の値がただ 1 つ決まるとして，対応を重視した定義がなされる。しかしそれぞれの関数の特徴はその変化の仕方にも現れるのであるから，対応と変化という 2 つの側面に生徒の注意を向けながら指導に当たる必要がある。

　なお数学 II では指数関数，対数関数，三角関数を学習するが，これらは生徒が初めて出会う初等超越関数である。それまで学習してきた 1 次関数や 2 次関数，反比例であれば，式中の x に値を代入し四則計算をして y の値を求めることができたが，指数関数，対数関数，三角関数では y の値を求める手続きがこれとは異なっている。こうした場合でも x の値に対応して y の値がただ 1 つ決まること，そしてこうした対応を考えた結果として，これまでとは異なる新し

い変化の仕方をする関数が得られたことを生徒が実感できることが大切である。

2．関数の考え

関数は数学の内容としてそれ自身重要であるが，数学以外の分野においても重要な役割を果たしている。この役割を視野に入れたときには，関数の利用において次のような考え方が背景にあると考えられる。

ある量について新たな情報を知りたいが，それが直接的に求めにくい場合に，その量と関係のありそうないくつかの量に着目し，それらの量と情報を知りたい量との関係を明確にする。その上で，関係のありそうな量についての情報と関数についての知識をもとに，知りたかった量の情報を推測するというものである。指数関数，対数関数の学習で話題にされる放射性同位元素を用いた年代測定や，微分法の学習で話題にされる運動を時間の関数と考えて分析することは，こうした例となっている。近年では社会科学の考察でも関数の知識が重要となっている（尾山・安田，2013）。数学教育では，このような考え方を関数の考えと呼んでいる。

多様な変化の仕方や数量間の関係を関数により表現できるためには，前項で述べたように関数の種類が豊富な方がよいであろう。さらに，関数として表現することでできるだけ多くの情報をそこから引き出すためには，関数について考察をしたり，関数に関わるいろいろな情報を引き出したりするための知識や手法があった方がよいと思われる。中学校，高校での関数の学習は，関数の種類を増やしていきながら，それらの関数に関わる情報を見出していくための知識や手法を学習することになる。グラフをかくことで関数全体の変化の様子を調べることができる。また関数の最大値や最小値を求めることは，その関数に関わる新たな情報を見出すことといえる。さらに微分法，積分法の手法が適用できるようになれば，関数についてさらに多くの情報を見出すことができるようになる。

関数の式を変形することも扱われるが，前節で見たように，式を変形することで関数についての新たな情報を見出しやすくすることと考えられる。例えば2次関数の式 $y = 2x^2 - 12x + 22$ を $y = 2(x-3)^2 + 4$ と変形すれば，この関数が

$x=3$ で最小値 4 をとることが見えやすくなる。さらに $y-4=2(x-3)^2$ と変形すれば，この関数のグラフが $y=2x^2$ のグラフを x 軸方向に 3，y 軸方向に 4 だけ平行移動したものであることが見えてくる。

関数の学習ではグラフと式を関連させながら考える場面が多いが，手続きの習得だけに終わるのではなく，その手続きを通して関数についての新たな情報を見出していったことを生徒が感じられるような指導を心がけたい。また，関数についての情報としてどのようなものが重要かが伝わるようにし，関数を扱う際に生徒自身がそうした情報を見出したいと思うようになることも大切であろう。

3．関数の 3 つの表現

中学校，高校で学習される際，関数は主に式，表，グラフで表現される。また，式から表を作り，それをもとにグラフをかく，あるいは式からグラフをかいたり，グラフから式を求めたりといったように，1 つの表現から他の表現を作り出す場面も多い。これらの表現も小学校で学習してきてはいるが，算数と中学校や高校の数学での扱い方を比較すると図のような違いが見られる。

小学校の算数では日常の現象が提示され，そこで観察されるともなって変わる 2 量のようすを，表で表すことが中心にある。そして，その表から見出された関係を式に表したり，表からグラフをかいたりする。これに対し，中学校や高校ではある関数が式により提示されることが多い。グラフの導入では式から表を作り，それをもとにグラフをかいてみることが行われるが，その後は式からグラフをかいたり，逆にグラフから式を求めたりする活動が多くなる。

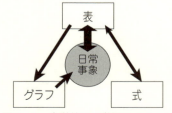 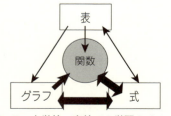

図 5-4　小学校での学習のイメージ　　図 5-5　中学校，高校での学習のイメージ

式，表，グラフは関数の表現として，それぞれ得意とする部分と得意でない部分がある。式は2つの変数x, yの対応関係を簡潔に表現しており，さらにxに値を代入することでyの値も正確に知ることができる。また，十分な知識を有する場合には，式の形から関数の特徴についても捉えることが可能である。さらに，上でも述べたように，式を変形することで新たな情報も得やすい。他方で，全体的な変化の仕方は捉えにくく，特に初学者にとっては，関数の全体的特徴を把握するのが難しい場合もある。

　これに対しグラフは，全体的な変化の特徴を視覚的に見せてくれる。どの範囲で増加しているか，どこで極値をとりそうかといった情報を，視覚的に捉えることができる。その代わり，個々のx, yの値の組についておよその値は読み取れるものの，グラフだけから正確な値を知ることは難しい。また初学者の場合，グラフが点の集合であること，そしてその各点がxとyの対応を表していることが，十分理解できていない場合もある。

　表は，生徒たちが小学校から最も親しんでいる表現方法である。表を縦に読むことでxとyの対応関係を知ることができる。また横に見ることで，xの値が1増えたときのyの値の増加量を知るなど，変化の様子を捉えることもできる。他方で，値の提示はどうしても離散的にならざるを得ず，またより広い範囲での変化の特徴は読み取りにくい。

　式を変形すると見えやすくなる情報が変わったように，表現の仕方を変えることで，関数のどのような側面や特徴が見えやすくなるかも変わってくる。その意味で，関数をいくつかの表現方法により表したり，表現間を行き来したりすることは重要である。その際，書き方の手続きの習得で終わるのではなく，関数の表現が関数の特徴を調べる手段であるという面も大切にし，表現に関わる経験を通して，関数とはどのようなものであるか，今調べている関数はどのような特徴をもっているのかにも，生徒の注意を向けるようにしたい。

4．関数の式と関数に対する操作

　前項において中学校，高校の関数の指導では式による表現が中心的であること，式は変数間の対応関係を簡潔に表現していることを述べた。また関数の式

を変形することで,関数についての新たな情報が得られることも指摘した。この他にも,関数を式により表現することで,関数についての考察が進めやすくなることがある。

高校の数学Ⅲでは逆関数と合成関数についても学習することになっている。ここで関数が式を用いて表現されている場合には,式の変形を行うことで逆関数や合成関数を求められる場合がある。関数 $y=2x+3$ の逆関数であれば,この式を y について解いて $x=\dfrac{1}{2}y-\dfrac{3}{2}$ とし,逆関数は $y=\dfrac{1}{2}x-\dfrac{3}{2}$ であると式の形式的処理により求めることができる。関数 $y=x^2$ や $y=\dfrac{3x+1}{x-1}$ については逆関数の定義域に注意を払う必要はあるが,やはり式の変形により逆関数を求めることができる。

合成関数についても,それぞれの関数が式で表されていれば,一方の式を他方の変数部分に代入するという操作だけで合成関数を求めることができる。$f(x)=x^2$ と $g(x)=\dfrac{3x+1}{x-1}$ の合成関数 $(g \circ f)(x)=g(f(x))$ であれば,定義域と値域に注意する必要はあるものの,$g(x)$ の x の部分に x^2 を代入することで,形式的処理により求めることができる。

つまり,関数が式により表現されていることで,元の関数からその逆関数や合成関数を作るという関数に対する操作を,式に対する形式的処理により行うことができる。

また数学Ⅱから微分法・積分法についても扱われるようになるが,これらも関数という対象に施す操作と考えることができる。微分や積分についても,基本的な関数 $y=x^n$ や $y=\sin x$ などの微分や積分がどうなるかを定義から確かめておけば,式についての形式的処理だけで多様な場合の微分や積分の結果を計算することができる。

以上のように,関数の式を出発点としながら,式の操作を通して関数の知識を少しずつ深めていく経験をすることは,特に高校での学習の重要な部分といえよう。他方,中学校の学習では式の操作を通して関数の知識を深めることは高校よりも限定的であり,その差異についても教師は意識しておくべきである。

関数はまた，式を通して他の学習領域とも関連づく。前節ではある条件を満たす関数の式の係数を方程式により求めること，あるいは関数のグラフの交点を方程式により求めることに触れた。これは関数が式で表現されることで方程式を適用することができたのであるが，これとは逆に，方程式を考察するのに関数を用いることも中学校や高校で取り上げる。中学校2年では，2元1次方程式 $ax+by=c$ の解の集合を1次関数 $y=\left(-\frac{a}{b}\right)x+\frac{c}{b}$ のグラフとして，連立2元1次方程式の解を2つの1次関数のグラフの交点として捉えることで，解をグラフから求めることを学習する。このように捉えることで，解が1つしかないことが視覚的に確認でき，またグラフが平行になってしまう場合には，解が存在しなかったり，解が1つに確定しなかったりすることも，グラフから確認することができる。

高校の数学Ⅰでは2次方程式と2次関数を関連づけて扱うことになる。これにより，2次関数のグラフの全体的な特徴や $y=0$（x 軸）という直線との関係を調べることで2次方程式の解の個数を調べられるようになる。方程式を関数の視点から考察することは，方程式の解の存在を定義域全体という大局的な視点から考察することになる。

式で表されることで関数はさらに図形を探求するのにも利用される。数学Ⅱでは直線と円の方程式が，数学Cでは2次曲線の方程式が学習される。これらの方程式から定まる関数を考えることで，曲線の接線や法線の傾きを微分で求めたり，曲線で囲まれた図形の面積や曲線の長さを積分で求めたりすることができる。つまり関数の知識が，図形を考察する新たな手法を提供することになる。

このように方程式，関数，そしてさらには図形の学習は文字式を通して連携していくものであるから，そうしたつながりを生徒が意識できるよう，指導においてもこのつながりを大切にしていく必要があろう。

5．関数の捉え方

関数の定義は歴史的にもいろいろと変遷を経てきている（例えば岡本と長岡

（2014）の第2章および付録E参照）が，今日では関数は例えば次のように定義される：「集合Xの部分集合Aの任意の元xに対し集合Yの元yを対応させる写像」（岩波数学辞典第4版，p.191）。より現代的には次のようになる：「集合Xから集合Yへの関数fとは，順序対のつくるある集合$S \subset X \times Y$であって，各$x \in X$に対し，第1成分がxであるような対$\langle x, y \rangle$がSの中にちょうど1つ存在するようなもののことをいう」（マックレーン，1992，p.167）。

中学校や高校では集合から集合への写像を学習しないため，関数は中学校1年および数学Ⅰで次のように定義される：「2つの変数x, yがあって，xの値を決めるとそれに対応してyの値がただ1つ決まるとき，『yはxの関数である』という」。2変数の対応に重点を置いて定義がされている。

しかし生徒たちは，小学校ではともなって変わることに重点を置く形で比例や反比例を学習してきていることもあり，この定義に沿って関数かどうかを判断することに困難を感じる場合がある。例えば，平成25年度の全国学力・学習状況調査で「整数xの絶対値y」としたときに，yがxの関数であると判断できた生徒は13.8％であった。また平成29年度の調査で，縦と横の長さの和が20cmの長方形では「縦の長さを決めるとそれにともなって面積がただ1つ決まる」という関係を示した時に，「面積は縦の長さの関数である」と答えられた生徒は21.1％であり，無解答が20.2％いた。このように生徒の中には関数がそもそも何かがよく理解できずに学習に臨んでいる者もいることを考えると，関数の学習を通して関数とはどのようなものかが徐々に理解できるような配慮も必要であろう。

他方で，学習で接したいくつかの種類の関数だけから，生徒たちが関数のイメージを導き出してしまうことが知られている。それらのイメージの中には不適切なものもあり，定義と必ずしも整合しないので，関数に関わる生徒の判断が誤ったものになる場合がある。例えば，関数のグラフは連続でなければならないとして，不連続な点をもつグラフを関数のグラフではないと考える生徒や，関数は定義域全体で1つの式で表現されるものだと考えて，$y = x^3 + 2x^2$ ($x \leq 3$)，$y = x + 2$ ($x > 3$) や $y = x^2$ ($x \neq 0$)，$y = 1$ ($x = 0$) を関数ではないと考える生徒がいる（VinnerとDreyfus, 1989）。あるいは2変数がともなって変わることに注意が向きすぎると，定数関数$y = 4$なども関数と捉えにくくなってしまう。

生徒が頻繁に接する関数だけに見られる特徴によって，関数のイメージが作られてしまわないよう注意が必要である。

最後に関数の捉え方との関わりで，$y=f(x)$ という表現の重要性を確認しておきたい。高校の微分法，積分法の学習においては，それまで学習してきたすべての種類の関数を対象として学習が行われる。導関数の性質として $\{f(x)+g(x)\}'=f'(x)+g'(x)$ や $\{f(x)g(x)\}'=f'(x)g(x)+f(x)g'(x)$ が取り上げられるが，これはそれまでに学習してきた関数全体に関わる説明である。同様のことは逆関数 $y=f^{-1}(x)$ や合成関数 $(g\circ f)(x)$ にも言える。

こうした説明のためには $y=f(x)$ あるいは $f(x)$ という表現方法が有効である。文字式によって数の一般的な性質や構造，関係を示すことができたように，この表現方法により関数の一般的な性質や構造，関係を表すことが容易になる。不定積分の定義も $F'(x)=f(x)$ となる関数 $F(x)$ として簡潔に記述できる。また同じとは限らない2つの関数を $f(x)$，$g(x)$ として区別できるので，$f(x)+g(x)$ や $f(x)g(x)$ のように，関数どうしの和や積についても，議論しやすくなる。

この表現方法は中学校では扱われず，高校の数学Ⅰの学習において導入される。したがって中学校の学習を通して，関数が1つの文字 f と変数を特定する x との組み合わせとして $f(x)$ と表現しても違和感がないような関数の捉え方ができるよう，指導を展開していく必要がある。

6．中高における用語の差異

前項で述べた $y=f(x)$ という表現方法の他に，用語についても中学校と高校で差異が見られる。

変数がとる値の範囲について，中学校では変数 x の変域，変数 y の変域として扱われるが，高校では定義域と値域として扱われる。例えば，中学校では「関数 $y=2x^2$ について，x の変域が $-1\leqq x\leqq 2$ のときの y の変域を求めなさい」という言い方がなされる。これに対し高校の学習では，「関数 $y=\pi x^2$ の定義域は $x>0$，値域は $y>0$ である」といった言い方となる。

また中学校2年で変化の割合が導入される。これは関数 $y=3x-5$ や $y=2x^2$

などに対し右の(a)のように定義される。しかし高校の数学Ⅱで微分を学習する前に(b)や(c)が扱われる際には，平均変化率と呼ばれる。

(a)	変化の割合 $= \dfrac{y の増加量}{x の増加量}$
(b)	$\dfrac{y の変化量}{x の変化量}$
(c)	$\dfrac{f(b)-f(a)}{b-a}$

関数 $y=ax^2$ のグラフは a が正の値か負の値かによりその形状が異なるが，中学校では $a>0$ の場合を上に開いている，$a<0$ の場合を下に開いていると表現している。一方，高校の数学Ⅰで2次関数を学習する際には，それぞれ下に凸，上に凸として表現している。

こうした差異を教師が確認をしておき，それを考慮して指導をするだけでも，生徒の側の混乱を避けることができる。

7．学習指導の注意点

関数は文字の背後に変域という数の集合が想定されていること，また第3項で見たように多様な表現方法をもつことなどから，生徒たちにとって理解しやすい内容ではない。他方で，関数は数学のいろいろな領域とも関わり，さらに数学以外の分野でも重要な役割を果たしていることを考慮すれば，関数は生徒たちにとっても重要な思考の道具であるといえよう。

近年はコンピュータを利用しやすいので，生徒たちにとって理解が難しい関数の学習においても，コンピュータの利用が積極的に行われて良いであろう。例えばGRAPESやGeoGebraといったソフトウェアは教育ではフリーでの利用が可能であるが，豊富な機能をもち，生徒たちが関数について考察することを助けてくれる。これらのソフトウェアでは関数の式を入力すれば，すぐにグラフが表示される。これにより関数の全体的な変化の特徴を視覚的に捉えることができるとともに，式とグラフという2つの表現が密接に結びつくのを助け，それらが表現する関数の存在を感じやすくしてくれる。さらに，これらのソフトウェアでは式の係数の部分を連続的に変化させることができ，それにともなってグラフも一緒に変化する。したがって，式に応じて関数の変化の仕方がどのように異なってくるのかも観察しやすい。

第5章　代数分野に関する内容構成〔中・高〕

こうした活動も採り入れながら，様々な変化や対応の仕方をある種の関数として考察できるような視点が，中学校，高校の学習を通して形成されることを目指して指導にあたりたい。

第4節　代数分野における論証

　代数分野における論証とは何かを考えてみると，2つの解釈があるのではないか。一つは，代数という特定の数学の分野に限定される論証とは何かを考える立場である。もう一つは，論証とは何かを広く論じつつ，代数なるものを用いることの意義を考える立場である。前者は代数に重点を置き，後者は論証に重点を置く視点である。いずれにせよ，代数と論証とはそれぞれ何かを明確にし，その両者の関係性を考察する必要があろう。

1．代数 vs 點竄（てんざん）論争

　わが国に用語として「代数」があったわけではない。「哲学」同様，西洋に由来する和製漢語といってよい。代数という用語がどのように成立したか歴史的に振り返ってみる。明治期における西洋文化を取り入れようとする時流の中で，数学も和算から洋算への転換が進められていった。西洋数学を受容し，日本語による数学の構築に多くの貢献を果たした東京数学会社では，明治14（1881）年の第13回訳語会において，アルゼブラ（algebra）の翻訳について，代数と點竄のいずれかにしようと意見が分かれたという記録が残っている。
　點竄とは，「點（のこ）す，または竄（のぞ）く」という意味である。これを採用しようとした側の趣旨は，アルゼブラの語源 al-jabr を参考にして，方程式における移項などの操作という意味を踏襲しようとしたと考えられる。こちらを主張した者の多くは，和算家であった。特に，関孝和によって発明された傍書法と呼ばれる記号計算のための筆算を用いた処理技能を起源とする分野を點竄法と呼んでいた。和算家からすれば，アルゼブラは，まさに點竄法その

ものと感じたのではないであろうか。點竄派は，和算と洋算の処理技能に関する操作の共通性から主張したようである。

　一方，代数の採用を主張したのは，菊池大麓などに代表される洋算家である。代数と呼ばれ始めた起源は，1859年の偉烈亜力・李善蘭による訳本『代数学』であったようである。代数という字義の通り，数の代わりに文字を利用した新しい分野を表現したのだと推測できる。結局，代数が採用されることとなり，多くの和算家は東京数学会社を退会していく事態となったようである。東京数学会社は後に日本数学会へと名称変更するが，常に学校教育へ大きな影響を与えてきたことを考えるならば，今日の数学教育の先行きを決定づけた大きな契機であったのではないだろうか。

　それぞれの用語の語源を辿れば，操作性に着目すれば點竄となり，表記に着目すれば代数となろう。和算から洋算へと転換することとなった当時の背景や意図は数学史のテーマであっても，数学教育史の話題ではない。後者は「點竄」ではなく「代数」から始めざるをえない。したがって初めに記号があり，そしてそれが事態の数学的構成を可能にし，思考に形式を与え，論証に導くのは自然な成り行きといえよう。

2．論証としての代数

　代数の発展に関して興味を持つならば，数学史家ネッセルマンの示す代数の歴史的展開を理論的支柱にしながら，3段階（言語的，省略的，記号的）に分類される代数学の発展を，粘土板 AO8862（伊藤，1990）などを読み解いていく活動をしてみればよい。

　数であれ文字であれ，その操作によって事象を解釈・説明することができれば，代数分野の論証となる。例えば方程式の解を求めるプロセスは，式の変形と読むのではなく解がどのように求めていくことができるかを説明していると読めば，もはや論証と見なすことができる。こう考えれば，代数学とは論証であるといっても過言ではないように思えてくる。幾何から代数への転換に大きな貢献を果たしたのはデカルトであり，本来であればこのデカルトの功績を説明することが本節で求められることであろうが，その役割はすでに数多く出て

いる名著に譲りたい。

　操作の視点から数の代わりに文字を用いるという解釈であれば，それは代数ではなく點竄である。しかし，数値では十分に示すことができない不都合な状況が文字表記の必要性を生じさせ，それが正当化や説得の手段となったという解釈に立ったとき，代数は論証であるという認識となるのではないか。

3．論理の厳密性

　これまでの数学教育において，証明という単元で求められてきたことを端的にまとめれば，仮定と結論の整合的な接続である。代数と點竄の議論と重ねるならば，教育の目標は，操作の正確性を高めることが中心的な課題であった。
　中学校数学の論証は幾何分野においてなされるが，そこでは図形の性質を用いる。一方，高等学校数学での論証は，整数の性質である奇遇性や約数・倍数などの性質を用いることができるようになり，まさに代数分野における論証となっている。しかしながら証明の方法に焦点化され，その正確性のみが問われるのであれば，幾何の論証から改めて代数で論証を学び直す教育的意義はどこにあるのか。
　例えば，方程式の解の有無などは存在性に関する典型的な例であるが，その存在性の議論の先に何があるのかは，数学教育研究においても十分に議論されていないように思われる。命題の真偽を判断することに注意を払う命題論理と呼ばれる水準から，限量詞を用いて厳密に事象を探究・記述しようとすることに関心をもつ述語論理と呼ばれる水準への移行をどのようにするのかという問題である。

4．幾何を対象とした代数分野における論証

　パスカルは論理性を幾何学の精神と表現しながら，それとは異なる繊細の精神なるものの両側面によってPensées（思考）を説明しようとした。
　この繊細の精神は言い換えれば情緒的な側面であろうがこれを考察するために，事例の中で代数分野の論証の在り方を検討する。ここでは敢えて，幾何分

野とみなせる図形を対象として考えてみよう。

　まず，存在性の議論として，鋭角三角形と鈍角三角形を考える。鈍角三角形を規定しようとするならば，まず気になるのは三角形にはいつでも鈍角が含まれるのかどうかである。当然ながら，鈍角をもつ三角形と鈍角をもたない三角形に分類されるため，鈍角をもつ三角形を鈍角三角形と呼べばよいであろう。

　一方，鋭角三角形はどうであろうか。どのような三角形を考えてみても，常に鋭角を有することに気づくであろう。存在性の議論からすれば，先ほどの議論とは異なり，鋭角をもつ三角形を鋭角三角形と呼ぶわけにはいかない。なぜならすべての三角形は鋭角をもつために，鋭角という表現が蛇足となってしまうからである。

　こうした存在性の議論の先へと進むためには，限量詞が必要となってくる。鋭角三角形とわざわざ呼ぶからには，特別な意味が必要となってくる。そうしたときに，「全てが〜」や「少なくとも〜」などの感性が生じてくる。ここでようやく，一般的な定義である，「すべての角が鋭角である三角形」となっていくわけだが，なぜすべてが鋭角であるといえるのかということは，まだ明らかにしたわけではない。この疑問を解消するためには，すべてが鋭角と成りうる可能性があることを示す必要がある。代数分野における論証とは，こうした発見と正当化の必要性の自覚であるといえる。角度に値を導入し，角を文字で表記しながら，不等式などを用いて説明する必要性がまさに論証である。

　数の論証も含めた厳密な議論によって，鋭角三角形は「すべての角が鋭角である三角形」を規定することができた。ところで，限量詞は字義どおりに解釈して「限定する」だけではないのではないか。あえて意味を拡張しても議論に問題ないのであれば，鈍角三角形を「鈍角をもつ三角形」から「少なくとも一つは鈍角である三角形」としてもよいであろう。正確な情報のために言い過ぎないということは，曖昧さとは異なる。この微妙な違いに気づくことこそが繊細の精神ではないであろうか。厳密性に対する用語で表現するならば，こうした視点は柔軟性と呼べるかもしれない。幾何学の精神からすれば不要である議論の中に，知的な関心が生まれる。これは数学ではなく数学教育に固有性な考察対象となる。こうした議論は，これからの教育に求められている探究型の学習観と決して分離するようなものではないと考えられる。

第5章　代数分野に関する内容構成〔中・高〕

> **章末問題**
>
> 1．1次方程式を解く過程で，加法および乗法についての群の定義となる性質である結合法則，単位元の存在，任意の元に対する逆元の存在がどのように機能しているかを分析せよ．
> 2．中学校と高校の教科書の文字式に関する単元で取り上げられている乗法の公式と因数分解のうち，中学校だけで取り上げられているもの，中学校と高校の両方で取り上げられているもの，高校だけで取り上げられているものには，それぞれどのような公式があるかを調べてみよ．
> 3．小学校6年の比例と中学校1年の比例の教科書を比較し，中学校の関数指導の特徴を考察しなさい．また中学校3年の関数 $y = ax^2$ と数学Ⅰの2次関数の教科書を比較し，中学校，高校の関数指導の特徴を考察しなさい．
> 4．鋭角五角形と鈍角五角形を規定することを考察せよ．三角形との類推から，鋭角五角形を「すべてが鋭角である五角形」と鈍角五角形を「少なくとも一つは鈍角である五角形」と規定しようとするとうまくいかないことを認識し，それを乗り越えるために，代数的な論証を盛り込むことを考案せよ．

引用・参考文献

伊藤俊太郎（1990）『ギリシア人の数学』講談社.
岩崎秀樹（2000）「文字式」中原忠男編『算数・数学科重要語300の基礎知識』明治図書，208.
岡本久・長岡亮介（2014）『関数とは何か――近代数学史からのアプローチ』近代科学社.
尾山大輔・安田洋祐編著（2013）『経済学で出る数学――高校数学からきちんと攻める』日本評論社.
片野善一郎．（1988）『授業を楽しくする数学用語の由来』明治図書.
ヴィクター・J・カッツ，上野健爾・三浦伸夫 監訳（2005）『カッツ 数学の歴史』共立出版.
木村俊一（2001）『天才数学者はこう解いた，こう生きた――方程式四千年の歴史』講談社.
クリフォード・ピックオーバー，根上生也・水原文訳（2017）『ビジュアル 数学全史――人類誕生前から多次元宇宙まで』岩波書店.
一松信（1979）『基礎数学叢書 数学概論』新曜社.
平林一榮（1996）「式について：算数優等生を数学落第生にしないために」『新しい算数教育』309：6-9.
牧野眞裕（1997）「文字式に関する認知的ギャップ：文字式のもつ二面性」『数学教育学研究』3：91-97.
マックレーン，S.（1992）「関数，変換および群」マックレーン，S.，彌永昌吉監修『数学

――その形式と機能』森北出版.
溝口達也（1999）「学校数学における等号「＝」の認識の変容を捉える観点の設定」『鳥取大学教育地域科学部紀要 教育・人文科学』1(1)：195-203.
三輪辰郎（1996）「文字式の指導序説」『筑波数学教育研究』15：1-14.
Arcavi, A., Drijvers, P., & Stacey, K. (2017) *The Learning and teaching of algebra : Ideas, Insights, and Activities*, Abingdon, UK : Routledge.
Cooney, T. J., Beckmann, S., & Lloyd, G. M. (2010) *Developing essential understanding of functions for Teaching Mathematics in Grades 9-12*, Reston, VA : National Council of Teachers of Mathematics.
Sfard, A. (1991) "On the dual nature of mathematical conceptions : Reflections on processes and objects as different sides of the same coin". *Educational Studies in Mathematics*, 22 : 1-36.
Vinner, S. & Dreyfus, T. (1989) "Images and definitions for the concept of function". *Journal for Research in Mathematics Education*, 20(4) : 356-366.

（中野俊幸・布川和彦・杉野本勇気）

第6章

幾何分野に関する内容構成〔中・高〕

　幾何学は，平面や空間における図形や空間そのものなど，'もの'のかたちについて研究する数学の一分野である。我々の住む世界は様々なかたちであふれていることから，幾何学は日常生活とのつながりが強く，わが国の数学教育では小学校から指導内容の一つとなっている。本章では，中学校及び高等学校の幾何分野で扱われる初等幾何学を中心に，その性格を示すとともに，その性格から見えてくる幾何分野の指導における留意点について述べる。扱う内容は，平面図形と空間図形の基本的な概念と性質にかかわる，中学校の「図形領域」から高等学校第1学年あたりまでのより'純粋'な幾何学（初等幾何学）である。具体的には，次の3つの課題を取り上げて考察する。

1．中学校図形領域の基底をなす初等幾何学の性格とは何か。また，その性格は，今日の幾何教育の内容や方法とどのように関連しているか。
2．中学校図形領域における証明指導の意義は何か。数学における証明は，どのような構造をもっており，どのような機能があるか。
3．高等学校における初等幾何学は，何をどこまで扱うのか。また，その教材研究はどうあるべきか。

本章の内容
　第1節　初等幾何学の性格
　第2節　中学校における図形の証明
　第3節　高等学校における幾何指導

第1節　初等幾何学の性格

　わが国の中学校では「図形」という領域で初等幾何学を学習する。そこでの初等幾何学は，基本的に，ユークリッドの『原論』という古代ギリシア時代の著作に示された幾何学の一部を中学生向けにまとめたものである。初等幾何学の扱いは国によって異なるものの，西洋では古くからこの『原論』にみられる幾何学が中等教育の指導内容に採用されてきた（カジョリ，1997）。わが国においても，明治維新以降に学校数学に『原論』を参考にした初等幾何学が取り入れられ，それ以来，その扱いに若干の変化はあるものの，戦前・戦後を含め基本的に中学校の指導内容として一貫して重視されてきた。本節では，初等幾何学とはどのようなものか，その性格を『原論』の幾何学を通して示す。『原論』における幾何学がいかなるものか知ると，中学校における「図形」領域の学習の難しさ，教科書の内容や配列の理由が見えてくる。

1．ユークリッド幾何学概説

　『原論』（英語では *Elements*）は，古代ギリシア時代，紀元前3世紀ごろにユークリッド（エウクレイデス）により編纂されたと言われている書物で，当時の数学が体系的にまとめられている（ここでは，中村ほか（2011）による現代語訳を主に参照する）。その内容は，平面の幾何学に限らず，比例論や数論，空間の幾何学などを含み，全13巻よりなる大著である。第1巻は平面の幾何学，計量を含まず平面図形の性質についてまとめられている（長さや面積，角度といった量自体は扱われる）。本節では，とりわけこの第1巻に見られる幾何学について述べる。

　一般に『原論』に示されている幾何学は，「ユークリッド幾何学」と呼ばれることが多く，本節でもそのように呼ぶことにする。この言葉は，本来，非ユークリッド幾何学との対比で主に用いられる言葉であり，後述する平行線につ

いての第5公準を公理として採用する幾何学体系を意味する。それは，必ずしも平面（2次元）や空間（3次元）とは限らず，n次元のユークリッド空間における幾何学であることも，代数や解析などの道具を用いて研究されることもある。

さて，このユークリッド幾何学の性格は，次に示す3つの基本性質からなる（cf. Arsac, 1987）。

1．抽象性
2．全称性（一般性）
3．体系性

本節では，これらの意味するところを説明するとともに，その視点から今日の中学校の図形領域で学習する初等幾何学を振り返り，その指導の要点を示す。

2．抽 象 性

幾何学の「抽象性」は，「理想性」や「理論性」などと呼ぶこともできる。この性質は，幾何学一般で扱われる「図形」の性質を表したものであり，「図形とは何か」を考えると見えてくる。

「図形」という言葉は，小学校算数からよく使われる言葉である。学校数学では，幾何領域は「図形領域」と呼ばれ，三角形や四角形，円などの図形の性質を学習する。「図形」という語は，学校数学に限らず数学一般では，幾何学の研究対象を指すために用いられ，点や直線，三角形や四角形，空間そのもの，ドーナツのような形をしたトーラスと呼ばれるもの，多様体，フラクタル，など非常に広く用いられる。ただし，ユークリッドの『原論』では，「図形とは一つまたは二つ以上の境界によってかこまれたものである」（定義14）と定義され，ものの端である境界に囲まれた部分，すなわち線などによる境界の内側が図形である*。そのため，点や線，直線は図形とはみなされず，やや狭い意味での扱いになっている。

　＊円であれば，「円とは一つの線にかこまれた平面図形で，その図形の内部にある1点からそれへひかれたすべての線分が互いに等しいものである」（定義15）とされ，より正確には，円周の内側の「円板」が「円」とされている。今日の数

学では，円は「1点から等距離の点の集まり」として定義されることが多いが，これは『原論』では，「円周」と呼ばれるものである。なお，算数では「1つの点からの長さが等しくなるようにかいたまるい形を，円といいます」（一松ほか，2015b）などと定義され，中学校では「1点Oからの距離が等しい点の集合」（一松ほか，2016a）などとされることが多い。

　ここで問題にしたいことは，どの幾何学的な対象が図形と呼ばれるかではなく，一般に図形と呼ばれる対象の性質である。『原論』では種々の図形の定義が示されている。そこから図形がどんなものかみてみたい。第1巻の定義は，「点とは部分をもたないものである」（定義1），「線とは幅のない長さである」（定義2）から始まる。定義1は，点には長さも幅も厚さもないことを意味している。定義2は，線には長さはあるけれども幅と厚さがないとのことである。しかし，よく考えてみると，世の中に長さも幅も厚さもないものは存在しない。紙にペンで点を打てば，必ず長さと幅をもってしまう。ペンで線を引けば，線は幅をもってしまう。そもそも，長さや幅があるからこそ目に見えるのである。どういうことなのか。

　実は，『原論』の幾何学において，点や直線を始め，三角形や四角形などの図形は，現実世界には存在しないものなのである。現実の紙の上には，長さや幅がない点や線を始め，永遠に真っ直ぐ続く直線なんてものはありえない。定規で直線を描こうとしても必ず途中で切れてしまう。そもそも真っ直ぐなんてこともない。どんな性能の良い機械を使って直線を引いても，顕微鏡で細かく見れば必ずガタガタがあり真っ直ぐとはいえない。すなわち図形は，理想的なモノであり，現実世界ではなく抽象世界もしくは数学世界に存在するモノなのである*。これが，ユークリッド幾何学の性格をなす「抽象性」の意味するところである。

　　＊『原論』の幾何学をより厳密に矛盾なく体系化したヒルベルトの幾何学（ヒルベルト，2005）では，点や線は無定義用語とされ，抽象的なモノというだけでなく，何でも構わないとされる。それぞれは，机，椅子，ビールジョッキなどであっても構わないのである（それで矛盾が生じない）。余計，図形とは何かがわからなくなる。

　そうであれば，紙の上に描かれたものは何なのか。図形ではないのだろうか。それは，図形を現実世界に表した「表現」であり，図形そのものではない。数

学世界のモノは，人間が直接的に見たり触ったりすることができない。数学世界のモノを紙上やコンピュータの画面上に表現することにより，その図形についての考察が可能になるのである。表現といった場合，「三角形ABC」という言葉による表現も考えられる。図的な表現は一般に「図」と呼ばれ，表したい図形の概形を視覚的に捉えられるようにしたものである。図が示しているのはあくまでも概形であり，その図形を正確に描写しているわけではない。そのため，図上では必ず情報の欠落が生じるのである（3次元の図形を2次元の図で表現する場合は顕著である）。

　以上のように，図と図形の違いは，ユークリッド幾何学では，現実世界に存在する表現と，数学世界もしくは抽象世界に存在する幾何学的なモノ（対象）との違いに相当するのである。これらは，わが国の数学教育では，"表現（もしくは表記）"と"概念"の違いとしてしばしば区別される（杉山，2008）。

　では，ユークリッド幾何学の抽象性の視点からわが国の数学教育を振り返ってみよう。小学校では図として描かれたものが図形として扱われる。黒板に書かれた図を示して，「ここに描かれているものは三角形を表現したものであって，三角形そのものではないです」と説明する小学校教師はいない。実際，描かれている図を正三角形や長方形などと呼び，ある図形が正三角形や長方形などであることを視覚的に判断したり，定規を使って線分をかいたり長さを測ったりする。例えば，線分を表した図は「直線」と呼ばれ，「ものさしをつかって直線を引く」といった課題が出される（一松ほか，2015a）。

　ところが，小学校後半や中学校になると見た目ではなく性質で判断することが増えてくる。例えば，小学校第4学年では，平行四辺形の対辺の長さを定規で測らずに与えられた仮定から導くことが指導される。ここでは，図を図形としてきた立場から，図ではなく抽象世界のモノが図形であるという立場に移行し始めている。実際，描かれた図が図形そのものであれば，測定による判断は認められてもおかしくない（誤差は常に伴うが）。また，小学校後半で，長方形と平行四辺形を全く別の図形と見なさず，長方形も平行四辺形のひとつであるとする（四角形の包摂関係）。ここにも，図形が現実世界ではなく数学という抽象世界のモノであるという立場が垣間見られる。実際，見た目では，長方形と斜めになった平行四辺形は明らかに異なった図形に見える。しかし，図形

が抽象世界のモノであり，描かれたものはあくまでのその表現・図とするのであれば，見た目は正しい判断を与えるとは限らない。見た目で長方形と思った図形の角度が，実は順に 89.5 度，90.5 度，89.5 度，90.5 度であるかもしれない。そこで，より正確な，見た目にだまされない方法が，性質もしくは定義で判断することなのである。図形の表現を見ずに仮定などから二組の対辺がそれぞれ平行であること（平行四辺形の定義）がわかれば，その図形がたとえ図からは長方形のように見えても，平行四辺形とより正確に判断できる（もちろん，四角形が実際に長方形かもしれないが）。

以上のように，抽象性の視点からすれば，学校数学における幾何学の学習は，現実世界の具体物についての幾何学から数学世界の抽象的なモノについての幾何学へ徐々に移行するように設計されていることがわかる。

3．全称性（一般性）

ユークリッド幾何学の二つ目の特徴は「全称性」と呼ばれるものである。この特徴は，中学校学習指導要領解説などでは「一般性」とも呼ばれる。これは，ユークリッド幾何学では何か特定の一つの図形というよりもむしろ複数の図形の集まり，とりわけ無限個の図形についての性質や主張が検討されるという幾何学の特徴を意味している。例えば，『原論』で，「二等辺三角形の底角は相等しい」（命題5）といった場合，それは2辺の長さがそれぞれ3cmなどと大きさの決まった二等辺三角形についての性質ではなく，無限個存在しているすべての二等辺三角形についてこの性質が成り立つことを意味する。「三角形の内角の和は2直角である」（命題32）といった場合，ある特定の，各辺の長さが3cm，4cm，5cmなどと決まった三角形ではなく，無限個存在しているすべての三角形についてこの性質が成り立つことを意味する。こうした一般の図形についての主張，すなわち全称性を備えた主張は，「全称命題」と呼ばれる。そして，ユークリッド幾何学は複数のこうした全称命題からなる体系なのである。

さらにユークリッド幾何学では，全称性をもった性質が正しいことを論理的に論述によって示す（証明する）。どうやって無限個存在しているものがもつ

性質を証明できるのか，そのカラクリが気になるかもしれない。それは，実はそう簡単なことではない。『原論』では，一つの命題は，次の6つの要素から構成され，この手順を踏むことにより全称性を論理的に示すことができるとする（斎藤・三浦，2008，pp. 73-74）。以下，二等辺三角形の底角についての定理（命題5）の一部を例として構成要素を示した（図，証明，結論は省略）。

1．「言明」：命題の内容を一般的に述べる。例：二等辺三角形の底辺の上にある角は互いに等しい。
2．「提示」：仮定となるものを中心に言明の内容を特定の対象を用いて具体的に述べる。例：ABC を辺 AB が辺 AC に等しい二等辺三角形とし，線分 BD，CE が AB，AC と一直線をなして延長されたとしよう。
3．「特定」：提示の内容にそって，言明において特に結論となるものを具体的に述べる。例：角 ABC は角 ACB に等しいと主張する。
4．「設定」：証明に必要となる作図などからなる。例：BD 上に任意の点 F がとられ，大きい線分 AE から小さい線分 AF に等しい AG が切り取られ，線分 CF，GB が結ぼれたとせよ。
5．「証明」：証明は省略。
6．「結論」：言明を繰り返す。

ここに潜む論理は必ずしも明確ではないが，特徴的な点は，「準一般的な証明」などと呼ばれる手法が採用されていることである（idem., pp. 79-81）。それは，提示により導入した特定のケース，すなわち一般的なものではなく具体的な図形を用い，証明ではそれらに依存しないように論を進める，その結果得られた主張は，特定のケースに依存しないため一般のケースにも正しいとする，という手法である。この証明は「生成的な例（generic example）」を用いた証明などと呼ばれることもある（バラシェフ，1997）。

全称性の証明は，今日の数理論理学の視点からすれば，全称性を明確に扱う述語論理において，全称記号（∀）の導入と削除，存在記号（∃）の導入と削除（それぞれ「普遍汎化」，「普遍例化」，「存在汎化」，「存在例化」と呼ばれることもある）などの推論規則を用いることによりなされる（宮川・國宗，2015；高崎，2014）。そこでは，文字は用いられるものの意味としては特定のケースを意味し，『原論』の証明と類似した構造になっている。

全称性（一般性）の学習は容易ではない。小学校算数では上述のように，現実世界の具体物を図形と捉えその性質を検討する（ことが多い）。そのため，ある性質が無限個存在する図形のすべての場合に成り立つものなのか，それともいくつかの場合にのみ成り立つものなのか，といったことは明確に考察されない。それはそもそも，現実世界において無限個存在する物質的なものが存在しないからである。砂浜の砂は無数あるように思えても有限個である（実際に数えることは難しいが）。無限が明確には存在しない現実世界から，中学校以降は数学世界に入り，無限個存在する図形を相手にしなければならないのである。わが国では，「証明は，命題が常に成り立つことを明らかにする方法であること」（文部科学省，2017, p.113）とあるように，全称性や一般性に対処するために証明が必要とされる。すなわち，中学校第2学年で導入される証明は無限個の存在が前提とされるのである。一方，上述のように，ユークリッド幾何学では証明の仕組みも複雑であった。次節で詳しく扱うが，その学習には多くの困難性を伴う。

4．体 系 性

　ユークリッド幾何学の性格をなす三つ目の特徴は，「体系性」と呼ぶものである。これは，複数の全称命題からなる命題群が形成する全体，すなわち体系についての性質を意味し，今日の数学はどの領域でも同様の性質をもつ。
　ユークリッド幾何学の体系は，証明なく正しいと認められた性質と定義から始まる。最終的なベースラインとなるこれらがなければ，ある主張がなぜ正しいのかと問われた際，たとえ根拠を示したとしても，さらにその根拠の正しさを問われ，結局は以前用いた根拠を再度用いるといった，根拠の循環に陥ってしまう。そして，認められた性質と定義のみを用いて新たな性質が正しいことを証明し，その性質を体系の一部に加えていく。一度正しいと証明されたものは，また別の新たな性質を証明する際に用いられる。このように証明により正しいと判断された性質を一つずつ積み上げることにより，幾何学の体系が徐々に構築される。イメージとしては，複数個の最低限の起点から，樹形図のように，相互に関連し合いながら枝がどんどん伸びていき幾何学の全体が作られて

いるようなもの，もしくは，基礎工事から大きな建造物が作り上げられるようなものである。

　ここで大事なのは，最初に証明なく認められた性質と証明された性質のみが'真理'とされることである。それ以外の性質は，たとえ図から正しそうだと判断されても，定規や分度器を用いて正しいと判断されても，幾何学体系に加えることはできない。先述のように，図はあくまでも図形の表現でしかないため，図形の性質を正確に表したものではない。必ず何かしらの情報が欠如する。そうした曖昧なものから'真理'は判断できないのである。さらに付け加えれば，定規で測るという実測による長さは，まったく正確でない。それは，図が正確なものではないからという理由に加え，実測による完全に正確な測定値というものが現実には存在しない，という理由からである。定規の場合を考えれば，目盛とある線分の図が一致することはありえない。必ず誤差を伴う。顕微鏡で拡大すれば明らかであろう。実測で得られる測定値は常に近似値でしかないのである。

　話がややずれたので幾何学体系に話を戻すと，『原論』の第1巻では，23個の定義と，5個の「公準（要請）」，9個の「公理（共通概念）」から始まる（現代語訳によってこの個数は若干異なる）。今日の数学では，公準と公理は同じものとみなされるが，『原論』では，幾何について認める性質を公準，量など一般に認める性質を公理と呼んでいるようである。そして，これらを基盤に，第1巻では三平方の定理の逆まで48個の命題が証明される。第2巻以降は，随時定義が追加され全13巻で400以上の命題が証明され，非常に大きな数学体系が構築されている。このようにして構築された体系は，「公理的な体系」などとしばしば呼ばれる。ユークリッド幾何学の体系性とは，幾何学がまさにこの公理的な体系であることを意味するのである。

　少し具体的に見ていこう。『原論』の5個の公準は以下のものである。

1．任意の点から任意の点へ直線をひくこと。
2．および有限直線を連続して一直線に延長すること。
3．および任意の点と距離（半径）とをもって円を描くこと。
4．およびすべての直角は互いに等しいこと。
5．および1直線が2直線に交わり同じ側の内角の和を2直角より小さく

するならば，この2直線は限りなく延長されると2直角より小さい角のある側において交わること．

　5番目の公準は，「平行線公準（もしくは公理）」などと呼ばれ，平行線の性質を仮定する．これは，数学史上において数学者を長い間悩ませてきたものであり，非ユークリッド幾何学の発見につながったものである（カジョリ，1997など）．すなわち，平行線公準は，ユークリッド幾何学を特徴付ける非常に重要な公理であり，この公準を採用しなければ，別の幾何学体系を構築することができる．非ユークリッド幾何学がそれである．

　ここで興味深い点は，非ユークリッド幾何学の発見により，幾何学体系において'真理'と考えられてきたものが，実は絶対的な真理ではなく相対的な真理であることが明確になった点である．最初に正しいと証明なく認める公理や定義が異なれば，ある体系では正しかったものが別の体系では正しくないということが生じうる．例えば，三角形の内角の和は，ユークリッド幾何学では180度だが，非ユークリッド幾何学の一つである球面幾何学では180度より大きくなる．'真理'は体系に応じて異なるのである．

　ユークリッド幾何学の公理的な体系においてもう一つ大事なことは，平行線公準と同値な性質が多くあることである．すなわち，『原論』の第5公準は，それと同値なものであれば，ユークリッドが与えたものでなくても構わない．例えば，三角形の内角の和が180度であるという性質を認めれば，『原論』にある5番目の公準を命題として導くことが可能になる．したがって，同値の別の性質を公理とすれば，幾何学体系において正しいとされる性質は一致する．しかし，性質のステイタスが少し異なったり（一方で公理のものが，他方では証明される命題），公理と定義から体系を作り上げる順序が少し異なったりするのである．

　さて，わが国の中学校数学の図形領域においてこの体系性はいかに扱われているのだろうか．体系性は第2学年から主に扱われ，そこから新たな公理的な幾何学体系が作り上げられる．そのため，ある図形がある性質をもつことを示す際に，小学校や中学校1年生で学習した性質をたとえよく知っていても，それを根拠に用いることはできない．例えば，平行四辺形の対辺の長さが等しいことは小学校第4学年ですでに学習しているにもかかわらず，中学校2年生で

改めて証明され，証明されるまでは他の証明や説明では根拠に用いることができない。ここでは，すでに知っている図形性質を整理し直すような活動になる。さらに，そこでの証明は，図形性質が正しいことを示すためもしくはそれを納得するためのものというよりも，体系に組み込むための証明となる。

　第2学年では，どこの教科書でもたいてい平行線の性質から始まる。第1学年では，作図は定規とコンパスで，というルールを学習したにもかかわらず，平行線は三角定規を使って描かれる。三角定規で平行線を描く際には，片方の三角定規にもう一方の三角定規をあてスライドさせる。平行線を定規とコンパスで作図しようと思えば，平行四辺形を作図すれば良いのだから，簡単にできる（対辺が等しいことを用いる）。なぜそうしないのか。その理由は，この段階では二組の対辺が等しければ平行四辺形になる性質が証明されておらず，体系に組み込まれていないこと，三角定規の方法は，『原論』における平行線の第5公準と同値な「平行線の同位角は等しい」という性質を用いていることにある。

　教科書では，第2学年の図形領域において，証明において用いることができる性質を「根拠となる性質」などと呼び，それらを確認する。多くの教科書では，以下のものが挙げられている。

- 対頂角の性質
- 平行線の性質
- 平行線になるための条件
- 三角形の角の性質
- 多角形の内角の和，外角の和
- 合同な図形の性質
- 三角形の合同条件

　これらは，第2学年図形領域の最初の方で明示的に扱われているものであり，対頂角の性質や三角形・多角形の内角の和など証明されたものと，先ほどの平行線の同位角の性質や三角形の合同条件など，証明なしに認めたものが混じっている。さらに，「等式の性質や，面積，体積の公式なども使ってよい」などと書かれていることも少なくなく，これ以降の学習において使って良い性質を規定していることがわかる。実際，第1学年で学習した線対称の性質はこの一覧にはなく，教科書の証明で用いられることもない。

　また，体系性の視点からわが国の幾何学習の特徴的な点は，「公理」という語は用いられず，公理的な体系も明示的ではないところである。すなわち，教

科書において学習者には明確に体系性を示しているわけではない。学習指導要領解説などにおいても，体系性の指導を明確に意図しているとの記述は見られない。すなわち，なぜ平行四辺形の性質を証明しなければならないのか，その理由は明確に示されていないのである。中学校の段階でどこまで体系性を指導するのかその程度については，指導する者からすれば難しいところであろう。

5．作　　図

　本節の最後に作図について述べよう。初等幾何学において，定規とコンパスを用いた作図は，ユークリッドの時代より重要な位置を占めてきた。『原論』に見られる幾何学体系も作図を前提としている。作図の重要性は，初等幾何学の学習においても同様であり，今日，中学校第1学年，高等学校数学Aで指導内容となっている。作図が初等幾何学の学習において何をもたらしてくれるのか，なぜ作図が大事なのか，これまでに示してきたユークリッド幾何学の性格との関連から見ていく。

　まず作図は，一般に，「定規とコンパスだけを用いて，与えられた条件を満たす図形をかくこと」（大島ほか，2011，p.91，数研出版，数学A）などとされる。

　ここで特徴的な点は，第一に，図形は前述のように数学世界の抽象的な存在であるため，「図形をかくこと」ということが，紙面上やコンピュータのスクリーン上に求められた図形のように見える図（もしくは表現）をかけばよいわけではないことである。紙等に図は実際にかくものの，「図形をかく」ことは抽象世界で図形を構成することである。すなわち，作図は現実世界と抽象的な数学世界を橋渡しするものとなるのである。

　第二に特徴的な点は，道具の利用の仕方に特定のルールがあることである。一般的な作図では，定規とコンパスしか用いることができず，小学校で利用した三角定規や分度器は利用不可である。定規は2点を通る直線をひくことに用いることができ，目盛りは使ってはいけない。コンパスは与えられた1点を中心として与えられた半径の円をかくことに用いる。使える道具の利用の仕方にも制約があるのである。定規は目盛りを使わないため（そのため「定木」と書くこともある），特定の長さではなくより一般性をもった図形が扱われること

第 6 章　幾何分野に関する内容構成〔中・高〕

になる。

　さらに，作図の道具を限定すること，すなわち作図のルールを定めることは，ユークリッド幾何学の体系性に通ずる。定めたルールに応じて構成できる図形が異なるのである。例えば，古代ギリシア時代より検討されてきた「三大作図問題」と呼ばれる有名な問題がある。任意に与えられた角を 3 等分する「角の 3 等分問題」，与えられた円と等しい面積の正方形を作図する「円積問題」，与えられた立方体の二倍の体積をもつ立方体を作図する「倍積問題」である。これらは，定規とコンパスを用いて作図することはできない。コンパスを使うことは 2 次の方程式（円）を定めることに相当し，定規は 1 次の方程式（直線）に相当する。交点を求めることは，それらの連立方程式を解くのに等しい。複数の 1 次と 2 次の方程式を用いても，三大作図問題の解決に必要となる 3 乗根や円周率（超越数）が解になるような連立方程式（有理数係数）は作れないのである。ただし，ルールを変更すれば構成できる図形も異なる。定規とコンパスの利用はあくまでも作図というゲームのルールでしかないのである。折り紙を使った作図では，任意の角の 3 等分が可能である。さらに，定規の目盛りを使ったり，L 字型定規を使ったりと，新たな作図のルールを定めれば，それにより構成できる図形は，定規とコンパスの際と異なった図形の体系を構築できるのである。

　作図の第三に特徴的な点は，体系性のところで触れたことだが，『原論』に見られる幾何学では作図が幾何学体系に連動していることである。定規の利用は，前出の公準 1 と 2 に対応し，コンパスの利用は公準 3 に対応している。さらに，作図が正しいかどうかの判断は見た目ではなく，作図の手続き，その背後にある数学的な性質によってなされる。平行四辺形の作図を例にすると，定規で平行でない 2 直線を引き，それぞれの直線上に点をとる。コンパスで交点から一方の点の長さを半径とする円をもう一方の点を中心にかき，もう一方の点についても同様にする。2 つの円の交点（適切な方）と直線上の先ほどの 2 点を結べば平行四辺形が作図できる。この作図が正しいことは見た目では判断できない（図形は抽象的なものだから）。さらに，定規とコンパスを用いているからといって正しいとも実はいえない。この作図手順の背景には，四角形において二組の対辺の長さがそれぞれ等しければ平行四辺形になることが用いら

れている（厳密には，コンパスで長さを移してよいことも使われている）。この数学的性質が正しいと認められているからこそ作図された四角形が平行四辺形と主張できるのである。逆に，それが認められていなければ，平行四辺形とは主張できないのである。

　以上のことからすれば，作図は幾何学の学習に非常に重要な役割を果たすことはいうまでもないであろう。それは，ユークリッド幾何学の性格である抽象性・全称性（一般性）・体系性に非常に密接に関わっているからである。紙面上にかかれたものを直接操作するのではなく，道具を通して扱わなければならないことが，現実世界と抽象的な数学世界の架け橋となる。すなわち，作図は幾何学の抽象性への入り口となるのである。定規の目盛りを用いないことが特定の長さをもつ図形ではなく一般性（全称性）をもつ図形を扱うことに導く。図は静的ではあるものの（動的幾何学ソフトウェアを用いるとより動的に扱うことが可能である），図形の一般性が意識される契機となろう。さらに，特定のルールに従って図形を構成することは，上述のように，公理系を定め様々な定理を証明し一つの数学の体系を構築することに相当する。幾何学の体系性をも扱いうるのである。今日の中学校数学における作図の扱いは，垂直二等分線，角の二等分線など随分限られたものになっている。しかし，その背後にはユークリッド幾何学の核心とでもいえるようなものが潜んでいるのである。

第2節　中学校における図形の証明

1．中学校図形指導における「証明」と「証明すること」の重要性

　中学校数学科の領域「図形」では，小学校算数科における基本的な図形の性質や関係の学習を踏まえ，平面や空間における図形の性質や関係に関する知識及び技能を身に付けるとともに，論理的に考察し表現する力を養い，主体的に学習に取り組む態度を養うことが目的とされている（例えば，文部科学省，

第 6 章　幾何分野に関する内容構成〔中・高〕

2017）。この目的を達成するために主要な手段とされているのが，「証明（proof）」と「証明すること（proving）」である。

2．証明の構造と，その理解

（1）証明の構造

　数学における証明は，一般に，前提と結論の間にある種々の命題が演繹的な推論によって相互に結びつけられているものであるとされる。証明が単称命題と全称命題から成る場合，推論形式として，普遍例化，シロギズム（仮言三段論法），普遍汎化が基本的に用いられている。普遍例化とは，定理等の全称命題から単称命題を導く推論であり，論理式を用いると $\forall x, \text{``}P(x) \to Q(x)\text{''} \Rightarrow$ "$P(a) \to Q(a)$" となる。シロギズム（仮言三段論法）とは，2つの単称命題を連鎖させて新たな単称命題を導く推論であり，論理式を用いると "$P(a) \to Q(a)$", "$Q(a) \to R(a)$" $\Rightarrow$ "$P(a) \to R(a)$" となる。普遍汎化とは，単称命題から定理等の全称命題を導く推論であり，論理式を用いると "$P(a) \to Q(a)$" $\Rightarrow \forall x,$ "$P(x) \to Q(x)$" となる。普遍例化とシロギズムによる推論は必然的であるのに対し，普遍汎化による推論は，導かれた命題の全称性を保つとは限らない。

　普遍例化とシロギズムに着目すると，証明の構造は，「普遍例化とシロギズムによって前提と結論の間に単称命題と全称命題が組み合わせられた関係的なネットワーク」（Miyazaki, Fujita, & Jones, 2017, p.226）であると捉えることができる。

　例えば，全称命題「二等辺三角形の底角は等しい」の証明について，△ABC の頂角 A の二等分線と辺 BC との交点が D とされ（図6-1），前述の全称命題が単称命題「AB＝AC，AD＝AD，∠BAD＝∠CAD ならば，∠B＝∠C」に置き換えられる。はじめに，全称命題（三角形の合同条件）「対応する二組の辺とその間の角がそれぞれ

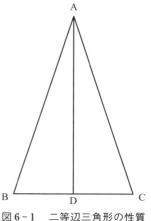

図6-1　二等辺三角形の性質の証明に用いる図

等しい三角形は合同である」の普遍例化により，単称命題α「AB＝AC，AD＝AD，∠BAD＝∠CAD ならば，△ABD≡△ACD」が導かれる。同様にして，全称命題（合同な図形の性質）「合同な図形の対応する辺は等しい」の普遍例化により，単称命題β「△ABD≡△ACD ならば，∠B＝∠C」が導かれる。その上で，二つの単称命題αとβに対するシロギズムによって単称命題γ「AB＝AC，AD＝AD，∠BAD＝∠CAD ならば，∠B＝∠C」が導かれる。なお，単称命題γから証明すべき全称命題「二等辺三角形の底角は等しい」を導くには単称命題γの普遍汎化が必要である。この推論は命題の全称性を保つとは限らないため，適用にあたっては慎重な検討を要する（太田，2017）。

（2）証明の構造の理解

ある概念に固有な発達に関して，学習者は先ず，その概念の要素や要素間の関係を認識し，最終的に概念全体を認識するようになる（Pegg & Tall, 2010）。この見解に基づくと，証明が普遍例化とシロギズムによるに単称命題と全称命題の関係的なネットワークという構造を有し，命題が証明の要素に該当し，普遍例化とシロギズムが要素間の関係に該当することから，前構造的（Pre-structural），部分－構造的（Partial-structural），全体－構造的（Holistic-structural）という3つのレベルを設定できる（Miyazaki, Fujita, & Jones, 2017, pp. 228-230）。

図6-2　証明の構造に関する理解のレベル

前構造的レベルとは，学習者が証明を意味の乏しい記号の塊とみており，証明の構造を要素や要素間の関係として捉えることができていない段階である。例えば，このレベルにある学習者は，命題「二等辺三角形の底角は等しい」の証明における「△ABD≡△ACD」について，教師が「これを導くために，どのような定理が使われていますか。」と定理等の全称命題について問いかけて

も，「AB＝AC です。」のように単称命題やその一部を答えたり，何を尋ねられているのかがわからなかったりする。

　部分 - 構造的レベルとは，学習者が証明の要素（命題や演繹的な推論等）と，要素間の関係（単称命題が全称命題の普遍例化によって導かれる等）を捉えている段階である。証明の要素の理解が要素間の関係の理解に先立って必要とされるため，この段階に次の二つの下位レベルを設定できる：要素的 - 下位レベル，関係的 - 下位レベル。例えば，関係的 - 下位レベルにある学習者は，前述の「△ABD≡△ACD」について，教師が「これを三角形の合同条件で導くために，何が必要ですか」と問いかけると，「AD が共通で等しくて，∠BAD と∠CAD が等しい」などと答えることができるが，要素的 - 下位レベルにある学習者には質問の意味がわからない。

　さらに，普遍例化とシロギズムに着目すると，関係的 - 下位レベルに，普遍例化を理解できる相とシロギズムを理解できる相を設定できる。例えば，普遍例化を理解できているがシロギズムを理解できていない学習者は，命題「二等辺三角形の底角は等しい」の証明で，結論「∠B＝∠C」を証明の前提として用いてしまっても，全称命題「三角形の合同条件」による普遍例化で単称命題「△ABD≡△ACD」が導かれ，さらに全称命題「合同な図形の性質」による普遍例化で結論が導かれているのだから問題はないと循環論を認めてしまう（ibid., 2017, pp. 233-235）。

　最後に，全体 - 構造的レベルとは，学習者が，織物の縦糸と横糸のように，普遍例化とシロギズムによって全称命題と単称命題のネットワークが前提と結論の間に組織されていることを捉えている段階である。例えば，このレベルにある学習者は循環論に気づき論理的な誤りを指摘できたり，証明で用いた定理等を変えると異なる証明ができることに気づいたりすることができる。また，前提を導くために必要な公理等を意識したり，中間命題や結論から新たな性質や関係を発見したりできるようになる。このように，全体 - 構造的レベルは証明に基づく統合的・発展的な考察を可能にする。

3．「証明すること」の特徴

（1）証明の機能

　Bell（1976）によると，数学での探究において我々は証明によって，立証・正当化（verification or justification），照明（illumination），体系化（systematization）という感性を得ることができる。特に，"照明"は，命題や証明から産出できる様々な成果を見通すことを比喩的に意味している。この考えをふまえて，de Villiers（1990）は，数学における証明の機能として，立証，説明（explanation），体系化，発見（discovery），コミュニケーションを指摘した。

　機能「立証」が，命題の正しさを示すことを意味するのに対し，機能「説明」は，なぜ命題が正しいといえるのかという理由まで示すことを意味する。例えば，命題「1から n までの自然数の和は $\frac{1}{2}n(n+1)$ である。」の正しさは数学的帰納法で立証できる。これに対し，図6-3のように，和 S と，右辺を逆順に並び替えた同じ和 S の両辺を加えると，$(n+1)$ が n 個でき，それが和 S の2倍に等しいことから，なぜ S が $\frac{1}{2}n(n+1)$ となるのかを説明できる（Hanna, 1989）。

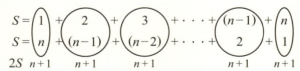

図6-3　説明の機能を有する証明の図解

　証明の機能「体系化」は，様々な命題の演繹的な関係を公理や前提に基づいて整理できることを意味する。これにより，循環論を見出したり，暗黙の前提を明らかにしたりして理論を統合・簡素化できる。また，公理や定義の検討により数学内外での活用を促進したり，より優れた体系を構築したりすることなどが可能になる（de Villiers, 1990, pp. 20-21）。例えば，学校数学における円周角の定理の証明には，既習の性質や関係が証明の前提として用いられている。こ

第6章　幾何分野に関する内容構成〔中・高〕

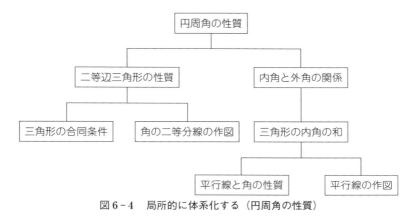

図6-4　局所的に体系化する（円周角の性質）

うした前提のさらなる前提を探っていくと，図6-4のように，図形の性質や関係のネットワークとして整理できる。こうした命題の整理は，自らの知の論理的構造を認識したり構築したりする方法として数学科以外でも活用されることが期待される。

　証明の機能「発見」は，証明に基づいて様々な新しい結果（命題，証明，前提，概念など）を生み出すことを意味する（宮崎，2002）。実際，ある命題の証明に基づいて，一般化・特殊化された命題を生成したり，もとの証明に倣って新たな命題の証明を生成したりできる。また，この過程で暗黙の前提を見いだしたり，既有の概念を新たな概念に精緻化したりすることも可能になる。

　例えば，命題「凧形の各辺の中点を順に結んでできる図形は長方形である。」は，図6-5のように証明できる。

　この証明からすると，□EFGH が長方形になるためには，凧形の対角線 AC と BD に限らなくとも，2つの直線 AC と BD が垂直であればよいことがわかる。このことから，新たな命題「ある二直線が垂直であるならば，各々の直線上の異なる2点を交互に結んでできる四角形について，その各辺の中点を順に結んでできる図形は長方形である。」を生成できる。この命題を単称命題「直線 AC⊥直線 BD ならば，□EFGH は長方形である。」に置き換え，図6-5の【証明】にそって証明しようとすると，【証明】にはない要素を補ったり，命題を精緻化したりする必要が生じてくる。実際，凧形の対角線 AC と線分 EH は

161

【証明】
凧形 ABCD について，凧形の対角線は直交するので，AC⊥BD。
対角線 AC と BD の交点を I とすると，∠AIB＝∠R。
中点連結定理より，AC∥EF∥HG，BD∥EH∥FG。
平行線と角の性質より，∠FEH＝∠AIB＝∠R。
同様にして，∠EHG＝∠HGF＝∠GFE＝∠R。
4つの角が直角である四角形は長方形なので，EFGH は長方形である。

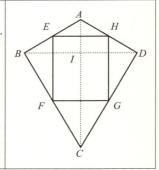

図6－5　凧形の各辺の中点を順に結んでできる図形の性質と証明

常に交わるので，【証明】では「平行線と角の性質より，∠FEH＝∠AIB＝∠R」とすることができた。しかし，前述の新たな単称命題の場合，図6－5のように，線分 AC と線分 EH が常に交わるとは限らない。そのため，図6－6のように直線 AC と直線 EH の交点を J として新たに定め，【証明】の「平行線と角の性質より，∠FEH＝∠AIB＝∠R」を「平行線と角の性質より，∠FEH＝∠EJI＝∠DIC＝∠R」に変更する必要が生じてくる。一方，4点 A，B，C，D を順に結んでできる図形について，辺が交わる図形が四角形といえるのか等，四角形の概念や定義が揺さぶられるであろう。さらに，図6－7のように，4点 A，B，C，D が三角錐の頂点の位置にある場合，直線 AC と直線 EH がねじれの位置関係になり，直線 AC と直線 EH の交点 J が定まらなくなる。そのため，二直線が空間で垂直であることの意味を定め，証明を再構成する必要が生じる。

　最後に，証明の機能「コミュニケーション」は，証明によって知識のみならず，その正しさや価値・意義まで他者に伝えられることを意味する。特に，証明の言語（図，記号，言語など）は伝達の手段として重要であり，この言語が日常的な言語から社会的な相互作用の道具としての言語（機能言語）へと高まるには，知識の正しさ等が場面・状況や背景に依存しないこと（脱文脈性），知識の正しさ等が書き手や読み手に左右されないこと（脱個人性），知識の正しさ等が時間が経過しても変わらないこと（脱時間性）という要件を満たす必要がある（Balacheff, 1987）。例えば，ユークリッド原論における命題「二等辺

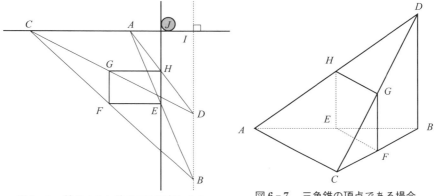

図6-6　線分ACと線分EHが交わらない　　図6-7　三角錐の頂点である場合

三角形の底角は等しい」の証明（第1巻第5命題）は，人類に対し，この命題の正しさのみならず，数多くの先人が循環論の回避により堅牢な体系を構築しようとした労苦と智恵を，時間と空間を超えて伝え続けている。

(2) 課題探究として証明すること

　わが国の学校数学において，証明の学習は，日本人の考え方を正すものとして，時代の要請に応じてその形を変えながらも重要視され続けてきた（清水，1994）。また，証明の学習指導の改善はこれまでも弛まず続けられており一定の成果を収めてきた（例えば小関ほか，1987等）。しかし，多くの中学生が証明しようとしない，証明しようとしても実際に証明できない，証明を基に発展的に考えることができないなど，証明の学習状況は望ましいものとはなっていない（例えば，国立教育政策研究所，2013）。

　「証明すること」は，数学教育における公理的方法（Waerden, 1967；杉山，1985），相対的な真理観（Fawcett, 1938），発見学，可謬主義（Lakatos, 1976）等に現れているように，数学の営みとして生産的な諸側面を元来有し，それらが互恵的に作用し合うことで知的な営みを形づくっている。実際，「証明すること」には，帰納的／演繹的／類比的に命題を生成する側面，生成された命題の証明を構想し構成する側面，証明の生成で立ち止まることなく，命題や証明に対する局所的反例や大局的反例を生産的に乗り越え，命題や証明とともに知識

や概念までも洗練する側面がある。これら3つの側面が相互に作用し合い(Balacheff, 1987 ; Harel & Sowder, 2007)、課題探究として「証明すること」が進展していく。

　学校数学における証明の学習が、これからの社会における子どもの自立にとって真に価値あるものとなるためには、何が求められているだろうか。知識基盤社会では生涯学習による自己の更新が重要な鍵であり、そのために資質・能力として課題探究力の育成が欠かせない。証明の学習においても、数学の営みに内在する「課題探究として証明すること」を、領域「図形」など学校数学の限られた領域のみならず、すべての領域に、さらには数学教育そして教育全体で実現していくことが必要である。具体的には、「証明すること」の3側面（事柄の生成、証明の生成（構想／構成）、評価・改善・発展）に加え、これらの側面間の相互作用をも実現していくことが求められる。この実現によって、学校数学における証明の学習は、「課題探究として証明する」という数学本来の価値を帯びるとともに、課題探究力「構想を立て、実践し、評価・改善・発展をする」を育むものとして、学校教育さらには教育全体の"支柱"として価値を有するようになり得る（宮崎・永田・茅野、2014 ; Miyazaki & Fujita, 2015）。

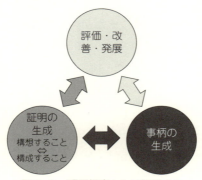

図6-8　課題探究として証明する

　例えば、課題探究として証明することのうち、「証明を構想する」とは、事柄の前提と結論を演繹的な推論によってどのように結びつけるかについて探る（辻山、2012）ことを意味する。学校数学では、証明を構想することとして、次の3つの視点に基づいて、証明の方針を立てることが重視されている。

Ⅰ：結論を示すために何がいえればよいか。
Ⅱ：仮定からいえることは何か。
Ⅲ：ⅠとⅡを結び付けるには，あと何がいえればよいか。

実際，全国学力・学習状況調査の数学B大問4(1)では，次の**問題**に対し，**証明の方針1**が示されている（国立教育政策研究所，2013, p.111）。

問題

右の図のように，平行四辺形ABCDの対角線の交点をOとし，線分OB，OD上に，BP＝DQとなる点P，Qをそれぞれとります。このとき，AP＝CQとなることを証明しなさい。

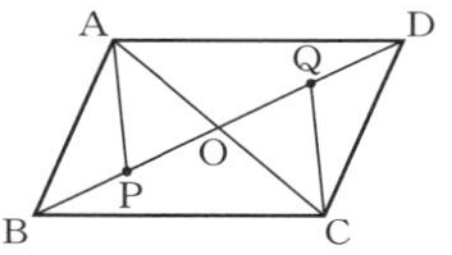

証明の方針1

① AP＝CQを証明するためには，△ABP≡△CDQを示せばよい。

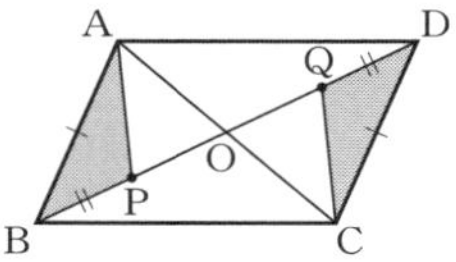

② △ABPと△CDQの辺や角について，等しいことがわかるものを探せばよい。まず，平行四辺形ABCDの性質から，AB＝CDがわかるし，仮定から，BP＝DQもわかっている。

③ ②を使うと，△ABP≡△CDQが示せそうだ。

図6-9　証明の方針

方針①では，合同な図形の性質を用いて結論AP＝CQを導くために何がわかればよいか（十分条件）が検討され，その一つとして△ABP≡△CDQが解析的に導かれている。続いて，方針②では，三角形の合同条件を用いるために，方針①で見出した△ABPと△CDQについて辺や角の相等関係が検討され，例として，平行四辺形の性質と問題の仮定からAB＝CD，BP＝DQが総合的に導かれている。最後に，方針③では，方針①及び②をもとに結論から前提に／前提から結論に向かって推論していくと，この双方向の推論が△ABP≡△CDQで結びつく可能性が示唆されている。

このように，結論から前提へ解析的に考えるための方針①によって，前提か

ら結論へ総合的に考えるための方針②の立案が可能になり，方針①と②によって方針③の立案が可能になる。こうした方針①，②，③に加え，これら3者が互いに支え合うことで証明の方針が形づくられていることを学習者が理解できるようになることが期待される。

4．「証明」の学習と「証明すること」の学習の相補的な高まり

わが国の中学校数学科における領域「図形」では，数学的に考える資質・能力として，論理的に考察し表現する力を養うことが目的とされている。この力は，図形の性質や関係などを見いだすこと（発見）と，それが正しいかどうかを示すこと（正当化）に大別できる。前者には，帰納や類推に加え，証明に基づいて新たな事柄や証明などを演繹により見いだすことなどが含まれる。一方，後者には，証明の方針を立てること，その方針に基づいて証明すること，評価・改善・発展をすること，さらに命題を体系的に組み立てることが含まれる。

論理的に考察し表現する力を養うためには，「証明」の学習と「証明すること」の学習とが，車の両輪の如く，互いに支え合っていることへの着目が鍵となる。実際，子どもは証明の構造の理解を高めることにより，証明の機能を活用できるようになったり，課題探究として有意味に証明できるようになったりするであろう。また，証明の機能を使いこなし，課題探究として証明するという営みが進展することにより，証明の構造について一層深く理解するようになるであろう。学習指導に当たっては，「証明」の学習と「証明すること」の学習が相互に高まっていくよう，その充実を小学校算数科における「理由を説明する」学習から十分に図ることが大切であり，これによって，学習者が数学として真正な「証明」と「証明すること」に向かって，自らの心を生涯にわたり開き続けることができるようにしたいものである。

第6章　幾何分野に関する内容構成〔中・高〕

第3節　高等学校における幾何指導

　前節までに中学校の図形指導の狙いを述べ，特にそこでは，図形の概念形成と性質の理解を促すだけでなく，図形領域を題材に「証明」という数学の方法を学ぶといった極めて重要なもう一つの側面が含まれていることを述べてきた。では，中学校ですでに証明という数学の方法が学ばれ，図形に関する一通りの理論枠組みができているとするならば，高等学校での幾何指導においては何に焦点化して指導すればよいのだろうか。本節では，ただ羅列された定理を覚えることに終始しかねない高等学校での幾何学習に，教材研究によってどのような新たな視点を与えうるかについていくつかの例を挙げて解説したい。

1．高等学校での図形指導

　学習指導要領解説によれば，高校では数学Aで，「中学校での学習内容を基にして直接扱える程度の三角形の性質」を前提に，「(3)図形の性質，ア　平面図形(ア)三角形」が指導されると述べられている（文部科学省，2009）。しかしそこに高校数学独自の図形指導の狙いが明らかにされているとはいいがたい。実際，中学の図形指導で一応示された命題群の体系が，より基盤的な方向に反省されることもなく，逆に現実事象への展開に及ぶわけでもなく，また数学Aで学ぶ平面幾何の内容が直接ベクトルや三角比に発展するわけでもない。いわゆる初等幾何がそこにあるにすぎない。すなわち現状では，高校数学として取り上げる内容として，その教育的価値は乏しいように思える。結果として，この部分では高等学校の数学科教科書の中に「雑然」と並ぶ定理群を「覚える」こと，そして新しく学習する定理をうまく「使う」点ばかりが注目されやすい危険性がある。
　実際，教員養成系大学に来る学生を見ても，高等学校で学習する平面図形の定理そのものはともかく，その定理が何を基にしてなぜ成立するのかという点

に焦点をあて理解している者は極めて少数であるのが現実である。

確かに，大学受験が大きなウェイトを占める高校の数学学習において，個々の定理の証明が大学受験で問われないとすれば，そうした証明を読んだり理解したりすることに生徒が強い価値を見出せないことも自然かもしれない。もちろん，証明を理解した方がいいのだろうという思いはあるかもしれないが，個々の定理が個別に証明されていたとすれば，それぞれの証明を一つ一つ読んでも興味がわきにくいであろうし，ましてそれを覚えることなどに価値が見出しにくいことも理解できる。だがもし，複数の定理の証明を貫く大きな考えがあったとしたらどうだろうか。

また一方で，「雑然」と並ぶ定理と先ほどと述べたが，本当に雑然と並んでいるのだろうか。例えば高等学校では，円に関する定理をいくつか学習する。確かに一見すると，これらはそれぞれ別個の定理であるように見える。しかし，定理どうしに何か関係はないのだろうか。

以下この章では，高等学校第1学年の平面図形に関わる数学の内容として一般的に扱われているメネラウスの定理とチェバの定理，円に関する定理群を例にして，高等学校でいくつかの定理を貫く見方があることを提示したい。平面幾何は，学問的にも古典的ではあるものの，メネラウスの定理やチェバの定理の背景にはそこから射影幾何学へとつながる入り口が隠されているし，後述の円に関する定理群に関する考察は統合的な考え方という重要な数学的な考え方（片桐，2004）の一例となっている。このように深い教材研究を通してみると，高等学校の平面図形においても，個々の定理をただ覚えるのではなく，それらを俯瞰したときに見える，それらの背景にある大きな数学的理論を感得させたり，またその過程で数学的な考え方に触れさせたりすることが可能となる。そうした活動・経験こそ，数学の美しさに触れ，その文化的魅力を知ることと言えるだろう。また，これは高等学校の幾何指導において目指されるべき統合的な理解と考える。

2．メネラウスの定理とチェバの定理

以下に示すチェバの定理とメネラウスの定理は，高等学校数学の学習指導要

第6章　幾何分野に関する内容構成〔中・高〕

領解説においても内容の一つとして例示されており，標準的な高等学校の平面図形の内容の一つと言えるだろう。

> **チェバの定理**
> 　三角形 ABC の頂点 A，B，C と，三角形の内部の点 P を結ぶ直線 AP，BP，CP が，辺 BC，CA，AB とそれぞれ点 D，E，F で交わるとき次の式が成り立つ。
> $$\frac{AF}{FB} \cdot \frac{BD}{DC} \cdot \frac{CE}{EA} = 1$$

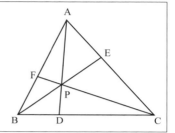

> **メネラウスの定理**
> 　三角形 ABC の辺 BC，CA，AB を含む直線が，三角形の頂点を通らない直線 l と，それぞれ点 D，E，F で交わるとき次の式が成り立つ。
> $$\frac{AF}{FB} \cdot \frac{BD}{DC} \cdot \frac{CE}{EA} = 1$$

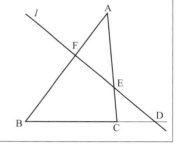

　実は，両者の定理はまったく別の時代に発見されている。チェバの定理が 1678 年のジョバンニ・チェバ（Giovanni Ceva）の発表によるものであるのに対して，メネラウス（Menelaos）はその 1500 年以上前の 1 世紀の頃の人物なのである。発見された時代は大きく離れた 2 つの定理だが，一見してその強烈な類似性に気づくことと思う。定理の仮定状況は異なるが，三角形の各辺 BC，CA，AB の上に点 D，E，F が生じること，および，そのときに得られる結果の式も全く同一である。また，チェバの定理は三角形と 1 点が与えられたときに生じる定理であるのに対して，メネラウスの定理は三角形と 1 直線が与えられたときに生じる。

　さて，これらをどのように証明するかについては，何種類か方法があり，教科書によって異なっているが，基本的にはただ命題が正しいことを確認するだけの記述にすぎない。確かに，メネラウスの定理を先に証明し，それを適用することでチェバの定理を証明している教科書もあるが，それは両者が関係して

いることにはなっても，両者の定理の類似性に説得性をもたせたものとはいえないであろう。またそもそも両者の定理の類似が何に起因しているのか，その背景や必然性までを語る文献もほとんどない。

実際，後述するように両者の類似の必然性を完全に語るには，高等学校の初学年の知識よりずっと高いものが必要となることは確かであるが，その必然性を感得させるような説明は可能である。ここではそれを簡単に解説しよう。

まずは，チェバの定理の三角形の面積比を用いた証明を簡単に振り返る。

チェバの定理の証明：
　図 6-10 において，△ABP と △CAP の面積比を考えると，AP を底辺と考えれば高さの比は BD : DC に等しいので，
$$\triangle ABP : \triangle CAP = BD : DC$$
を得る。同様にして，
$$\triangle BCP : \triangle ABP = CE : EA$$
$$\triangle CAP : \triangle BCP = AF : FB$$
となるから，

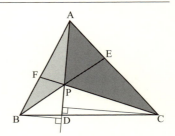

図 6-10　面積比によるチェバの定理の証明

$$\frac{AF}{FB} \cdot \frac{BD}{DC} \cdot \frac{CE}{EA} = \frac{\triangle CAP}{\triangle BCP} \cdot \frac{\triangle ABP}{\triangle CAP} \cdot \frac{\triangle BCP}{\triangle ABP} = 1$$

を得る。（証明終わり）

さて，ではこの面積比を用いた証明のアイデアをもとに，どのような証明をメネラウスの定理に対して考えるとよいだろうか。ここで，上述のチェバの定理のアイデアは，三角形 ABC と点 P が与えられているというチェバの定理の仮定状況の下で，点 P と三角形の各辺でできる 3 つの三角形の面積比を考えていることに注意しよう。

メネラウスの定理とチェバの定理が類似の定理というのならば，その証明にも類似性をもたせることはできないだろうか。メネラウスの定理では三角形 ABC と直線 l が与えられている。そこで，直線 l 上に線分 XY をとり，この線分と三角形の各頂点でできる 3 つの面積比を考える。

メネラウスの定理の証明：
　メネラウスの定理では図 6-11 に示す 2 つの状況が考えられるが，いずれの場合

第6章 幾何分野に関する内容構成〔中・高〕

にも，直線 *l* と三角形の各辺を延長した直線との3つの交点 D, E, F のうち，もっとも離れた2点を X と Y とする。このとき，どちらの図においても，

$$\triangle AXY : \triangle BXY = AF : FB$$

となることが容易にわかる。同様にして，

$$\triangle BXY : \triangle CXY = BD : DC$$
$$\triangle CXY : \triangle AXY = CE : EA$$

となることも図をみて確認してほしい。これらの3つの比を掛け合わせて

$$\frac{AF}{FB} \cdot \frac{BD}{DC} \cdot \frac{CE}{EA} = \frac{\triangle AXY}{\triangle BXY} \cdot \frac{\triangle BXY}{\triangle CXY} \cdot \frac{\triangle CXY}{\triangle AXY} = 1$$

を得る。(証明終わり)

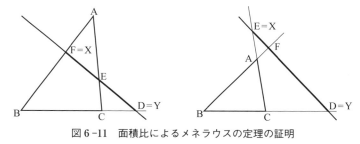

図6-11 面積比によるメネラウスの定理の証明

今回示したチェバの定理・メネラウスの定理の証明を見比べると，主張だけでなくその証明にまで類似性が及んでいることが見て取れるだろう。では，さらに一歩考察をすすめて，なぜこのようなことが起こるのか，その背景にも少し言及しておこう。そこには数学 A の内容だけでなく，ベクトルや大学での数学とのつながりが関わってくる。

平面上に原点を指定したうえで，平面上の点 A, B, C を考える。(ただし，それぞれ位置ベクトルを $\vec{a}, \vec{b}, \vec{c}$ とする。) 詳しい証明は省くが，このとき平面上の任意の点 P の位置ベクトルは，

$$\vec{p} = x\vec{a} + y\vec{b} + z\vec{c} \quad (ただし \; x+y+z=1)$$

と表すことができるのである。このときの係数の組 $[x, y, z]$ を点 P の三角形 ABC に関する(正規化された)重心座標という。任意の点 P に対して定まるこの3つの数の絶対値の比 $|x|:|y|:|z|$ は，実はチェバの定理にあった $\triangle BCP : \triangle CAP : \triangle ABP$ の面積比を表しており，この事実がチェバの定理の背景となる*。

＊ここでは x, y, z の絶対値を取ったが，次のように負の面積も定義すれば，絶対値は不要となる。そのためには，例えば△BCPの面積は，B，C，Pが三角形の周りで反時計回りに並ぶとき正とし，逆に，時計回りに並ぶときは，負の面積をもつものとするのである。重心座標を扱う文献は少ないが例えば一松・畔柳（2014）がある。

では，メネラウスの定理の背景には何があるのだろうか。今回のメネラウスの定理の証明においては直線 l 上に線分XYをとったが，実はXとYはどこにとっても，証明の中の式は成り立つことに注意しよう。XとYの代わりに別のX′，Y′を l 上にとったとしても，

$$\triangle AXY : \triangle AX'Y' = \triangle BXY : \triangle BX'Y' = \triangle CXY : \triangle CX'Y' = XY : X'Y'$$

であるから，

$$\triangle AXY : \triangle BXY = \triangle AX'Y' : \triangle BX'Y'$$
$$\triangle BXY : \triangle CXY = \triangle BX'Y' : \triangle CX'Y'$$
$$\triangle CXY : \triangle AXY = \triangle CX'Y' : \triangle AX'Y'$$

が成り立つ。つまり，3つ三角形△AXY，△BXY，△CXYの面積比は l 上でのXとYの取り方に依存しない。実は，平面上の任意の直線 l は，重心座標 $[x, y, z]$ を用いて式に表すと

$$\alpha x + \beta y + \gamma z = 0$$

という形の一次式（係数 α, β, γ は実数）で表すことができる。このときの，係数の絶対値の比 $|\alpha| : |\beta| : |\gamma|$ が，面積比 $\triangle AXY : \triangle BXY : \triangle CXY$ に等しいのである。このようにメネラウスの定理の背景にもまた重心座標という概念が潜んでおり，この概念は射影幾何学という新しい幾何の考え方へとつながっている。

もちろん，ここまでの知識を高校で扱うことは想定外だろう。だが，そこまで示さずとも，今回提示したチェバの定理，メネラウスの定理の類似した証明はこうした背景にある数学的美しさのエッセンスを十分に含むものである。

3．円に関する定理群

高校の数学Aで扱う内容には「円の性質」として，いくつかの定理が挙げら

れている。例えば、「円周角の定理の逆」「接弦定理」「円に内接する四角形の性質」などはその中で標準的に扱われる内容といえるが、こうした円に関係する定理群は、単に羅列され、覚えていくものとなりがちである。しかし、これらは実は「同一」の定理といっても良いほどの関係性がある。ここでは、「円周角の定理」「接弦定理」「内接四角形の性質」の同一関係が、図を動的に見ることによって、実感できることを示していこう。

　図を動的に見るのに、頭の中で考えて動くところを想像することも可能であろうが、動的幾何学ソフトウェアと呼ばれるコンピュータソフトウェアが便利である。例えば GeoGebra，Geometric Constructor，シンデレラといったソフトウェアは複数の OS 上で動き、フリーソフトとしてインターネット上でも提供されている。動的幾何学ソフトウェアとは、基本的に次のような操作が可能なソフトウェアである。

　　1．画面上に自由に動かせる基準点を配置することができる。
　　2．それらの点を用いた一連の作図を実行することができる。
　　3．作図後に基準点を動かすことで、作図された図形の関係を保ちながら図全体の変化を確かめることができる。

　ここではシンデレラを用いた画面を示しながら、上述の定理の関係を見ていこう。まず円周を描き、その円周上を自由に動くことのできる点 A，B，C，D を配置し、円に内接する四角形 ABCD を描く。このとき、「頂点 A と頂点 C での内角の和が 180°となる」ことを主張する定理が、「内接四角形の性質」として学習される内容である。言い換えれば、角 A は、頂点 C における外角に等しい。実際、円周上を動く頂点 C の位置を、画面上で動かしても頂点 C の外角は変化しない。動的幾何学ソフトウェア上では実際に点を動かしながらこのことを実感することができる（図 6-12）。

　しかし、点 A，B，C，D をつないだ四角形が「四角形」でいられるのは、点 C が弧 BD 上にあるときだけである。点 C が点 D を超えて円周上を動くとどうなるだろうか。点 C の位置を点 D の方向に動かしていってみよう。

　図 6-13（右）に示すように、頂点 D を超えて弧 AD の範囲にまで頂点 C を動かすと、点 C での外角であった角が、連続的に「弧 BD に対する円周角」へと変化するのが観察できる。この対応関係は、「内接四角形の性質」として

173

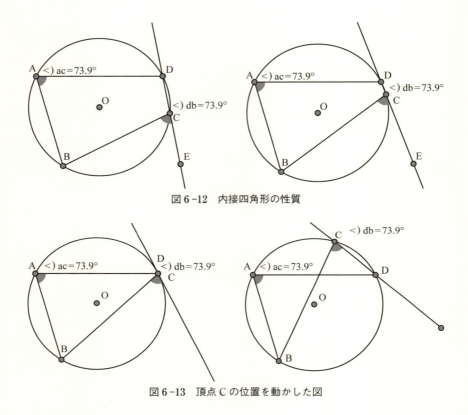

図 6-12　内接四角形の性質

図 6-13　頂点 C の位置を動かした図

の図と「円周角の定理」としての図を別々に見ていただけではなかなか気づきにくい。

　では，頂点 C が弧 BD から弧 AD へと移る瞬間の図はどうなっているだろうか。もちろん，頂点 C が頂点 D と厳密に重なったときは，「直線 CD」は存在しない。だが，頂点 C を頂点 D に近づけていくとき，直線 CD は頂点 D での接線に「近く」なっていくことが直観的に見てとれるだろう。図 6-13（左）を見ればわかるように，C と D が重なったときの「直線 CD」を点 D での接線と考えると，そのときの図はまさに接弦定理，「円の弦 BD において，点 D での円の接線と弦 DB の成す角は，弧 BD に対する円周角に等しい」を表している。このような見方もまた，図を動的に変化させて観察すれば実感できる。

　ところで，「円周角の定理」「接弦定理」「内接四角形の性質」の 3 つの定理

の証明は通常，別々に考えられるのが普通だろうが，もしもこれらの定理を互いに「同一の定理」の亜種と考えるならば，それらの証明の統合も可能ではないか。

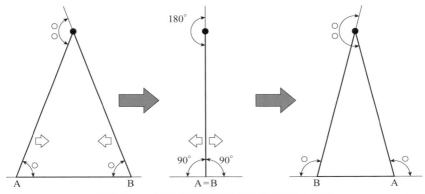

図 6-14　二等辺三角形の頂点の外角は底角の 2 倍

実際，「弧に対する円周角は弧の中心角の半分に等しい」という円周角の定理は「二等辺三角形の底角が等しく，頂角における外角は底角の 2 倍」という性質（図 6-14（左）参照）から証明される。そこで，二等辺三角形の上述の性質を，底角が 90°の場合，またさらに，底角が 90°より大きい場合にまで拡張する（図 6-14, 中央, 右を参照）。実際，図に示すようにこの性質が拡張されることは容易に示すことができるだろう。

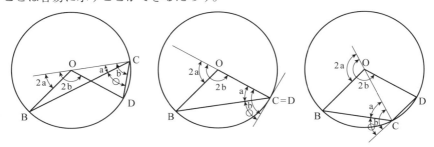

図 6-15　円周角の定理，接弦定理，内接四角形の性質の統合的証明

二等辺三角形の性質をそのように拡張することができれば，円周角の定理，接弦定理，内接四角形の定理を図 6-15 のように統合的に示すことはたやすい。

というのも，3つの図のどの場合においても，図に丸印で示した角（それぞれの場合で円周角，接線と弦の成す角，四角形の外角に相当する）はいずれも角の大きさが $b-a$ であり，これは弧 BD の中心角の大きさ $2b-2a$ の半分となっているから，弧 BD の任意の円周角（図 6-12, 6-13 における角 A）に等しいことが示されるのである．

4．数学的見方・考え方の良さ・美しさにつながる教材研究

本節冒頭に述べたように，中学校段階ですでに証明の基本的な考え方が身についているとすれば，高校段階での図形指導で何を目指すべきなのか．国立教育政策研究所（2012, p. 23）では，学習指導要領を踏まえた評価の観点や趣旨として，事象を数学的に考察し表現したり，思考の過程を振り返り多面的・発展的に考えたりすることなどを通して，数学的な見方や考え方を身に付けることが重要であると指摘されている．ということであれば，命題が正しいことを一通り証明しただけで終わりにせず，命題と命題の間の類似性や数学的な関係を考察し，その証明を多面的・発展的に考え，統合的な視点を得ることは，数学的見方・考え方の側面からみても重要な，小・中学校ではなく高校数学に求められる数学的活動といえよう．学習内容を通り一遍に教えるだけでなく，教材研究によって教育内容に対する高い視点・広い視野をもち，数学的な見方・考え方の良さ・美しさを伝えてほしい．

章末問題

1. Geogebra (https://sites.google.com/site/geogebrajp/) や Cabri-geometry, Geometric Constructor, Cinderella などの動的幾何学ソフトウェア (DGS) を使ってみよう．
   (1) DGS を使って正三角形，正方形，正五角形，正六角形を作図せよ．DGS の正多角形をかく機能は使ってはならない．
   (2) DGS を使った作図では，定規とコンパスを使ったときと比べ，ユークリッド幾何学のどのような性格の学習の促進もしくは妨げになるか述べよ．
2. 平行四辺形の性質「平行四辺形の対角線は，それぞれの中点で交わる」は，次の図のように平行四辺形 ABCD の対角線の交点を O とすると，次のように表す

第 6 章　幾何分野に関する内容構成〔中・高〕

ことができる。
　　四角形 ABCD で，
　　仮定　AB∥DC，AD∥BC
　　結論　AO＝CO，BO＝DO

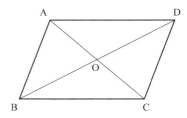

このとき，仮定から結論が導けることについて，証明の方針を立てなさい。
3．第 3 節で紹介したほかにも，高等学校の初等幾何の内容で統合的に扱える内容はないだろうか。例えば，三角形の五心の存在の証明はそれぞれ異なるタイプの証明が与えられている。これらを統合的に扱う方法を検討せよ。

参考文献
大島利雄ほか（2011）『数学 A』数研出版．
太田一成（2017）「学校数学図形領域における，証明による命題の全称性の確立に関する研究——論理的に考える力の育成を目指して」『信州大学教育学部研究論集』11：1-20．
片桐重男（2004）『数学的な考え方の具体化と指導』明治図書．
カジョリ，F．，小倉金之助補訳（1997）『復刻版カジョリ初等数学史』共立出版．
国立教育政策研究所（2012）『評価基準の作成，評価方法の工夫改善のための参考資料（高等学校数学）』教育出版，23．
国立教育政策研究所（2013）『平成 25 年度全国学力・学習状況調査報告書〈中学校／数学〉』Retrieved from
　　http://www.nier.go.jp/13chousakekkahoukoku/data/research-report/13-j-math_2.pdf
小関熙純（1987）『図形の論証指導』明治図書．
斎藤憲・三浦伸夫訳・解説（2008）『エウクレイデス全集　第 1 巻　原論Ⅰ－Ⅵ』東京大学出版会．
清水静海（1994）「論証」『CRECER 中学校数学科教育実践講座　第 6 巻　図形と論証』ニチブン，204-236．
杉山吉茂（1986）『公理的方法に基づく算数・数学の学習指導』東洋館．
杉山吉茂（2008）『初等科数学科教育学序説』東洋館出版社．
高崎金久（2014）『学んでみよう！　記号論理』日本評論社．
辻山洋介（2012）「学校数学における証明の構想の意義に関する研究」『数学教育学論究』95：9-44．
中村幸四郎・寺阪英孝・伊東俊太郎・池田美恵訳・解説（2011）『ユークリッド原論（追補版）』共立出版．

バラシェフ, N.（1997）「数学的証明の学習の改善——実践を改善するための理論的枠組み」『数学教育学論究』67 / 68：52-62.
一松信・畔柳和生（2014）『重心座標による幾何学』現代数学社.
一松信ほか（2015a）『みんなと学ぶ小学校算数 2 年上』学校図書.
一松信ほか（2015b）『みんなと学ぶ小学校算数 3 年下』学校図書.
一松信ほか（2016a）『中学校数学 1』学校図書.
一松信ほか（2016b）『中学校数学 2』学校図書.
ヒルベルト, D., 中村幸四郎訳（2005）『幾何学基礎論』筑摩書房.
宮川健・國宗進（2015）「中等教育を一貫する論証指導の視点からみた一般性の扱いについて——文字式を用いた代数的な証明の場合」『日本数学教育学会 第 3 回春期研究大会論文集』75-82.
宮崎樹夫・永田潤一郎・茅野公穂（2014）「中学校数学における課題探究として証明することのカリキュラム開発：進行状況と授業化の意味・役割」『数学教育』68(5)：2-5.
文部科学省（2017）『中学校学習指導要領解説数学編』.
http://www.mext.go.jp/a_menu/shotou/new-cs/1387016.htm
文部科学省（2009）『高等学校学習指導要領解説数学編』
Arsac, G. (1987) "L'origine de la démonstration : essai d'épistémologie didactique", *Recherches en didactique des mathématiques*, 8(3) : 267-312.
Balacheff, N. (1987) "Processus de preuves et situations de validation". *Educational Studies in Mathematics*, 18(2) : 147-176.
Bell, A W. (1976) "A study of pupils' proof-explanations in mathematical situation", *Educational Studies in Mathematics*, 7(23) : 23-40.
de Villiers, M. (1990) "The role and function of proof on mathematics", *Pythagoras*, 24 : 17-24.
Fawcett, H. P. (1938) *The nature of proof*, New York : AMS Press.
Hanna, G. (1989) "Proofs that prove and proofs that explain". G. Vergnaud, J. Rogalski, and M. Artigue (Eds.) *Proceedings of the International Group for the Psychology of Mathematics Education*, Vol. II : 45-51, Laboratoire PSYDEE.
Harel, G., & Sowder, L. (2007) "Toward a comprehensive perspective on proof", In F. Lester (Ed.), *Second handbook of research on mathematics teaching and learning*, Reston : VA : NCTM, 805-842.
Lakatos, I. (1976) *Proofs and refutations : The logic of mathematical discovery*, Cambridge, UK : Cambridge University Press.
Miyazaki, M., Fujita, T. and Jones, K. (2017) "Students' understanding of the structure of deductive proof", *Educational Studies in Mathematics*, 94(2) : 223-239.
Miyazaki, M., Fujita, T. and Jones, K. (2015) "Flow-chart proofs with open problems as scaffolds for learning about geometrical proofs", *ZDM*, 47(7) : 1211-1224.
Miyazaki, M. and Fujita, T. (2015) "Proving as an explorative activity in mathematics education : new trends in Japanese research into proof", In Sriraman, B. (Eds.), *First Sourcebook on Asian Research in Mathematics Education : China,* Korea, Singapore,

Japan, Malaysia and India, Charlotte, NC : Information Age Publishing, 1375-1407.
Pegg, J., & Tall, D. (2010) "The fundamental cycle of concept construction underlying various theoretical frameworks", In B. Sriraman & L. English (Eds.), *Theories of mathematics education : seeking new frontiers*, New York : Springer, 173-192.
Waerden, B. L. van der. (1967) "Klassische und moderne Axiomatik", *Elemente der Mathematik*, 22 : 1-4.

（宮川　健・宮﨑樹夫・濱中裕明）

第7章

微分・積分に関する内容構成〔高〕

　本章の第1節から第4節にかけては，高等学校の微分・積分分野およびその周辺の内容について，あるべき理解を述べていきたい。例えば，微分については，元来物理学との関わりで生まれたのだから，数学の中だけで閉じている厳密性に基づいた関数の分析法としてよりも，現象との関わりに基づく理解が重要となる。高校の教科書では，積分は微分の逆演算であるかのように定義されているが，数学史的に見れば積分の発想は微分以前にあり，古代ギリシアに遡ることができる。ところで，実数に値をとる連続的な変数 x についての関数 $f(x)$ と対照的に，自然数だけに値をとる離散的な変数 n についての関数，すなわち，数列 $\{a_n\}$ というものがある。微分・積分は関数に関する概念だが，これらに対応するように，数列についてもちょうど対応する概念が高等学校で学習されている。そこで本章では，下記の4つの課題に沿いながら，教員として微分・積分について知っておいてほしい概念理解を整理する。

1. 高等学校段階で求められる極限概念の理解とは何か。
2. 微分概念は，物理学で扱う現象（物体の運動など）との関わりのもとでどのように理解されるべきか。
3. 微分と積分の本来的な意味（歴史的な背景）に基づくと，両者の関係はどのように理解されるべきか。微積分の指導上の問題点は何であり，その改善をどう図るか。
4. 「離散」と「連続」との対応という視点からみると，数列の指導内容はどのように捉えなおすことが可能か。

本章の内容
　第1節　関数の極限概念　　　第2節　高校数学における微分
　第3節　高校数学における積分　第4節　離散と連続の対応

第1節　関数の極限概念

　微分概念は連続を前提とするある種の極限として定義される。そこで微分という概念の成立について述べるまえに，極限の概念について，高等学校で獲得されるべき概念理解がどの程度のものであるかを反省する。

1．極限と代入の違い

　高等学校で学習する極限概念には，数列の極限，関数の極限などいくつかの種類があるが，ここでは微分・積分との関わりに焦点をあてて，$\lim_{x \to a} f(x)$ の形の極限に限定して考えよう。高等学校の数学Ⅱの教科書にはおおよそ次のように記述されている：

　　　関数 $f(x)$ において，x が a と異なる値をとりながら限りなく a に近づくとき，$f(x)$ が一定の値 α に限りなく近づくならば，$\lim_{x \to a} f(x) = \alpha$ と書き，α を x が a に近づくときの $f(x)$ の極限値という。

　実際のところこれを読んで，単純に関数に $x = a$ を代入することと何がどう違うか訝った人は少なくないと思う。というのも，この定義を受けて次に登場する具体例は

$$\lim_{x \to 2}(2x - 1)$$

といった例なのである。いや確かに次のような例を挙げて説明する教科書もあるだろう。

$$\lim_{x \to 2} \frac{x^2 - 4}{x - 2}$$

実際，後者の例では $x = 2$ を直接代入することはできない。しかしこの関数のグラフをかいてみれば，明らかに $y = x + 2$ の関数から $x = 2$ の点を取り除いただけのグラフである（図7-1）。計算してみると，

$$\frac{x^2-4}{x-2}=\frac{(x+2)(x-2)}{x-2}=\begin{cases} x+2 & (x\neq 2) \\ 定義できない & (x=2) \end{cases}$$

となるからである．こうみると，この例は $x=2$ を代入できないように，人工的に作った例のようにみえる．むしろ「関数の極限値」とはこういう例，つまり直接代入することはできないが例外的な点を除けばこれまで学習した関数と変わりない，そうした関数を念頭に導入された概念なのか，と伝わってしまいかねないし，となれば基本的にはただ代入することと大した違いは無いのではないか，と思われてしまう．

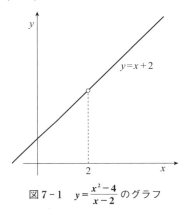

図7-1　$y=\dfrac{x^2-4}{x-2}$ のグラフ

2．高校段階で求められる極限の概念理解

　数学的な定義とは意味を正確に過不足なく伝えることがすべてである．その点からいっても，上記の極限の定義に問題がないわけではない．実際，極限を正確に定義するには大学以降で学ぶ ε-δ 論法というものが必要となるが，高校数学ではそこまでを伝えることができない＊．正確には伝えることができないが，しかしそれでも関数の極限という概念に対して，高校レベルでの適切な概念理解（＝コンセプション）を与える必要がある．

　　＊ ε-δ 論法がどのようなものかの説明については，数学書にその責を委ねる．例えば杉浦（1980）や高木（1983）の著書を読まれたい．

　つまり，単純な連続関数 $f(x)$ や $x=a$ が除去可能な不連続点であることが明らかな関数 $f(x)$ を例にして極限 $\lim_{x\to a}f(x)$ を語ることは，高校段階で受け止めてほしい，適切な概念理解を与えるための教材という観点から考えると，不十分であるとの誹りを免れない．

　では高等学校の段階で，関数の極限値に対して抱くべき概念理解とは何だろうか．本来，ここには数式間のある種の「せめぎ合い」が含意されるものと筆者は考える．

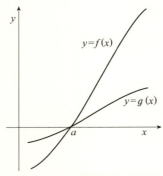

図7-2　2つの関数の商を考える

例えば$f(a)=0$，$g(a)=0$となるような関数$f(x)$，$g(x)$をグラフで与えよう（図7-2）。いまxがa付近の値をとるとき，$x \neq a$でさえあれば，$\dfrac{f(x)}{g(x)}$という値を考えることができる。一方で$x=a$のときは，分母が0になってしまうので，関数の値を考えることができない。実際，グラフをみるとxがaに近づくにつれて，分母の$g(x)$の値は0に近づいていくので，$\dfrac{f(x)}{g(x)}$の値は大きくなっていきそうではあるが，同時に，分子の$f(x)$の値も0に近づいていく。既習の事項としては，分母と分子が正の分数において

● （分子を固定して）分母が0に近づくと，分数の値は無限に大きくなるわけだが，一方で，

● （分母を固定して）分子が0に近づくと，分数の値は0に近づく

わけで，この「無限に大きくなる」「0に近づく」という互いに矛盾する両者のせめぎ合いとして，分母と分子が共に変化して0に近づいていくと一体どうなるか，という問いが生まれる。こうした問いを考えることこそが，関数の極限の典型的な状況である。

3．関数の極限に含まれる「せめぎあい」

極限のパターンは千差万別ではあるものの，高校段階で扱う極限のパターンは代表的な数種類にほぼ限られる。そのどれもが，無限大や0が「せめぎ合う」状況となっている。例えば次のような例が代表的だろう。

● $\dfrac{0}{0}$型（分母と分子が0に近づく）：これについては上に例を示したが，実際には分母と分子に含まれる関数をそれぞれ積に分解することで，0に近づく因数を約分するのが数学Ⅱでの典型的な計算方法となる。

- $\frac{\infty}{\infty}$ 型（分母と分子が無限に大きくなる）：具体的には，次のようなものが典型的で，数学Ⅲの教科書に標準的に記載されている。

$$\lim_{x \to \infty} \frac{x^2 + 2}{3x^2 + 4x}$$

- $\infty - \infty$ 型（無限に大きくなるもの同士の引き算）：具体的には次のようなものが典型的である。解き方は様々となるが，いずれも標準的な数学Ⅲの教科書に載っているものなので割愛する。

$$\lim_{x \to \infty} (\sqrt{x^2 + x} - x), \quad \lim_{x \to \infty} (3^x - 2^x)$$

もちろんそれ以外の場合もいくらでも考えられるし，上述の「せめぎ合い」が発生しない場合もある。つまり初めから代入できてしまうような場合である。逆に言えばそのように代入ができてしまう場合は，極限を考える必要が無かったことになる。

このように高校段階における関数の極限の指導において，ε-δ 論法を用いていたずらに厳密さを求める必要はないが，単に極限の求め方を指導するだけでよいとも思えない。それよりもその極限の中に関数の「せめぎ合っている状況」を読み取らせてほしい。後述するように，微分の概念にこそ，その $\frac{0}{0}$ 型の互いに背反する状況にあって統合を求める「せめぎあい」が必然的に発生する。

第2節　高校数学における微分

1. 物体の運動の理解と微分

　数学的には微分とは，関数の変化の様子を調べる概念であるが，微分に関する教科書の記述では，物体の落下に関する等加速度運動などを例に，平均の速さ，平均変化率，瞬間の速さ，微分係数，そして導関数という順序に単元配列

していくのが一般的だろう。では，そのような順序で示されていくのはなぜなのだろうか。

　微分という概念は，数学という学問の中での閉じた研究から始まったというよりも，物体の運動に関する研究のなかから生じている。高校段階での微分という概念の学習についても，大学で学習するような数学的厳密性に基づいた関数の微分の定義ではなく，むしろ速度といった概念を起点とした運動などの自然現象と繋った理解が自然であり，重要と考えられる。

　実際歴史上では，微分という概念の発見が，我々の運動に対する認識に変化をもたらしてきた。ガリレオ・ガリレイ（Galileo Galilei, 1564～1642 年）は，落下する物体の落ちる距離が落下時間の2乗に比例することを発見するなど，微分積分学につながる初期の結果に気づいたとされるが，実は「瞬間の速度」とは何かに悩まされた。直線上を動く物体を考えよう。もしも，物体が常に同じ速度で動くなら微分など考えず割り算でよい。しかしながら落下する物体の運動のように，刻々と速度が変化する場合に，ある瞬間の速度というものをどう考えればよいのか。点に大きさがないように「瞬間」とは長さが0の時間帯であるから，「瞬間」のなかでは物体は移動していないではないか。こうした考えは古くからあった。例えば古代ギリシアのゼノン（Ζήνων, 紀元前490年頃～紀元前430年頃）は，「飛んでいる矢は止まっている」というゼノンのパラドックスを述べている。これは，時間が瞬間より成るならば，各瞬間において止まっている矢が，どうして動くことが可能なのか，という運動に関する認識の問題をはらんでいる（モリス, 1987）。

2．瞬間の速度としての微分

　現在の我々は，時間が連続的に変化する量であるから個々の時間ごとに位置が変わっていてもよいことを知っているし，微分の定義によって「瞬間の速度」を考えることができる。「動き」を内包しない「瞬間」における速度を我々はどのように考えてきたのだろうか。

　1本の座標軸上を動く点を考え，時刻 x における点の位置を $y=f(x)$ とする。時刻 $x=1$ における「瞬間の速度」をどう捉えるか。$x=1$ から $x=1+0.01$ の間

の変化，あるいは，$x=1-0.01$ から $x=1$ へ至る間の変化等を考えることで，時刻 $x=1$ 付近の時間帯における「平均の速さ」を求めることはできる。具体的には，$x=1$ と $x=1+h$ の間の平均の速さは，

$$\frac{f(1+h)-f(1)}{(1+h)-1} = \frac{f(1+h)-f(1)}{h}$$

となるが，これは「瞬間の速度」とは言えない。式中の h をいくら小さな量，例えば一万分の一などに変えても同じことである。しかし，一方で本当に「瞬間の速さ」を考えようとして $h=0$ にしてしまうと，移動距離も時間の長さも 0 になってしまうため，速さは $0\div0$ となってしまい，無意味となってしまう。このせめぎあいの中にこそ，既習の $\frac{0}{0}$ 型の極限が必要となる理由があるのである。

　実は，微分の概念を開発したとされるアイザック・ニュートン（Isaac Newton，1643〜1727），ゴットフリート・ライプニッツ（Gottfried Wilhelm Leibniz，1646〜1716）らは極限ではなく，いくらでも小さいが 0 ではない「無限小」という概念を用いて微分を考えていた。特にライプニッツは x の無限小変化量を dx で表し，また，そのときの $y=f(x)$ の無限小の変化量を dy で表した。ここに現在の微分の記法 $\frac{dy}{dx}$ の起源がある。その意味で，微分は dy と dx の比を表す「分数」の形で表されている。しかしながら，「無限小」＝「いかなる正の数よりも小さいが 0 ではない数」というものは実際には存在しない。それゆえ関数の極限という概念を用いて，時刻 $x=a$ における瞬間の速度，つまり，関数 $f(x)$ の $x=a$ における微分係数を，

$$\left.\frac{dy}{dx}\right|_{x=a} = f'(a) = \lim_{h\to 0}\frac{f(a+h)-f(a)}{(a+h)-a}$$

と定義するのである。

　ここで，$x=a$ における瞬間の速度といいつつも，$f'(a)$ はその瞬間の情報だけでは決まらないことに注意しよう。実際には，その瞬間の前後の状態から $x=a$ に近づけていったときの様子から定まる情報となっている。逆にいえば，ある瞬間の速度（$x=a$ における微分係数）がわかれば，その瞬間のごく近くにおいてはおよそ同じ速度で動く，つまり $x=a$ の付近ではほぼ微分係数の傾

きが維持されると予想される。つまり瞬間の速度は，瞬間の極近くの運動までに関わるのである。

とはいえその「極近く」の意味に注意したい。例えば時刻が $x=1$ における $\dfrac{dy}{dx}$ が正ならば，$x=1$ の極近くの時間では正の方向の動くことが予想されるが，例え運動を表す関数 $y=f(x)$ が十分に滑らかな関数（つまり何度も繰り返して微分できるような関数）であったとしても，$x=1$ の時刻の後，極めて短時間で引き返して負の方向に進み始めるかもしれない。特に，大学以降の学問としての数学では，病的なまでに極めて例外的な挙動を見せる関数までを考察する必要があるし，ある x において関数が微分可能で微分係数が正であっても，x の付近で関数がどのような挙動を示すかは極めて微妙な問題である。

ただし，高校の微分を習い始める段階では，そうした例外的な関数を初めから考慮にいれる必要はないだろう。例えば図 7-3 に示すように，多項式関数のグラフをグラフ表示ソフトなどで次々に拡大していくとやがてほとんど直線

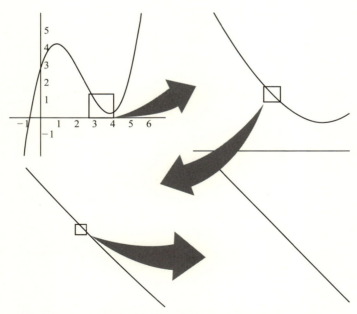

図 7-3　三次関数のグラフを次々に拡大すると直線に見える

に見えるようになる。このような数理現象を見せることで，グラフが曲線的な関数であっても，グラフ上のある点の近くを微視的に見ればほぼ直線とみなせることを示し，微分係数の意味を実感させるといった提示の仕方も考えられる。

なお，こうした微分係数の性質から「曲線 $y=f(x)$ 上の点 $(a, f(a))$ における接線の傾きは微分係数 $f'(a)$ で表される」とい

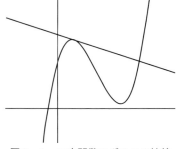

図7-4 三次関数のグラフの接線

う記述が教科書等でみられるが，この記述は実は正確ではない。というのも，「接線の傾き」を「微分係数を用いて表すことができる」というならば，「接線の定義」が別途示されていなければならない。確かに「接線」という言葉は数学Ⅱで微分を学習する以前にも，高等学校の数学で登場はしているが，実は「接線」という言葉は高等学校の数学においていくつか違う文脈で用いられている。例えば数学Aの図形の文脈では「円の接線」という言葉が，また数学Ⅰの二次関数では「二次関数のグラフが x 軸に接する」という表現が使われているが，ここでの「接線」「接する」の意味は「共有点の個数が1つ」というものである。しかしながら三次関数のグラフとその接線は，共有点が1つとは限らない（図7-4）。つまり，この三次関数のグラフの接線は，数学Ⅰまでで使われていた「接線」の意味とは異なっている。むしろ問題は逆で，三次関数のように直線とグラフの共有点の個数で直線が「接しているか」のかどうかを判定できない場合に，「接している」という言葉の意味をどのように定義すればいいのか，という問題が生じている。それに解答を与えてくれるのが，微分なのである。つまり実際には，「接線」の傾きが「微分係数で求められる」のではなく，むしろ微分係数を用いて，新しく「接線」という概念を統合的に定義しなおしているのである。ここでいう統合的というのは，「円と直線」や「二次関数の接線」の場合には，「接点での微分係数」による定義が，それ以前に学習した「接線」の定義と合致していて，その定義をさらに一般化したものとなっている，ということである。

3. 導関数と微分係数

　高等学校で微分を指導する側は，当然微分について一通り学習済みであるから，微分に関する基本的な計算手順がすでに頭に入っていることだろう。それゆえに微分するということは導関数を求めることであり，導関数を求めて x に値を代入すると微分係数となる，という認識も強いのではないだろうか。しかし，それは「計算手順」だけを見た誤解である。

　実際には導関数に代入したものが微分係数なのではなく，むしろ，微分係数を集めたものが導関数であることに注意したい。例えば $y=f(x)$ の微分を考える際は，前述のように

$$\frac{f(x+h)-f(x)}{h}$$

を考えて極限を考えるわけであるが，この式の中には x と h の2つの変数が含まれている。極限を考えるためには，まず x を1つの値に固定し，そのうえで h を0に近づける必要がある。つまり先に値を固定するのは x なのである。それゆえに微分を考える際には，x は（具体的に値が決まっているわけではないが何らかの）1つの値に固定されていて，個々の x の値ごとに微分係数を求める極限操作が行われている。多くの教科書もそのことに配慮して，微分係数の項と導関数の項を分けて説明を記述しているのである。

4. $\dfrac{dy}{dx}$ は分数か

　ところで初学者からは，微分の記号 $\dfrac{dy}{dx}$ が分数に見えるだろうか。いやこの記号が比を表す分数のような形をしていても，実際はもちろん分数ではなく関数の極限なのであるから，分数と混同してはいけないぞ，と注意したくなるかもしれない。

　しかしここで配慮してほしいのは，もちろん微分の精密な定義は前述の極限を用いた式なのだが，一方で不完全ではあるものの，ライプニッツらが考えた

第7章　微分・積分に関する内容構成〔高〕

微小な変化量の割合，つまり dx と dy を分母と分子にもつ「分数」という見方も重要だということである。数学という学問は体系化を求める中で論理の厳密化を進めていったが，それは完全に閉じた数学という学問の中だけで考える限り矛盾が発生しないようにしようという考えに基づいている。しかし一方で，厳密な論理展開ばかりを強調しすぎると，初学者には意味が見えにくくなりがちである。例えば大学の解析学で習う $\varepsilon\text{-}\delta$ 論法はその典型例だろう。高校レベルでの正しい論理展開を見せつつも，それが何を意図して行われているのかの説明にも配慮していく必要がある。つまり学校数学にはその学習を維持する別立ての論理があるといってよい。

結局，微分に関していえば，x と y の微小な変化量の割合を捉えるというアイデアやイメージを大切にしながら，それを関数の極限として記述するという両方の側面を大事にする必要があろう。つまり $\dfrac{dy}{dx}$ はもちろんそのまま「分数」ではないのであるから，微分に関する性質や定理を証明する際には，極限としての定義を用いる必要があるが，その証明の発想の基となるアイデアには微小な変化量の割合としての「分数」のような見方が重要だということである。

例えば合成関数の微分に関する性質を見てみよう。

関数 $y=f(u)$ と関数 $u=g(x)$ が共に微分可能ならば，合成関数 $y=f(g(x))$ も微分可能であり，次が成り立つ*。

$$\left.\frac{dy}{dx}\right|_{x=a} = \left.\frac{dy}{du}\right|_{u=g(a)} \cdot \left.\frac{du}{dx}\right|_{x=a}$$

＊高校の教科書では単に $\dfrac{dy}{dx}=\dfrac{dy}{du}\cdot\dfrac{du}{dx}$ と書かれることが多いようだが，どこでの微分係数なのかがはっきり書かれていないこともこの定理をわかりにくくしているように思う。そこで，ここでは $x=a$ での微分係数を表すライプニッツの記法，$\left.\dfrac{dy}{dx}\right|_{x=a}$ を用いる。

数学Ⅱでの微分に関する証明は，ほとんどが微分係数の定義に従って証明される。そこで，この合成関数についても同様に証明するとすれば，次のようになるだろう。

191

証明：$x=a$ における微分係数を考える。

$$\left.\frac{dy}{dx}\right|_{x=a} = \lim_{h \to 0} \frac{f(g(a+h)) - f(g(a))}{h}$$

$$= \lim_{h \to 0} \left\{ \frac{f(g(a+h)) - f(g(a))}{g(a+h) - g(a)} \cdot \frac{g(a+h) - g(a)}{h} \right\}$$

$$= \lim_{h \to 0} \left\{ \frac{f(g(a) + (g(a+h) - g(a))) - f(g(a))}{g(a+h) - g(a)} \cdot \frac{g(a+h) - g(a)}{h} \right\}$$

ここで $g(x)$ は連続であるから $h \to 0$ のとき，$g(a+h) - g(a) \to 0$ となるので，$g(a+h) - g(a) = H$ とおくと，

$$\lim_{h \to 0} \frac{f(g(a) + (g(a+h) - g(a))) - f(g(a))}{g(a+h) - g(a)} = \lim_{H \to 0} \frac{f(g(a) + H) - f(g(a))}{H} = \left.\frac{dy}{du}\right|_{u=g(a)}$$

となり，一方，

$$\lim_{h \to 0} \frac{g(a+h) - g(a)}{h} = \left.\frac{du}{dx}\right|_{x=a}$$

であるので，

$$\frac{dy}{dx} = \frac{dy}{du} \cdot \frac{du}{dx}$$

が成り立つ。(証明終わり)

これは，確かに微分係数の定義と正しい論理に従ってはいるが，読みにくいことと思う。そこで数学Ⅲの多くの教科書では，微小な変化の割合という微分係数の意味に則した説明として，次のような証明を採用している。

証明：$x=a$ のとき u は $g(a)$ の値をとり，y は $f(g(a))$ の値をとる。いま x が少し変化して $a + \Delta x$ の値になったとき，u も y も変化してそれぞれ $g(a) + \Delta u$，$f(g(a)) + \Delta y$ になったとしよう。

このとき，微分係数の意味から $\left.\frac{dy}{dx}\right|_{x=a}$ とは

$$\lim_{\Delta x \to 0} \frac{\Delta y}{\Delta x}$$

のことである。また $\left.\frac{du}{dx}\right|_{x=a}$，$\left.\frac{dy}{du}\right|_{u=g(a)}$ とはそれぞれ

$$\lim_{\Delta x \to 0} \frac{\Delta u}{\Delta x}, \quad \lim_{\Delta u \to 0} \frac{\Delta y}{\Delta u}$$

のことである。ここで $u = g(x)$ は連続であるから，$\Delta x \to 0$ のとき $\Delta u \to 0$ となるので，

$$\left.\frac{dy}{du}\right|_{u=g(a)} \cdot \left.\frac{du}{dx}\right|_{x=a} = \lim_{\Delta x \to 0}\frac{\Delta y}{\Delta u} \cdot \lim_{\Delta x \to 0}\frac{\Delta u}{\Delta x} = \lim_{\Delta x \to 0}\frac{\Delta y}{\Delta x} = \left.\frac{dy}{dx}\right|_{x=a}$$

を得る．(証明終わり)

　微小変化の割合というアイデアを前面に出した説明の方が，はるかに見通しが立ちやすいと感じられないだろうか．証明は，単に結果として正しいことを確認する，というだけのものではなく，見通しをもった説明により正しさを実感させることもまた重要であることを考えれば，こうした証明への配慮も必要であるし，またこのような証明を，見通しをもって読み取れる理解こそ，求められる微分の理解といえるだろう．

　微分とは元々，瞬間の速度をどう考えるか，という問いに対して，極限という概念を用いて我々が見出した歴史的な解決策である．その指導には，「無限小」という曖昧な概念をどう精密化していったのかという，極限の概念を用いた論理性，ある程度の正当性を求める思考とともに，微分の概念に至った原初のアイデアもまた大事にするという，両面性のある配慮が求められる．

第3節　高校数学における積分

　高等学校では，積分は数学Ⅱで導入される．しかし，数学Ⅱの教科書での積分の導入と展開は，計算法としての積分が主となっており，積分本来の意味が記されているとは思えない．本節では，積分とは本来どういう意味をもったものなのか，また，現代我々が用いている積分の計算方法はどのようにして確立されたのかについて，微積分の基礎を築いたライプニッツやニュートンの議論に遡って振り返った上で，積分という概念の意味を大切にした授業展開について考察してみたい．

1．数学Ⅱの教科書にみられる積分の記述

　数学Ⅱの教科書での積分の記述をみてみると，まず微分の逆の演算（いわゆ

る「逆微分」)として不定積分の概念とその記号が導入され，その後に不定積分を用いて計算できる量として定積分が定義されるという流れが一般的である．一般的な教科書での積分に関する記述の流れをまとめてみると，おおむね次のような感じである．

　　まず，関数 $f(x)$ の不定積分(原始関数)が，微分すると $f(x)$ になる関数 (すなわち，$F'(x)=f(x)$ となる関数 $F(x)$) として定義され，「関数 $f(x)$ の不定積分を $\int f(x)\,dx$ で表す」のように不定積分の記号が導入される．積分定数もここで導入される．次に，定積分が，$\int_a^b f(x)\,dx = F(b) - F(a)$ (ただし，$F(x)$ は $f(x)$ の原始関数の1つ) として定義される．$y=f(x)$ のグラフと x 軸，および直線 $x=a$ と直線 $x=t$ で囲まれた部分の面積を $S(t)$ で表すとき（図7-5），$S'(t)=f(t)$ であること，および，$f(x)$ の原始関数 $F(x)$ を用いれば $b \geq a$ に対して $S(b) = \int_a^b f(x)\,dx = F(b) - F(a)$ が成り立ち，面積が計算できることが説明される．

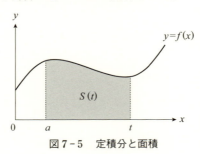

図7-5　定積分と面積

　しかし，積分のこのような導入に違和感を覚える人は多いのではないだろうか．ここでは，不定積分・定積分が「このような計算で求められるもの」として「定義」されている．計算方法が与えられているから，この定義に基づいて計算することはできる．しかし，「求められるもの」がどのような意味をもつものなのかはこの定義自体からはわからず，積分という概念がどういう意味をもつものなのか，何をするためのものなのかが学習者に伝わりにくいように思われる．実際，逆微分は積分の計算方法なのであって，積分の意味でも本来の

第7章　微分・積分に関する内容構成〔高〕

定義でもない。そもそも歴史的には，積分は求積法として発展してきたものであり，その歴史は微分よりもずっと古い*。したがって，微分をもって積分を定義するというのは数学史的にも逆であるし，本来の意味を伝えていない。紀元前3世紀のアルキメデスや17世紀のカヴァリエリの着想にこそ，積分の意味つまり無限小を用いた求積法が込められている。

　　*紀元前3世紀のアルキメデス（Archimedes）はすでに，平面図形の面積や立体の体積を細長い帯状図形の面積和や薄い層状図形の体積和として考えることで，放物線と直線で囲まれた図形の面積，球の体積，放物線の回転体の体積などを計算している（ニキフォロフスキー，1993）。

そう考えてみると，上で紹介した数学Ⅱの教科書での積分の導入方法は，同じ数学Ⅱの教科書の中で微分が平均の速さと瞬間の速さという直観的な概念から平均変化率，微分係数の概念へと意味を大切にしつつ導入されていくのと比べて対照的である。積分も天下り的な計算方法の導入からではなく，求積法としての積分本来の意味を大切にした導入ができないものだろうか。

2．積分の意味と積分記号の成り立ち

数学の記号は，数学が苦手な生徒たちにとって数学が理解困難であることの象徴のようにいわれる。Σ や lim の記号は，数学が苦手な生徒にはただの無意味な記号にしか見えないかもしれない。しかし，数学の記号にはそれぞれ意味があり，本来の意味を明確かつ簡潔に表すように記号それ自体もよく考えられて作られていることが多い。

現代使われている積分の記号は，ニュートンとともに微積分学の成立に大きく貢献したライプニッツが導入したものである。ライプニッツは，数学の記号は思考の助けとなるものでなければならないと考えていて，数学の記号を非常に重要視していた。$\int_a^b f(x)\,dx$ はそのライプニッツが，$y=f(x)$ のグラフと x 軸とで挟まれた領域の $a \leq x \leq b$ の範囲における面積（図7-6）の計算を表す記号として考え抜いて作ったものなのである*。

　　*正確にいうと，ライプニッツは $\int$ の上下の $a,\ b$ を省略していて，これをつけ

るようにしたのはのちの時代のフーリエである。(ハーン，2001)

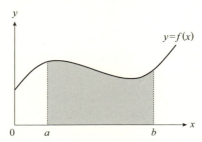

図7-6　$y=f(x)$ のグラフと x 軸で挟まれた領域の $a \leqq x \leqq b$ の範囲の面積

したがって当然ながら，アルファベットのSが縦に伸びたような $\int$ や，微分の記号に現れる dx が使われていることにもちゃんとした意味がある。ここでは，このことについて少し説明しておきたい。

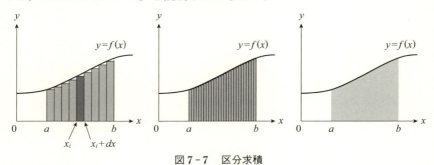

図7-7　区分求積

ライプニッツは $y=f(x)$ のグラフと x 軸とで挟まれた領域の $x=a$ から $x=b$ までの間の面積を次のように考えた。まず，a と b の間にたくさんの点 x_1, x_2, x_3, …をとって，これらの各点 x_i のところでの関数の値 $f(x_i)$ を高さ，x_i の次の点までの距離 dx を幅とする長方形の面積の和をとると，求めたい領域の面積の近似値が得られる。そして，a と b の間の点の個数をどんどん増やしていって幅 dx をどんどん細くしていくと長方形の全体が求めたい領域の形に近づいていき，その結果として，長方形の面積 $f(x_i)\,dx$ の総和がその領域の面積に近づいていく（図7-7）。これは「区分求積」という考え方だが，ライプニッ

ツはこのように面積を捉えて，その面積を求める操作を記号化し，面積を表す記号として用いたのである。すなわち，ライプニッツの積分記号は，「$x=a$ から $x=b$ の間にぎっちり隙間なく詰め込まれたものすごく細い長方形の面積 $f(x)\,dx$ を全部足し合わせる」ことで求められる面積を表すものとして考案されたのである。ちなみに，$\int$ という記号は，和を表すラテン語 summa の頭文字である S を縦に伸ばしたものである。このように，積分の記号の中の a, b はもちろん，$f(x)\,dx$ にも $\int$ にもちゃんと面積とつながった意味があるのだ。

ただし上の説明では，本来は無限小変化量を表す記号 dx が微小な変化量を表す記号 Δx の意味でも用いられている。現代の数学からみれば，長方形の幅，すなわち x_i と x_{i+1} の間の距離 Δx に対し，a と b の間の点 x_i を無限に増やしていって Δx が無限に小さくなった極限状態での長方形の幅を表すものが dx であると捉えるべきであろう。幅が無限に小さくなっていくと長方形の面積は 0 になってしまうため $f(x)\,dx$ そのものの意味は考えにくい。一つ一つの長方形の面積が 0 に近づいていく一方で長方形の個数は無限に増えていくために，長方形全体の面積の和の極限としての $f(x)\,dx$ の和は 0 になることはないのである。厳密な議論は高木（1983）や杉浦（1980）を参照されたい。

3．微積分学の基本定理：ニュートンとライプニッツによる議論

さて，積分記号が面積を表すものであることがわかったとして，ではこれがどうやって微分の逆の演算とつながるのだろうか。$y=f(x)$ のグラフと x 軸とで挟まれた領域の $x=a$ から $x=b$ までの間の面積が，$f(x)$ の原始関数 $F(x)$ を用いて $F(b)-F(a)$ で求まるという事実は，「微積分学の基本定理」と呼ばれている。数学IIの教科書ではこれが定積分の定義のように書かれているが，実際にはこれは「定理」なのである。ニュートンとライプニッツはこの定理が成り立つことについて，それぞれ異なる説明を与えている。その説明をみると，面積が微分の逆演算とどう関係しているか，そのカラクリが見えてくる。では，順番にみていこう。

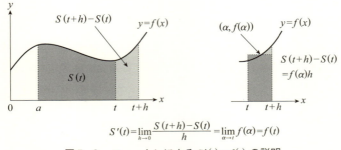

図7-8　ニュートンによる $S'(t)=f(t)$ の説明

　まずは，ニュートンによる説明からみていこう。といっても，実はほとんどの読者はすでにそれを知っている。なぜなら，ニュートンの説明は多くの数学IIの教科書に載っているからである。ご存知とは思うが一応振り返っておこう。

　まず，関数 $y=f(x)$ のグラフと x 軸とで挟まれた領域の $x=a$ から $x=t$ までの間の面積を t についての関数とみて，これを $S(t)$ とおく（この説明では，関数 $f(x)$ は常に正の値をとると暗黙のうちに仮定されることに注意）。次に，$h>0$ に対して $S(t+h)$ を考え，$S(t+h)$ と $S(t)$ の面積の差 $S(t+h)-S(t)$ を与える部分に着目する（図7-8（左））。

　ここで，x 軸上の区間 $[t, t+h]$ を底辺とする長方形を考えると（図7-8（右）），長方形の面積がちょうど $S(t+h)-S(t)$ と一致するように高さを調節することができる。面積がちょうど $S(t+h)-S(t)$ と一致するときの長方形の上辺は，$y=f(x)$ のグラフと $t\leq x\leq t+h$ の範囲で交わるはずである。そのような交点（の1つ）を $(\alpha, f(\alpha))$ と表そう*。

> ＊教科書では，$S(t+h)-S(t)=f(\alpha)h$ を満たす α（$t\leq\alpha\leq t+h$）があることが直観的にさらっと書いてあるが，実は関数の連続性，中間値の定理や最大値最小値の原理等いろんなことを使って示されることである。

　すると，長方形の面積は $f(\alpha)h$ で与えられるので，
$$S(t+h)-S(t)=f(\alpha)h \quad (ただし, t\leq\alpha\leq t+h)$$
が成り立つ。この式から $\dfrac{S(t+h)-S(t)}{h}=f(\alpha)$ が得られるが，h を限りなく0に近づけると α が限りなく t に近づくことに注意して極限をとれば，

$$S'(t) = \lim_{h \to 0} \frac{S(t+h) - S(t)}{h} = \lim_{\alpha \to t} f(\alpha) = f(t)$$

が得られる。

これにより，面積を表す関数 $S(t)$ が $f(t)$ の原始関数の1つであることが示された。$F(x)$ を $f(x)$ の任意の原始関数とするとき，$F'(x) = f(x) = S'(x)$ より，$F(x) = S(x) + C$（C は定数）と表せることから，一般の原始関数 $F(x)$ に対して，

$$\int_a^b f(x)\,dx = S(b) - S(a) = (S(b) + C) - (S(a) + C) = F(b) - F(a)$$

が成り立つことがわかる。上の説明はニュートンが実際に行った議論と正確に同じではないが，本質的にはこのような議論を通してニュートンは微積分学の基本定理を説明したのである。

次にライプニッツによる説明をみてみよう。

ニュートンは面積を表す関数 $S(x)$ に注目してそれが原始関数であることを示したが，ライプニッツによる説明では関数 $y = f(x)$ の原始関数 $F(x)$ の変化量に注目して，これが面積を表していることを示していく。そこでまず，原始関数 $y = F(x)$ のグラフに着目する（図7-9を参照）。x を微小量 dx だけ変化させたときの $y = F(x)$ の変化は接線で近似できる。いま，$F'(x) = f(x)$ であることと，接線上では，x の変化 dx に対する y の変化 dy は（接線の傾き）$\times dx$ で表されることを用いると，x を $x + dx$ に微小量 dx だけ変化させたときの $y = F(x)$ の変化量 $F(x + dx) - F(x)$ は $f(x) dx$，つまり，$y = f(x)$ のグラフでの高さが $f(x)$ で幅が dx の長方形の面積で近似されることになる。

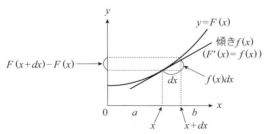

$F'(x) = f(x)$ のとき，$F(x+dx) - F(x)$ は $f(x) dx$ で近似できる．

図7-9　ライプニッツによる議論の核心

x を a から b まで変化させるときの y の変化量 $F(b)-F(a)$ は，$x=a$ から $x=b$ まで微小量ずつ変化させたときの変化量 $F(x+dx)-F(x)$ の総和で求められるので，上の議論から $F(b)-F(a)$ は $f(x)\,dx$ の総和で近似されることになる。そして，a と b の間にとてつもなくたくさんの点をとって幅 dx をどんどん細くしていくと，$f(x)\,dx$ の総和は $\int_a^b f(x)\,dx$ になるから，$F(b)-F(a)$ は $\int_a^b f(x)\,dx$ に「等しく」なるはずだ。これがライプニッツによる微積分学の基本定理の説明である。

積分記号の成り立ちのところでも注意したが，ライプニッツの議論は，微小な変化量 Δx と無限小量 dx の区別が曖昧であり，dx の記号をあるときは微小な変化量，あるときは無限小量として用い，2つの意味の間を自在に行き来している。上のライプニッツの議論の本質は，$\frac{dy}{dx}=f(x)$ を $dy=f(x)\,dx$ とみることにあるが，現在の視点でもうすこし厳密に整理しよう。まず $\frac{dy}{dx}=\lim_{\Delta x\to 0}\frac{\Delta y}{\Delta x}$ より，$\frac{dy}{dx}=f(x)$ を近似的に $\frac{\Delta y}{\Delta x}\fallingdotseq f(x)$ とみれば，次の近似式が得られる*。

$$\Delta y \fallingdotseq f(x)\,\Delta x$$

この近似式で $\Delta x \to 0$ としてしまうと，Δy も 0 に近づき，$0=0$ となって無意味になってしまうことに注意しよう。しかし x が a から b まで変化するときの $y=F(x)$ の変化を，微小な変化量 Δy に区切って和をとれば，

$$F(b)-F(a)=\Delta y \text{の総和} \fallingdotseq f(x)\,\Delta x \text{の総和}$$

となり，a と b の間の点の個数を無限に増やしていった極限を考えることで，

$$F(b)-F(a)=\int_a^b f(x)\,dx$$

が導かれているのである。「$\fallingdotseq$」が最終的に等号「$=$」になることについては，連続関数や極限の性質を用いた厳密な論証が必要なのだが，大学の理学部数学科レベルの説明になるので省略する。興味のある人は，高木（1983）や杉浦（1980）を参照されたい。

＊置換積分などで $\frac{dx}{dt}=f(t)$ を便宜的に $dx=f(t)\,dt$ というように表記することが

あるが，その記法もまたここでの $\Delta y \fallingdotseq f(x)\Delta x$ を介した議論と同様に正当化できる。高校段階では，そうした記法はあくまで便宜的なものだが，大学以後の数学では「微分形式」として dx や $f(t)dt$ そのものに意味を与えることがある。

　本項ではニュートンとライプニッツによる2つの微積分学の基本定理の説明を紹介した*。現代においては，ニュートン流の説明は高等学校レベル，ライプニッツ流の説明（ここで紹介したものよりもさらに厳密な証明としてだが）は大学レベルの数学の授業で扱われる。ニュートンの説明が高等学校の教科書に掲載されているのは，面積を直観的に認めてしまえばあとの議論は理解しやすく高校生にも理解可能な説明になっているからであろう。一方，大学レベルではライプニッツに源流をもつ説明が主流であるが，これは広さという直観に頼ることなく，面積の数学的定義に基づいた厳密な論証が遂行できるからである。

　　＊ニュートンやライプニッツについて本項や前項で紹介した内容はハーン（2001）に基づいている。微積分の成立について数学史的なことに興味のある読者には，ハーン（2001）を読むことをお薦めしたい。

4．面積としての積分から始める授業展開

　ここまでで述べてきたように，積分とは本来，面積の計算という応用と結びついていた。後にその計算が微積分学の基本定理によって，逆微分を用いてできるようになった，というのが歴史的な順序である。またそれゆえに，逆微分が積分計算のためのツールとしていかに素晴らしいものであるかという話にもつながる。何でも歴史的順序に沿って教えなければならないということはもちろんないが，積分の学習に関していえば，定積分とは面積であるというところから出発して，逆微分で計算できることを学ぶ方が，積分および積分計算の重要性を理解する上で自然であろう。

　しかし，定積分が面積であるというところから始めるとすると，定積分が原始関数を使って計算できることは授業の中でどのように導入したらよいのだろうか。前項で述べたようなニュートンやライプニッツによる証明を紹介して，一般に微積分学の基本定理が成り立つことを説明するのだろうか。確かに数学

の授業は，一般に成り立つ事実や定理を紹介（ときには証明）して，それから具体例を見せたり計算練習をしたりという流れで展開されることが多いが，初学者にとって既知ではなく未知から始まることは認知的苦痛であり，学習する内容の存在理由が希薄になる原因といえよう。一般の関数を使って議論するやり方は初学者にとっては抽象的すぎて実感が湧きにくい。初学者にとって大事なのは，一般的な証明を理解することよりも，x軸と$y=f(x)$のグラフに挟まれた部分の面積と原始関数との関係を，具体例を使って納得することではないだろうか。そこで，次のような具体例を用いることを提案してみたい。

図7-10，7-11のように，$y=f(x)$のグラフとx軸で挟まれた領域のうち$0\leqq x\leqq t$の部分の面積を$S(t)$とすると，それぞれの$S(t)$は表7-1のようになることが図から簡単に計算できる。ここで，$S(t)$と$f(t)$の式の形を見比べることで，$S'(t)=f(t)$になっていることに気づかせることができる。さらに，一般の$0<a<b$に対して$a\leqq x\leqq b$の部分の面積を$S(t)$で表すことを考えさせ，$a\leqq x\leqq b$の部分が$0\leqq x\leqq b$の部分から$0\leqq x\leqq a$の部分を引いたものであることに気づかせることで，

$$\int_a^b f(x)\,dx = S(b) - S(a)$$

を図形の面積の差を求めている計算として理解させることができる。

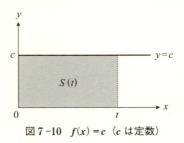

図7-10　$f(x)=c$（cは定数）　　　図7-11　$f(x)=x$

表7-1　$f(t)$と$S(t)$

	$f(t)$	$S(t)$
図7-10	$f(t)=c$	$S(t)=ct$
図7-11	$f(t)=t$	$S(t)=\dfrac{1}{2}t^2$

これらの関数は単純だが，積分を学ぶ上で実はとても重宝する関数である。なぜなら，これらの関数はグラフと x 軸に挟まれた部分の面積が直接計算できるので，そのことを使って面積と原始関数との関係を実際に見せることができるからである。これらの例で考えさせたあとに，数学Ⅱの教科書にあるような一般的な関数に対する説明として，実はどんな関数 $y=f(x)$ に対しても逆微分した関数（原始関数）を用いてグラフと x 軸に挟まれた領域のうちの $a \leqq x \leqq b$ の範囲の面積が求められることがいえるのだ，ということを持ち出すほうがよいというのが筆者の考えである。なぜなら，具体的な事例に触れた後では，積分の計算において逆微分を考えることの意味を，見通しをもって考えることができ，一般の関数の定積分が逆微分によって計算できることの良さが伝わりやすいと考えられるからである。

5．現実世界での積分の活用を授業に取り入れる場合の留意点

この節では高校数学の通例に倣うことなく数学史に基づいて，積分指導の背景を求積に求め，生徒にとって既知の「広さ」から，積分を取り上げた。しかし現実世界には，面積以外にも，現実の量が別の現実の量の変化を表す関数の定積分として表される事例がたくさんある。数学の生活・社会への活用を知ってもらうためにこれらの例を授業に取り入れたいと考える人も多いだろう。しかし，現実世界において積分で表される量を教材として用いるときは注意が必要である。なぜなら，現実世界に積分で計算される大事な量があったとしても，その量の意味を積分と結びつけるのは実はそう簡単なことではないからだ。

例えば速度と距離の話を考えてみよう。横軸に時間，縦軸に速度を表したグラフがあるとする。このとき，グラフと横軸に挟まれた部分の面積が進んだ距離を表すというのはよく知られた事実だが，このことは全く自明ではない。実際，速度のグラフから距離を考えるとき，距離と面積との繋がりが直観的に理解できるのは，一定の速度で走っている間だけである。したがって，連続的に速度が変化している場合も，ごく短い時間一定の速度で走っては速度を変えるというイメージで捉えることでしか，グラフと横軸とで挟まれた部分の面積と走った距離とが直観的に結びつかない。一定の速度で一定時間走るときに進む

距離は「速度×時間」で求められるので，速度のグラフの中では，そのときの速度を高さ，走った時間を幅とする長方形の面積を求めることにあたる。すると，これはまさにライプニッツが関数のグラフと横軸との間の面積をたくさんの長方形の面積の和で捉えた話と同じになる。このように，身近な速度と距離の話でも，速度の関数の積分が距離になることは直観的に自明なことではなく，それを理解するには本質的に「区分求積」の考え方が必要となる。

このことは，速度と距離の関係だけでなく，一般に積分で求められる量についてはどれでも当てはまる。現実世界において積分で表される量を教材として用いる際には，なぜその量が積分で求められるのかをきちんと説明しないと，現実の問題と積分との関係が理解できないまま，ただ天下り的に問題の文脈と計算手順との対応を覚えるだけの学習になってしまう。現実での積分の活用事例を用いる際には，現実の量と積分との結びつきは直観的に自明ではないこと，そしてその結びつきを説明するには本質的に「区分求積」の考え方を用いた説明が必要となること，この二つを心に留めておいてほしい。

第4節　離散と連続の対応

最後に，これまで微積分について述べてきたことは，数列の学習内容とも関連することを述べたい。急に数列が出てきて戸惑ったかもしれないが，実は，数列は関数の一種とみなせる。高等学校の範囲を超えるが，関数は一般的に，ある集合から別の集合への要素の対応として定義される。数列 $\{a_n\}$ は，1に対して実数 a_1，2に対して実数 a_2，...と対応させているとみることができるので，この意味において数列は自然数の集合（あるいはその部分集合）から実数の集合への関数としてみることができるのである。

高等学校で学ぶ関数は，x が連続的に変化するときに y がどう変化するかを表しているが，数列は変数を自然数のときに限定していることから「とびとびの」値で見たときの変化を表しているといえる。現実の現象を数学化するとき，同じ現象を関数でモデル化したり，数列でモデル化したりすることがあるが，

このようなモデル化の違いは，変化や関係を連続的に捉えるか離散的に捉えるかという視点の違いによってもたらされる。簡単な例でいうと，変化を離散的にみたとき等差数列 $a_n = 2n+3$ として捉えられるものは，それを連続的な変化とみたときには一次関数 $y = 2x+3$ として捉えられる。また離散的にみたとき等比数列 $a_n = 2^n$ として捉えられるものを連続的にみると指数関数 $y = 2^x$ として捉えられる。こういった連続的対象と離散的対象の対応は，学校数学の現場ではしばしば見逃されがちである。

数列と関数の対応はこれだけではない。本章で述べてきた微分や積分は，微分が「その瞬間の変化」，積分が「変化の累積」という意味をもっているが，数列の場合，階差をとる操作（「差分」と呼ばれる）と Σ 記号により和をとる操作（「和分」と呼ばれる）がこれらに対応する。そのため階差数列は導関数に対応し，第 n 項までの和 $S_n = \sum_{k=1}^{n} a_k$ で与えられる数列 $\{S_n\}$ は不定積分，そして具体的な自然数 c, d に対する和 $\sum_{k=c}^{d} a_k$ は定積分に対応する。さらに，「差分」と「和分」は，微積分学の基本定理における微分と積分の関係と同じ関係ももっている。微積分学の基本定理は，積分が微分の逆演算であることを述べているが，この関係を簡単にいうと，関数を積分して微分すると元の関数に戻るということである。数列 $\{a_n\}$ の場合に，和分を行ったのちに差分をとるとどうなるか見てみると，和分 $S_n = \sum_{k=1}^{n} a_k$ によって得られる数列 $\{S_n\}$ の差分をとると，$S_n - S_{n-1} = a_n$ となって，たしかに元の数列 $\{a_n\}$ に戻ってくる。

そのほか $a_n = pn+q$ といった n に関する一次式で表される数列の和 $S_n = \sum_{k=1}^{n} a_k$ は n に関する二次式で表される，また，等比数列の階差数列がまた等比数列となるといった事実は，一次関数の積分が二次関数になる，指数関数の微分がまた指数関数となるといった事実に対応している。こうした対応は数学に関する探究的な活動の教材となりうるものだろう*。

　*例えば $\sum_{n=1}^{\infty} \frac{1}{n^s}$ ($s>0$) が発散しないのは s がどの範囲あるときか，といった問題はここで述べた離散と連続との対応で類比を考えると興味深い。

また，かつては高等学校の指導内容として微分方程式が含まれていた時代もあった。微分方程式は現実の事象を数理モデル化して分析する方法として極めて有用かつ強力であるが，現在は高等学校で扱われていない。しかし実は，微分方程式に対応する離散概念が数列の漸化式であり，これは今後も高等学校で扱われていくことだろう。となれば，漸化式を用いて現実の事象を数理モデル化することも可能であり，これも数学的活動の教材になりうる。

　このように，一見すると数列と関数は別の領域の学習内容で関連などないように見えるかもしれないが，数学の様々な概念は互いに密接に関連しあっている。そうした視点からの教材研究は，数学の活用の視点だけでなく，数学そのものの美しさ・面白さに触れることのできる教材を提供し得るものである。

章末問題

1. 本文では関数の極限値の代表的な形として，$\frac{0}{0}$ 型，$\frac{\infty}{\infty}$ 型，$\infty-\infty$ 型といったものを示したが，高校数学で学習する関数のうち，x がある値（あるいは $+\infty$）に近づくとき，0 に収束，あるいは $+\infty$ に発散する関数はいろいろ考えられる。それぞれの関数を $\frac{0}{0}$ 型や $\frac{\infty}{\infty}$ 型，$\infty-\infty$ 型に組み合わせて極限を考えたとき，それぞれの極限値がどうなるか，またその極限値は高校数学のどの学習段階で考察が可能となるか，教材研究として考察せよ。
2. 純粋に数学的な関数の微分の計算法に習熟する以前に，微分とは何を求めているのかといった概念理解を，物理現象と関連付けて深めるための教材を開発せよ。
3. 現実の量の中には速度と距離以外にも，一方が他方の微分，もう一方が他方の積分という関係にあるような 2 量がある（例えば，溜まった雨水の水深で表す降水量について，1 時間あたりの降水量（mm/h）と一定時間の間の累積降水量（mm）の関係，など）。互いが微分・積分の関係にある現実の 2 量と関連づけて微積分学の基本定理の理解を深めるための教材を開発せよ。
4. 関数と数列の間にある対応について本文中でいくつか事例を挙げて述べたが，関数と数列の間の対応する対象，対応する性質や定理として他にどのようなものがあるか，教材研究として考察せよ。

引用・参考文献

杉浦光夫（1980）『解析入門Ⅰ』東京大学出版会.
高木貞治（1983）『解析概論　改訂第3版』岩波書店.
ニキフォロフスキー，V. A., 馬場良和訳（1993）『積分の歴史』現代数学社.
ハーン，A. J., 市村宗武監訳（2001）『解析入門　Part 1　アルキメデスからニュートンへ』シュプリンガー・フェアラーク東京.
モリス，R., 荒井喬訳（1987）『時間の矢』地人書館.

（濱中裕明・川添　充）

第8章

確率・統計分野に関する内容構成〔中・高〕

　総務省発行の『平成 29 年版 情報通信白書』において，2017 年は「ビッグデータ利活用元年」となる可能性が指摘されており，ビッグデータをはじめとする様々な各種データの取り扱いが社会全体で求められている。学校教育において，子どもたちが各種データを利活用するために，数学科が担う役割は非常に大きい。次期学習指導要領では，統計的な内容の改善・充実を図っており，中等教育段階数学科における確率・統計の指導において，育成すべき資質・能力を見据えていくことが必要である。そこで，本章では，次の4つの課題を取り上げて考察する。

---

1. 中学校・高等学校数学科における確率・統計分野の目標や内容の変遷はどのように記述されるか。
2. 確率概念の定義，確率の基本的な性質にはどのようなものがあるか。
3. 中学校数学科における統計指導の内容は何を重視して指導するべきか。
4. 高等学校数学科において，確率教育と統計教育はどのような内容を通して関連づけられるか。また，コンピュータを用いた統計指導は，どのような方法で行うことができるか。

本章の内容
　第 1 節　確率・統計分野の教育課程
　第 2 節　確　率
　第 3 節　中学校における統計
　第 4 節　高等学校における統計

第1節　確率・統計分野の教育課程

　2017（平成29）年改訂の中学校学習指導要領では，「データの活用」領域において，統計的なデータと確率の学習を通じて，統計的に問題解決（「問題―計画―データ―分析―結論」の5つの段階からなる統計的探究プロセス）する力を次第に高めていくことができるよう構成している。2018（平成30）年改訂の高等学校学習指導要領では，各学科に共通する必履修科目「数学Ⅰ」の他，「数学A」「数学B」「数学C」において，系統的な確率・統計的な内容の整備が進んでいる。本節では，学習指導要領の変遷に合わせて，確率・統計の内容の取扱いを概観する。

1．中学校における確率・統計の取り扱い

　1947（昭和22）年の学習指導要領（試案）では，統計に関する能力として全26項目を挙げ，地理，災害，衛生，政治・経済，交通その他，経済に関する統計について理解を深めることの他，頻度，分布，平均，延べについての意味を理解し，その使用の習熟を目指して，能力表としてまとめている。1946（昭和23）年には，1974（昭和24）年度から使用する学習指導要領改訂に先立ち，教材の学年配当とともに，新しい用語について解説している。統計に関わる用語では，正方形グラフと帯グラフが新たに登場する。また，指導内容について，「生活経験」「技能」「用語」の項目毎にまとめている（表8-1参照）。
　1951（昭和26）年改訂の学習指導要領（試案）では，既習の表やグラフを数量の間の関係として考察し，函数概念の発達とともに，函数のグラフへと発展する算数・数学科の発展的系統について触れている。生徒の生活経験を重視した指導内容一覧では，数学科指導内容一覧表（表8-1参照）の「技能」欄が「理解および能力」と変更されている。一方で，「数学的な内容についての理解の発達のしかたは，明確に示されないうらみがある」（文部省1951：59）とさ

第 8 章　確率・統計分野に関する内容構成〔中・高〕

表 8-1　第 7 学年の数学科指導内容一覧表（一部）（文部省 1948：22）

生 活 経 験	技 能	用 語
6．新聞，雑誌，その他の出版物に見いだされる棒グラフ，折れ線グラフ，円グラフなどを読む。また，得られた資料をわかりやすくするためにグラフで表わす。 （例）食糧問題や住宅問題を研究するために，人口，産物，住宅などに関するグラフを読んだり，また，資料をグラフで表わしたりする。	○棒グラフ，折れ線グラフ，帯グラフ，正方形グラフ，円グラフを読んだり，作ったりする。 ○グラフに表わすのに資料を適当に整理する。 ○いろいろなグラフの特徴を知って，グラフの適切なものを選澤する。	○円グラフ ○正方形グラフ ○帯グラフ

れ，数学的な内容の理解の系統的な発展について，数学的な内容の概念的な区別をして，長所や理解といった項目で説明している。

　1958（昭和33）年改訂の学習指導要領では，第3学年の「数量関係」の領域において統計の内容を扱う。そこでの統計指導は「統計的事象について，度数分布を考えてその傾向をとらえる能力を伸ばす」こととされており，内容は，「度数分布の意味とヒストグラム」「代表値の意味」「簡単な場合の相関表や相関図の見方」を扱う。

　1969（昭和44）年改訂の学習指導要領では，各学年の「確率・統計」の領域において内容が整備されている。第1学年の統計指導は「統計的な事象について，度数分布，代表値などを用いて，その傾向をとらえる能力を伸ばす」こととされている。第2学年の確率指導は「確率の意味を理解させるとともに，確率の考えを用いて，統計に対する見方や考え方を深める」こととされている。第3学年の統計指導は「統計的な事象について，その全体としての傾向をとらえる方法についての理解を深め，統計に対する見方や考え方を深める」こととされている。

　1977（昭和52）年改訂の学習指導要領では，第2学年及び第3学年の「確率・統計」の領域に集約されている。「順列と組合せの考え方」や「期待値の意味」は削除され，「散布度」や「相関の見方」は，その程度や取り扱いを平易にし，「標準偏差」は扱わない。また，「標準調査」は，統計的な見方を育成

211

することをねらいとしている。第2学年の統計指導は,「目的に応じて資料を収集し,それを表,グラフなどを用いて整理し,代表値,資料の散らばりなどに着目してその資料の傾向を知ることができるようにする」こととされている。第3学年の確率指導は,「確率の意味や標本調査の考えの基本になる事柄を理解させるとともに,統計に対する見方や考え方を深める」とされていて,内容の取扱いについては「多数の観察や多数回の試行によって得られる頻度（ひんど）に着目し,確率について理解させる」ことと,「標本のもつ傾向から母集団のもつ傾向について判断できることを理解させる」とされている。

1989（平成元）年改訂の学習指導要領では,「確率・統計」の領域は設けられず,第2学年と第3学年の「数量関係」の領域に入れられている。第2学年における統計指導は,「目的に応じて資料を収集し,それを表,グラフなどを用いて整理し,代表値,資料の散らばりなどに着目してその資料の傾向を知ることができるようにする」ことであり,第3学年の確率指導は,「多数の観察や多数回の試行によって得られる頻度に着目し,確率について理解する」ことと「標本のもつ傾向から母集団のもつ傾向について判断できることを理解する」こととされている。

1998（平成10）年改訂の学習指導要領では,第2学年の「数量関係」の領域において確率が位置付いている。その指導は,「具体的な事象についての観察や実験を通して,確率について理解」し,そのためには「起こり得る場合を順序よく整理することができること」と「不確定な事象が起こり得る程度を表す確率の意味を理解し,簡単な場合について確率を求めることができる」とされている。なお,従前の統計の内容「資料の散らばりと代表値」は,高等学校「数学基礎」「数学B」へと移行されている。

2008（平成20）年改訂の学習指導要領では,不確定な事象を取り上げる「資料の活用」の領域を新設して,その中で確率・統計を指導している。ここで,資料とは,様々な事象から見いだされる確率や統計に関するデータのことである。第1学年の統計指導は「目的に応じて資料を収集し,コンピュータを用いたりするなどして表やグラフに整理し,代表値や資料の散らばりに着目してその資料の傾向を読み取ることができるようにする」とされている。第2学年の確率指導は「不確実な事象についての観察や実験などの活動を通して,確率に

ついて理解し，それを用いて考察し表現することができるようにする」とされている。第3学年の統計指導は「コンピュータを用いたりするなどして，母集団から標本を取り出し，標本の傾向を調べることで，母集団の傾向が読み取れることを理解できるようにする」とされている。

　2017（平成29）年改訂の学習指導要領では，従前の「資料の活用」の領域の名称が「データの活用」と改められ，その中で確率・統計を指導する。領域の名称変更の理由は，生活の中で活用することや統計学とのつながりを重視し，平成21年3月改訂の高等学校学習指導要領の科目「数学Ⅰ」において，一般的に用いられる「データ」を用いていたことや，小・中・高等学校の学習のつながりを考慮したためである。ここで，データとは，様々な事象について考察したり，判断したりする際に用いられる事項や材料を表している。そして，確率・統計の指導は，必要な基本的な方法を理解し，それを用いてデータの傾向を捉え考察し表現できるようにすることをねらいとして，統計的に問題解決する力を養うことにつながるとされている。統計の学習内容について，第1学年ではヒストグラムや相対度数を扱い，第2学年では新設の内容である四分位範囲や箱ひげ図を扱う。また，各学年において学んだ統計的な表現を関連付けながら統計的に問題解決するとされている。確率の学習内容について，第1学年では多数の観察や多数回の試行によって得られる確率を扱い，第2学年では場合の数を基にして得られる確率を扱い，そして，第3学年では標本調査のアイデアを導入し，統計的なデータと確率的なばらつきを統合した形で確率の理解を深めていく。

2．高等学校における確率・統計の取り扱い

　1951（昭和26）年改訂の学習指導要領（試案）の科目編成は「一般数学」「解析(1)」「幾何」「解析(2)」の4科目である。「幾何」を除く3科目で，確率・統計が指導されている。科目「一般数学」の指導内容として，中学校の場合と同様に，指導内容一覧を示している。科目「解析(1)」の指導内容は，「函数の概念を用いること」であり，グラフで函数関係を表すことの有用性について述べている。科目「解析(2)」の指導内容は，「確率を理解し用いること」「資料を

整理し，解釈すること」と，「函数の概念を拡張し，完成すること」であり，研究の有力な方法として函数の概念を適用する。

　1956（昭和31）年改訂の学習指導要領の科目編成は「数学Ⅰ」「数学Ⅱ」「数学Ⅲ」「応用数学」の4科目である。「数学Ⅱ」を除く科目で，確率・統計が指導されている。科目「数学Ⅰ」では，代数的内容と幾何的内容を系統的に示すとともに，一般化すべき数学的な考え方として中心概念を示している。代数的内容の「統計」のねらいは，「自然現象や社会現象における統計的な現象の数学的な表現の方法として記述統計の基本的な事項を扱い，その役割を明らかにする」ことである。科目「数学Ⅲ」では，代数的内容と幾何的内容は数学的内容としてまとめ，「順列と組合せ」「確率と統計」を扱う。ここで，「確率と統計」のねらいは，科目「数学Ⅰ」で扱った記述統計的な立場に対して，学習した確率の概念や確率の考えを加味し，統計に対する見方を深めることであり，中心概念として，「統計的な事象を量的にとらえること」を挙げている。

　1959（昭和34）年改訂の学習指導要領における科目編成は「数学Ⅰ」「数学ⅡA」「数学ⅡB」「数学Ⅲ」「応用数学」の5科目である。確率・統計の内容は「数学ⅡA」「数学Ⅲ」「応用数学」で扱う。科目「数学ⅡA」の「確率と計算」では，実社会との関連において記述統計の応用を図ることと，科学研究方法の1つとなっている推測統計を区別している。科目「数学Ⅲ」の「確率と統計」では，「確率の意味」「確率の計算（加法定理，乗法定理）」「分布㈮平均とちらばり（ちらばりについては，主として標準偏差を扱う。）㈵二項分布，正規分布」「標本調査（乱数表にふれる。）」を扱う。科目「応用数学」の「確率と統計」では，「順列，組合せ，二項定理」「確率，確率の計算，期待値」「記述統計（偏差，相関）」「二項分布」「標本調査（抽出，推定，検定）」を扱う。このうち，「記述統計」は，中学校の学習をもとにして，標準偏差の概念に発展させて，平均値，標準偏差の簡便計算の他，必要があれば，相関係数，回帰直線にふれる。また，標本調査における抽出，推定，検定は，実際例や実際問題に適用について学習し，品質管理，抜取り調査や市場調査の概要を知らせる。

　1970（昭和45）年改訂の学習指導要領の科目編成は「数学一般」「数学Ⅰ」「数学ⅡA」「数学ⅡB」「数学Ⅲ」「応用数学」の6科目である。「数学ⅡB」を除く科目で確率・統計の内容を扱う。科目「数学一般」の内容として「不確

実な事象のとらえ方」がある。これは、確率・統計の知識の天降り的に与えるのではなく、無理のない範囲で目標に即して「簡単な事象の確率」「簡単な標本の調査」を扱う。科目「数学Ⅰ」の「確率」の内容では、中学校での内容を数学的にまとめることをねらいとして、「確率の意味とその基本的な法則」「条件つき確率、事象の独立」を扱う。科目「数学ⅡA」では「統計的な推測の考え方を理解させるところに」意義があり、科目「数学Ⅲ」では確率分布の学習をもとにして「推定や検定など、統計的な推測における基本的な考え方について理解させること」をねらいとしている。科目「応用数学」の中で共通に扱う内容の1つとして「確率分布」があり「母集団と標本」「確率分布」「統計的な推測の考え方」を扱う。また、選択内容の1つとして「確率と統計の応用」があり、「統計的な推測」「品質管理、抜取り調査」などを扱う。

　1978（昭和53）年改訂の学習指導要領の科目編成は「数学Ⅰ」「数学Ⅱ」「代数・幾何」「基礎解析」「微分・積分」「確率・統計」の6科目である。「数学Ⅱ」「確率・統計」で確率・統計の内容を扱う。科目「数学Ⅱ」の「確率と計算」において、基礎的・基本的な内容として、「順列・組合せ」「確率」「統計」を扱う。科目「確率・統計」では、「資料の整理」「場合の数」「確率」「確率分布」「統計的な推測」を扱う。「統計的な推測」は、「母集団と標本」「統計的な推測の考え」から構成されており、統計的な推測の考えは、統計的な推測とは異なる点を指摘している。

　1989（平成元）年改訂の学習指導要領の科目編成は「数学Ⅰ」「数学Ⅱ」「数学Ⅲ」「数学A」「数学B」「数学C」の6科目である。すべての生徒が履修する科目「数学Ⅰ」と、「数学B」「数学C」で、統計・確率の内容を扱う。科目「数学Ⅰ」では「個数の処理」「確率」を扱う。科目「数学B」では「確率分布」を取り扱う。科目「数学C」では「統計処理」を扱う。

　1999（平成11）年の学習指導要領の科目編成は「数学基礎」「数学Ⅰ」「数学Ⅱ」「数学Ⅲ」「数学A」「数学B」「数学C」の7科目で、すべての生徒が履修する科目は、「数学基礎」と「数学Ⅰ」のうち1科目である。新設科目「数学基礎」と、「数学A」「数学B」「数学C」で確率・統計の内容を扱う。科目「数学基礎」では、「身近な統計」において「資料の整理」「資料の傾向の把握」を扱う。「数学Ⅰ」のみ履修の場合、確率・統計を学習せずに終えてしまう。

そこで，科目「数学A」では，「場合の数と確率」において，「順列・組合せ」「確率とその基本的な法則」「独立な試行と確率」を扱う。科目「数学B」では，「統計とコンピュータ」において，「身近な資料を表計算用のソフトウェアなどを利用して整理・分析し，資料の傾向を的確にとらえることができるようにする」ことがねらいである。科目「数学C」では，「確率分布」「統計処理」を扱う。

　2009（平成21）年改訂の学習指導要領の科目編成は「数学Ⅰ」「数学Ⅱ」「数学Ⅲ」「数学A」「数学B」「数学活用」の6科目である。科目「数学Ⅰ」は共通必履修科目であり，中学校数学科の「資料の活用」領域に対応した，「データの分析」を内容として位置付けている。ここで，生活の中で活用することや統計学とのつながりを一層重視し，一般的に用いられるデータを用いている。必履修科目「数学Ⅰ」では「データの散らばり」「データの相関」を扱う。「データの散らばり」では，四分位数に関連して箱ひげ図を扱う。選択科目「数学A」の内容「場合の数と確率」では，従前の科目「数学C」で扱っていた条件付き確率を扱う。科目「数学B」の内容「確率分布と統計的な推測」では，従前の科目「数学C」の「確率分布」と「統計処理」を統合するとともに，期待値を「確率分布」の「確率変数と確率分布」に統合している。科目「数学活用」では，従前の科目「数学基礎」の「身近な統計」について「社会生活における数理的な考察」の「データの分析」に統合している。

　2018（平成30）年改訂の学習指導要領の科目編成は「数学Ⅰ」「数学Ⅱ」「数学Ⅲ」「数学A」「数学B」「数学C」の6科目である。科目「数学Ⅰ」は各学科に共通する必履修科目であり，小学校算数科及び中学校数学科の「データの活用」領域に対応した「データの分析」を内容として位置付けている。そこでは，従前の科目「数学A」を踏襲した上で，「外れ値」を扱い，データの傾向を把握して事象の特徴を考察するとされている。科目「数学A」の内容「場合の数と確率」では，確率の性質などに基づいて事象の起こりやすさを判断したり，期待値を意思決定に活用したりすることとされている。科目「数学B」の内容「統計的な推測」では，目的に応じて標本調査を設計し，収集したデータを基にコンピュータなどを用いて処理するなどして，母集団の特徴や傾向を推測し判断するとともに，標本調査の方法や結果を批判的に考察することとされ

ている。また，内容「数学と社会生活」では，散布図に表したデータを関数とみなして処理することも扱う。科目「数学C」の内容「数学的な表現の工夫」では，これまでに学習した統計グラフの他，図，表，離散グラフなどで日常の事象や社会の事象などを数学的に表現し，考察する力を身に付けることとされている。

第2節 確　　率

複雑化する現代社会において，決定論的な姿勢に傾くことは適切とはいえない。むしろあらゆるものに内在する不確実性を理解し，それに備えることは，「すべての意思決定者がわきまえておかなければならない意思決定の本質そのもの」（田淵，2016，p.246）である。

1．確率の定義

確率の学習が生徒にとって容易でもなく成功的でもない（国立教育政策研究所，2016）理由の1つに，確率に対する多様な解釈が存在する。ギリース（Gillies, D.）は，『確率の哲学理論』の中で，確率についてのいくつかの解釈を記述している（ギリース，2014）。ギリースの主張に従えば，確率指導の目標の1つは，状況に応じて確率を柔軟に解釈できるようにさせることにある。

一方，確率の定義も複数ある。以下では，確率の定義を概観する。

数学的確率　有限の標本空間について，各根元事象の起こりやすさが同程度，すなわち各根元事象は同様に確からしいと仮定できるとき，標本空間と事象Aを構成する標本点の個数をそれぞれn，aとして，事象Aの確率$P(A)$を$P(A) = \dfrac{a}{n}$と定める。数学的確率の長所は，各根元事象が同様に確からしいことを仮定すれば，事象の確率を求めることは組合せ計算に帰着できる点である。学校数学では，この仮定における事象を主に扱うため，仮定が暗黙的になって

いる点に注意が必要である。

　数学的確率の短所には，根元事象が有限の場合だけである点，同様に確からしいと仮定できない事象には適用できない点，その仮定が等確率を前提としており同語反復である点がある（青柳，1991）。ラプラス（Laplace, P.-S.）による「理由不十分の原理」やケインズ（Keynes, J. M.）による「無差別の原理」に依拠したとしても，ベルトラン（Bertrand, J.）の問題のように，同じ事象でも異なる確率が得られてしまうというパラドックスが生じることが指摘されている。

統計的確率　数学的確率の短所を克服するために，フォン・ミーゼス（von Mises, R.）は，ある事象の確率をコレクティフ＊における事象の相対度数の極限値として定義した。

> ＊コレクティフとは各項が0か1で与えられる無限系列であり，第 n 項までの事象 A の回数 r の相対度数の極限が $\lim_{n \to \infty} \frac{r}{n} = P(A)$ となること，この系列から任意に構成された部分系列でも $\lim_{n \to \infty} \frac{r}{n} = P(A)$ となること，という2つの条件を満たす。簡単にいえば，試行を n 回繰り返して事象 A が r 回起こったとすると，事象 A の確率はその相対度数の極限値である。

　確率を頻度で定義するため，統計的確率の長所は，同様に確からしいという仮定が不要である点にある。数学的確率よりも適用可能な事象が広い。統計的確率の短所は，相対度数の極限値が存在する事象にしか適用できず，また無限回の試行が現実には不可能である点や，コレクティフにおけるどの部分系列の相対度数の極限値も同じ値となることはあり得ない点である（青柳，1991）。

　ところで，わが国の確率指導の展開では，統計的確率によって確率を導入した後で，同様に確からしいと仮定できる場合にはそれが数学的確率と一致することを指導し，それ以降は主として数学的確率を扱う。この順序は確率の系統発生と同じではなく，確率を適用できる事象を同様に確からしい場合のみへと限定させている。これは操作や実験を通した確率の活動的構成の重視などと説明できるが，指導においては統計的確率を数学的確率へと接続することで生じ得る種々のミスコンセプションに配慮する必要がある（大滝，2011）。

　統計的確率と数学的確率の一致を保証しているのは大数の法則である。大数の（弱）法則は次の通りである。期待値 μ，分散 σ^2 の同一確率分布に互いに

独立に従う確率変数 X_1, X_2, …, X_n の標本平均 $\overline{X}$ は，任意の正数 ε に対して，$\lim_{n\to\infty}(|\overline{X}-\mu|<\varepsilon) \to 1$ が成り立つ。すなわち，n 回の試行で得られた事象 A の相対度数 $\frac{r}{n}$ と真の値 p との距離が ε 以内に収まる確率は，n を大きくとることで1に近づけることができる。この法則はチェビシェフの不等式から導くことができる。

公理的確率 コルモゴロフ（Kolmogorov, A.）によって測度論に基づいて定義された確率を公理的確率という。まず標本空間 Ω と次の3つの条件を満たすその部分集合族 B を考える。

1. $\Omega \in B$
2. $E \in B$ ならば $E^c \in B$
3. E_1, E_2, E_3, …で，$E_n \in B$ であれば，$\bigcup_{n=1}^{\infty} E_n \in B$

このとき，B の各要素（事象 E_i）に対して，次の3つの公理をみたすように B 上で定義される関数 P が確率（確率測度）である。

公理1. $\forall E \in B$ に対して $P(E) \geq 0$
公理2. $P(\Omega) = 1$
公理3. E_1, E_2, …, E_n, … $\in B$ で，$E_n \cap E_m = \phi$ $(n \neq m)$ （どの2つの事象も互いに排反）のとき，$P(\bigcup_{n=1}^{\infty} E_n) = \sum_{n=1}^{\infty} P(E_n)$

公理的確率は数学的確率や統計的確率の短所を克服している。しかし，公理を満たすものはすべて確率とみなすため，確率とは何かに言及していない。また，ある事象に確率を公理的に与えても，それを実際に観察した事象の確率として使用できるかどうかには疑問が残る（青柳，1991）。

主観確率 数学的確率のように我々の主観とは独立に確率を定義するのではなく，「特定の個人がもつ信念の度合い」（ギリース，2004, p.92）として定義するのが主観確率である。認識論的確率ともいう。主観的判断で確率を定めるから，その適用範囲に制約はなく，確率公理を満たすように設定することもできる。生徒のもつ素朴な確率概念は主観的なものとして解釈できるから，それを客観確率へと接続するアプローチの開発は重要といえる（松浦，2015）。また，後述するベイズの定理を利用するベイズ統計学は多方面で応用されており，その中で主観確率は重要な位置を占めている。

2．確率の基本的な性質

確率の基本的な性質には以下のものがある。これらは確率の公理から導かれる事柄であるが，学校数学ではしばしば具体的な例や実験を通して発見される。

<u>余事象 A^c の確率</u>：$P(A^c) = 1 - P(A)$

<u>空事象 ϕ の確率</u>：$P(\phi) = 0$

<u>確率のとり得る値</u>：$0 \leq P(A) \leq 1$

<u>確率の加法定理</u>：$P(A \cup B) = P(A) + P(B) - P(A \cap B)$，特に $A \cap B = \phi$ ならば $(A \cup B) = P(A) + P(B)$

<u>確率の乗法定理</u>：$P(A \cap B) = P(A) P(B|A)$。事象 A が起こったという条件の下で事象 B が起こる条件付き確率は $P(B|A) = \dfrac{P(A \cap B)}{P(A)}$ $(P(A) > 0)$ で定義される。確率の乗法定理は，この式の両辺に $P(A)$ をかけることで導かれる。標本空間が Ω から A に限定される点に注意する必要がある。また特に，$P(B|A) = P(B|A^c) = P(B)$ であるとき，B は A に独立であるといい，このとき $P(A \cap B) = P(A) P(B)$ である。

<u>ベイズの定理</u>：$P(B|A) = \dfrac{P(B) P(A|B)}{P(A)}$。これは条件付き確率の定義式から明白である。事象 A という結果が得られたとすると，事前確率 $P(B)$ は，それが与えられた上での事象 A の尤度 $P(A|B)$ との関係から，事後確率 $P(B|A)$ へと更新される。この式を一般化すると次のようになる。互いに排反な事象 $(B_i \cap B_j = \phi, i \neq j)$ で $\cup_{i=1}^{n} B_i = \Omega$ $(1 \leq i \leq n)$ を満たすものとして，事象 A という結果が起こったという条件の下でそれが n 個の原因のうち B_i によるものである確率 $P(B_i|A)$ は，$P(A) = P(A \cap B_1) + P(A \cap B_2) + \cdots + P(A \cap B_k)$ であることに留意すれば，$P(B_i|A) = \dfrac{P(B_i) P(A|B_i)}{\sum_{k=1}^{n} P(A|B_k)(B_k)}$ である。

3．確率分布

　確率変数 X とは，標本空間 Ω の上で定義された実数への関数であり，各標本点 $\omega_1, \omega_2, ...$ に実現値 $X(\omega_1), X(\omega_2), ...$ を対応させる。例えば，コイン投げの試行で，{表} に 1 を {裏} に 0 を対応させる X は確率変数である。確率変数は関数であり，代数分野における変数とは扱いがやや異なる点に注意する必要がある（第 5 章参照）。

　確率変数 X の実現値 $X(\omega)$ の取り得る値 x_i $(i = 1, 2, \cdots, n)$ に対して，$X(\omega) = x_i$ となる標本点 ω の集合を $\{X = x_i\} = \{\omega | X(\omega) = x_i\}$ とかく。集合 $\{X = x_i\}$ はある事象であり，その事象の確率を $p_i = P(X = x_i)$ と表す（正確には，$P(\{X = x_i\})$）。x_i とその事象の確率 $p_i = P(X = x_i)$ を対応させたものを X の確率分布または単に分布といい，その対応関係を表す表を確率分布表という。また，$\sum_{i=1}^{n} P(X = x_i) = 1$ である。例えば，1 枚のコインを 2 度投げる試行で，表を H，裏を T で表すと，標本空間は $\Omega = \{(HH), (HT), (TH), (TT)\}$ である。表が出る枚数を確率変数 X と考えると，その取り得る値は 0，1，2 のいずれかであり，$\{X = 0\} = \{(TT)\}, \{X = 1\} = \{(HT), (TH)\}, \{X = 2\} = \{(HH)\}$ である。したがって，X の確率分布は $P(X = 0) = \frac{1}{4}$，$P(X = 1) = \frac{1}{2}$，$P(X = 2) = \frac{1}{4}$ となる。

離散確率変数　確率変数 X の取り得る値が有限個であるとき，X を離散確率変数という。離散確率変数 X の取り得る値 x_i $(i = 1, 2, \cdots, n)$ にそれぞれ確率関数 $p_i = P(X = x_i)$ が対応しているとき，X の期待値は $E(X) = \sum_{i=1}^{n} x_i p_i$，分散は $V(X) = \sum_{i=1}^{n} (x_i - \mu)^2 p_i$（ただし $\mu = E(X)$），標準偏差は $\sigma(X) = \sqrt{V(X)}$ である。期待値 $E(X)$ は確率変数の平均値であり，確率変数はその周辺で様々な値をとり得るため，確率変数の散らばり具合も併せて考察することが重要である。

二項分布　1 回の試行で事象 A の起きる確率が p，起きない確率が $1 - p$ であるような独立な n 回の試行において，A の起きる回数を確率変数 X とすると，A がちょうど k 回起きる確率は，$P(X = k) = {}_nC_k p^k (1-p)^{n-k}$ で与えられる。この二項確率変数 X の確率分布を二項分布といい，$B(n, p)$ と表記する。特に，$p = 1$ とおくときの二項分布をベルヌーイ分布とよび，これはコインの表―裏

や成功—失敗のように起こる結果が2つしかない試行（ベルヌーイ試行）が従う確率分布である。二項分布 $B(n, p)$ に従う確率変数の期待値，分散，標準偏差はそれぞれ，$E(X)=np$, $V(X)=np(1-p)$, $\sigma(X)=\sqrt{np(1-p)}$ である。1回の試行で起こる結果が2つしかなく，その確率が毎回の試行で一定であるとみなせる場合に二項分布を活用できる。

連続確率変数 確率変数 X が連続の場合でもその確率分布を考えることができる。連続確率変数 X では，X がちょうど特定の値 x をとる確率はほとんど0に等しい。そこで，微分・積分の場合と同様に，確率変数 X が x の微小区間 $[x, dx]$ 中の値をとる確率を $P(x \leq X \leq dx) = f(x)dx$ で与え，また X のとり得る範囲が区間 $[a \leq X \leq b]$ となる確率を $P(a \leq X \leq b) = \int_a^b f(x)dx$ と表す。この $f(x)$ を X の確率密度あるいは確率密度関数といい，そのグラフを分布曲線という。$f(x)$ それ自体は確率ではない。また，$f(x)$ は非負性をもち，その定義域を実数全体とすれば $\int_{-\infty}^{\infty} f(x)dx = 1$ である。連続確率変数の期待値 $E(X)$, 分散 $V(X)$, 標準偏差 $\sigma(X)$ は，離散確率変数のそれらから導くことができる。

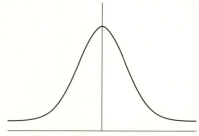

図8-1　標準正規分布のグラフ

正規分布 正規分布の確率密度関数は $f(x) = \dfrac{1}{\sqrt{2\pi}\sigma} e^{-\frac{(x-\mu)^2}{2\sigma^2}}$ であり，$N(\mu, \sigma^2)$ と表記する。この分布はそれに従う確率変数 X の期待値 μ と標準偏差 σ によって決定され，$x=\mu$ に関して対称である。$\mu \pm \sigma$ の範囲には全体の約 68.3% が，$\mu \pm 2\sigma$ の範囲には約 95.4% が，$\mu \pm 3\sigma$ の範囲には約 99.7% が含まれることが知られている。特に，$N(0, 1)$ を標準正規分布という。標準正規分布に従う確率変数 Z に関する様々な確率は正規分布表としてすでにまとめられているため，Z がとる確率を容易に求めることができる。そのため，正規分布 $N(\mu, \sigma^2)$ に従う確率変数 X に関する様々な確率を求める際，X を標準化した確率変数 $Z = \dfrac{X-\mu}{\sigma}$ が標準正規分布 $N(0, 1)$ に従うことがしばしば利用される。

二項分布 $B(n, p)$ に従う離散確率変数 X は n が大きいとき近似的に正規分布 $N(np, np(1-p))$ に，したがって，確率変数 $Z = \dfrac{X - np}{\sqrt{np(1-p)}}$ は近似的に標準正規分布 $N(0, 1)$ に従うとみなすことができる。

中心極限定理　二項分布の正規近似の背景には中心極限定理がある。期待値 μ，分散 σ^2 の任意の同一確率分布に互いに独立に従う確率変数 $X_1, X_2, \cdots, X_n$ の標本平均 $\overline{X}$ が，標本数 n が十分大きいとき近似的に正規分布 $N\left(\mu, \dfrac{\sigma^2}{n}\right)$ に従うことを示したものである。大数の法則は標本平均と期待値の差に目を向けるが，中心極限定理は標本平均の分布に注目する点に相違がある。

第3節　中学校における統計

　社会には結果が定まらない不確実な事象が多くあるが，全く予測ができないものばかりでもなく，データに基づいて分析をすれば傾向や特徴を捉えることができ，ある程度の予測も可能となる。不確実でばらつきのある事象からデータは集められているが，それ自体は単なる数や文字の羅列であったりするため，そのままでは特徴や傾向を把握することは難しい。特徴や傾向を的確に把握するために全体を要約する数値指標を用いたり，グラフを用いて図的に捉えたりする必要がある。

　中学校における統計では，データのばらつきや分布に関する特徴や傾向を把握するための手法として，度数分布表とヒストグラム，四分位数と箱ひげ図を扱う。これらはそれぞれ浮き彫りにするデータの特徴や傾向が異なっているため，それぞれに価値があり，分析においては両方を適宜用いることが重要である。また，第3学年では，すべての対象を調査することが現実的でない場合に行う標本調査の仕組みについて学ぶ。

1. 度数分布表

下の度数分布表は，ある町の駅から美術館に行くバスの所要時間についてまとめたものである。

表8-2　美術館までの所要時間の度数分布表

階級（分）	階級値（分）	度数（台）	累積度数（台）	相対度数	累積相対度数
25以上～30未満	27.5	2	2	0.04	0.04
30 ～35	32.5	8	10	0.16	0.2
35 ～40	37.5	17	27	0.34	0.54
40 ～45	42.5	13	40	0.26	0.8
45 ～50	47.5	8	48	0.16	0.96
50 ～55	52.5	2	50	0.04	1
合　計		50	50	1	1

これは，所要時間のデータを25分から5分ごとの幅で区間を設定し，それぞれの区間に入るデータの個数を整理したものである。それぞれの区間を「階級」，区間の幅を「階級の幅」，各階級について両端の平均値を「階級値」，各階級に含まれるデータの個数を「度数」という。また，各階級の度数の全体に占める割合を「相対度数」，最小の階級から各階級までの度数の総和を「累積度数」，最小の階級から各階級までの相対度数の総和を「累積相対度数」という。

表8-2の度数分布表からは，このバスを使った際に最も多い所要時間は35分以上40分未満で，およそ3割程度見込まれることや，45分以内に到着する見込みがおよそ8割程度であることなどがわかる。

2. ヒストグラム

「ヒストグラム」は，度数分布表を元に，横軸に階級をとり，各階級の度数と面積が比例するように長方形をかいたグラフである。表8-2の度数分布表

をもとにヒストグラムをかくと図8-2のようになる。ヒストグラムをかく際には、階級幅に合わせて隙間ができないようにする必要がある。長方形と長方形の間に隙間が空いていると、その数値に該当するデータが存在しないような誤認を与えてしまうためである。

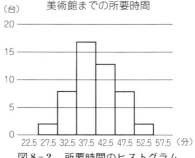

図8-2 所要時間のヒストグラム

ヒストグラムでは、データがどのあたりに集まっているか、データが左右にどれくらい散らばっているか、出来上がった山の形は左右対称かそうでないか、山の頂点は1つなのか複数なのかなどに注目することが大切である。

また、ヒストグラムを元にして度数分布多角形をかくこともできる。度数分布多角形は、ヒストグラムの各長方形について、上辺の中点を線分で結んだグラフである。

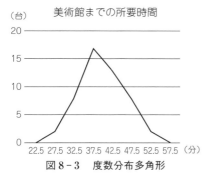

図8-3 度数分布多角形　　図8-4 平日と土日で分けた度数分布多角形

ヒストグラムや度数分布多角形は相対度数を用いてもかくことができる。表8-2のバスの所要時間について、平日と土日でデータを分類した際に、それぞれの総度数が異なっていた場合には、そのままの度数では比較できないため相対度数で比較を行うこととなる。図8-4は平日と土日で分類し、相対度数に基づいてかいた度数分布多角形である。このように度数分布多角形は、2組のデータを比較する場合など、複数のデータを比較する場合に便利である。この度数分布多角形からは、所要時間がかかりやすいのは土日よりも平日である

ことなどがわかる。

3．四分位数

　データのばらつきを捉えるための数値として「四分位数」がある。四分位数はデータを値の順に並べた際に，それぞれ同じデータの数になるように4つに分けたときの区切りの値である。小さい方から順に，「第1四分位数」「第2四分位数」「第3四分位数」という。中央値はデータを同数の2つに分けた際の区切りの値であり，第2四分位数にあたる。中央値によって分けられた小さい方のデータの中央値が第1四分位数，大きい方のデータの中央値が第3四分位数と捉えることもできる。

　また，第3四分位数と第1四分位数の差を「四分位範囲」といい，中央値を含むデータ全体の半数が四分位範囲に収まることから，四分位範囲もばらつきを捉える指標として用いられる。最小値，第1四分位数，中央値，第3四分位数，最大値の5つをまとめて5数要約という。

　例えば，下のような9人の生徒が先月の1か月間に読んだ本の冊数のデータから四分位数と四分位範囲を求めてみる。

　　　　0，1，2，2，4，5，6，7，9（冊）

中央値は5番目の値であり，4冊となる。

　第1四分位数は，1番目から4番目の値の中央値となることから，2番目の1と3番目の2の平均値である1.5冊となる。

　第3四分位数は，7番目の6と8番目の7の平均値である6.5冊となる。

　四分位範囲は，6.5－1.5＝5（冊）となる。

4．箱ひげ図

　5数要約を用いて表したグラフに「箱ひげ図」がある。箱ひげ図は，第1四分位数と第3四分位数で箱をかき，箱の内部に中央値を表す線分を引き，第1四分位数と最小値，第3四分位数と最大値を線（ひげ）で結んだグラフである。図8－5は，先ほどの本の冊数のデータを箱ひげ図に表したものである。

箱ひげ図は横向きだけでなく縦向きの場合もあり，また平均値を「×」などで表示することもある。

箱ひげ図では，ひげを含めた全体の長さは範囲を示しており，箱の長さは四分位範囲を表している。箱の部分にデータ全体の50％が含まれるため分布の中心がどこに位置するのかを捉えることができる。また，中央値で分けられた箱のそれぞれの部分と左右のひげにはデータの25％ずつが含まれていることになり，全体の様子を捉えることもできる。

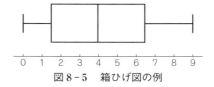

図8-5　箱ひげ図の例

表8-3は，総務省が行っている『社会生活基本調査』のデータから，10～14歳の子どもが平日1日あたりに学業に費やしている時間を都道府県ごとに順番に並べたものである。

表8-3　10～14歳が学業にかける時間（長い5県と短い5県）

順位	都道府県	学業(分)	順位	都道府県	学業(分)
1	新　潟	498	43	山　梨	404
2	山　口	484	44	三　重	404
3	群　馬	480	45	和歌山	396
4	岡　山	480	46	滋　賀	393
5	長　崎	475	47	奈　良	388

平日であるため学校で勉強している時間も合算されていると思われるが，最も長い新潟県は498分であるのに対し，最も短い奈良県は388分と実に2時間近くも差がついていることがわかる。このデータを東北，関東など地域ごとに分類し，箱ひげ図にまとめたのが図8-7である。このような箱ひげ図を並行箱ひげ図という。

この箱ひげ図を見ると，関西地方は箱やひげの位置が下の方にあることから，学業にかける時間が短い県が多いことや，中国地方は上の方にあることから時間が長い県が多いこと，中部地方はひげが最も長いことから，県の間の差が大きいことなどがわかる。

このように複数のグループのデータのばらつきの様子を分析する際には，箱ひげ図は便利である。ヒストグラムを用いようと考えた際には，このデータで

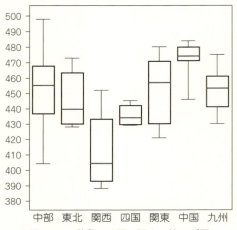

図8-6 学業の時間に関する箱ひげ図

は7つのヒストグラムを作ることになり，度数分布多角形を用いたとしても7つをまとめて比較をすることは難しい。

ただし，箱ひげ図では分布の山の形やそれぞれの部分に含まれるデータ数がわからないなどの欠点もある。図8-6の箱ひげ図では，それぞれの地域に該当する都道府県の数について，中部地方は9県あるのに対し，四国は4県と数が異なるのだが，そういったことはこの図からはわからない。箱ひげ図によりデータのばらつきを把握するだけでなく，ヒストグラムも併用して分布の様子も把握することで，適切なデータの分析が可能になる。

5．標本調査

データを集めて分析をしようとしても，想定されるすべての対象に対して調査をすることは難しい場合が多い。そのような場合には，全体ではなく一部分を取り出してその結果から全体について推定することがある。これを「標本調査」という。これに対し，一部分ではなく対象すべてについて調べることを「全数調査」という。標本調査では，調査の対象となる全体を「母集団」，調査のために母集団から取り出す一部分を「標本」という。

標本調査を行う際には，母集団から取り出した一部分が全体の特徴を備えていなくてはならない。そのためには，集めやすいところや手近なところからデータを集めてしまうなど，標本に偏りが出るようなことは避け，無作為に標本を抽出することが重要となる。

無作為に抽出するための方法としては，母集団に対し通し番号を付け，乱数

さいや乱数表などを利用して，出た番号だけを標本として設定し調査することなどが挙げられる。こうすることですべての対象が等しい確率で選び出されるようになる。無作為に抽出するといっても，選び手の作為が入らなければいいというわけではない。例えば，学校の正門の前で朝8時から調査を行い，通学してくる生徒の3番目，6番目といったように3人に1人と決めて調査をすれば，調査対象を作為的に選んでいるわけではないが，朝練に参加している生徒や他の門を通る生徒は対象に入らなくなってしまう。作為が入るかどうかではなく，想定される対象のすべてから標本が等しい確率で選ばれるように工夫することが大切である。

　調査する対象の数を「標本の大きさ」というが，標本が大きい方が母集団の傾向を捉えやすくなる。標本の平均や比率は母集団の平均や比率とはある程度ずれるのが普通であるが，標本の大きさを大きくすることで確率的には母集団の傾向に近づくことがわかっている。また，標本調査を行う際に性別や年齢による違いがはっきりと予想される場合には，あらかじめ母集団をグループ分けしておき，それぞれのグループから無作為に標本を取り出す方法もある。

6．中学校における統計指導の意義

　2018年改訂の学習指導要領においては，統計的な問題解決や意思決定も強調されている。授業においては，生徒が興味・関心をもちやすい題材を用いて，実際にデータを集める活動や，様々な手法を自分たちで選択したり，複数組み合わせて使いこなす活動などを取り入れるとよい。そうすることで学習内容についての理解が深まり，また授業の場面以外でも活用することのできる統計的な問題解決力も養うことができる。ビッグデータやAIの開発・進展が目覚ましいこれからの社会においては，データを使いこなし，データに基づいて判断することはことさらに重要になってきている。中学での統計の学習は，そのための大切な素地となる。

第4節　高等学校における統計

　情報通信技術の発展と普及によって，今日の社会は情報によって成り立っているといっても過言ではなくなった。その情報は，ある種のパターンや傾向として，数多くのデータから見出される。データの中には外れ値などもあり，情報を抽出する際にはこのような特殊なデータを上手く処理しなければならない。そこで不可欠となるのが確率であり，確率こそがデータの中に潜む偶然性や不確実性を評価することのできる唯一の判断基準である。換言すれば，確率は統計をする道具であり，統計と確率は切っても切れない関係にある。

　2018（平成30）年改訂の高等学校学習指導要領では，科目「数学Ⅰ」の中で「仮説検定の考え方」，科目「数学B」の中で「区間推定」並びに「仮説検定の方法」を，それぞれ扱う。区間推定と仮説検定は両者とも，確率によってデータを評価する点で共通している。本節では，将来の社会を生き抜くために生徒が身に付けなければならない推定並びに検定について考察するが，推定の土台である二変量解析から議論を始める。

1．二変量解析

　小学校や中学校でも折れ線グラフやヒストグラムなどを通して，二変量からなるデータを取り扱っている。ところが，これらのグラフを用いてデータの読み取りや解釈を行うことはあっても，グラフ自体を考察の対象にすることはほとんど無い。つまり，小学校や中学校における二変量解析において，統計的知識は独立に学習されており，知識の発展的な展開は想定されていない。そのため，高等学校の二変量解析において初めて，散布図から始まる知識の発展的な展開が可能となる。以下では，散布図から区間推定に至るまでの統計的知識の発展的な展開を考察する。また，情報氾濫の時代において，ビッグデータの扱いは不可欠であり，それは紙と鉛筆だけでは不可能である。人類が発明した

第8章　確率・統計分野に関する内容構成〔中・高〕

ICT（*Information and Communication Technology*：情報通信技術）は，人間の知能を超越した次元にあるため，人類はICTを使いこなす知能を獲得しなければならない。データ解析では，しばしば，フリーソフトRが用いられる＊。なお，本節で取り上げる図は，Rを用いて作成している。

　＊Rは，豊富なパッケージや多くのオープンデータを有していながらフリーであり，最も多く用いられている統計の分析ソフトである。

ここでは，車のブレーキをかけた瞬間の速度（km/h）並びに制動距離（m）の二変量データを扱う。これらのデータを用いて散布図をかくとき，x軸ラベルとy軸ラベルを入れ替えることで，以下のような2種類の散布図が得られる。

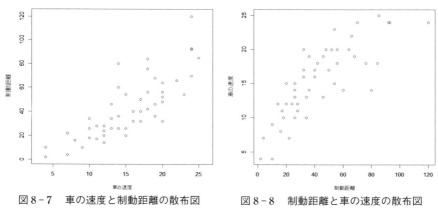

図8-7　車の速度と制動距離の散布図　　図8-8　制動距離と車の速度の散布図

これらの散布図を用いる場面として，車の速度と制動距離の相関があるか否かを探究することが想定できる。この場面において，これらの散布図をそのまま用いることは差し支えない。ところが，車の速度に応じた制動距離を予測する場面では，これらの散布図に回帰直線を加えたものを用いなければならない。図8-9並びに図8-10は，各散布図に回帰直線を加えたものである。

これらの回帰直線は最小二乗法を用いて求めることができる。この統計手法は，単回帰モデル$y = \alpha + \beta x + e$（x：説明変数，y：目的変数，e：誤差）の回帰パラメータαとβを，誤差の二乗の総和を最小にすることを通して推定する方法である（藤澤，2006；森他，2017）。

回帰直線では説明変数（原因となる変数）によって目的変数（結果となる変

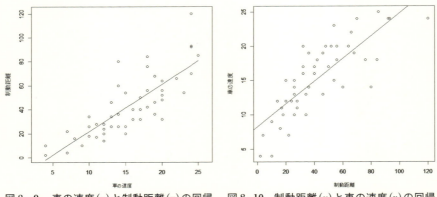

図8-9　車の速度(x)と制動距離(y)の回帰直線　　図8-10　制動距離(x)と車の速度(y)の回帰直線

数)を推測するように,各変量によって役割が異なる。このことは散布図(図8-7と図8-8)とは区別して考えなければならない。本事例では,制動距離が車の速度を説明するよりも,車の速度が制動距離を説明する方が時系列順序として適切である。すなわち,二変量の扱いに差異はなく図8-7でも図8-8でも構わなかった散布図とは異なり,回帰直線では目的変数 y が制動距離,説明変数 x が車の速度となる。それ故に,図8-10よりも図8-9の方がより適切である。最小二乗法によって得られた単回帰モデルは $y = -17.58 + 3.93 \times x + e$ であり,(制動距離)$= -17.58 + 3.93 \times$(車の速度)となる。

　なお,目的変数を推測する際に説明変数が複数存在する場合は重回帰分析を行えばよいし(藤越他, 2011;高遠他, 2013;ヘイスティ他, 2014a),目的変数が説明変数の非線形関数で表される場合はロジスティック回帰分析や多項式回帰分析を行えばよい(藤越他, 2011;ヘイスティ他, 2014a)。

2. 信 頼 区 間

　主要な統計的推定として,点推定と区間推定がある。ここでは,特に,区間推定を取り上げる。得られた標本からパラメータを一点でもって推定する点推定に対して,不確実性を有するがゆえに発生する誤差を考慮に入れた区間推定では,一点ではなく,幅を持った区間で推定する。例えば,分散 σ^2 が既知で

ある. 平均パラメータ μ の区間推定において, 無作為抽出によって得られた n 個の標本の標本平均 $\overline{X}$ を $Z_n = \dfrac{\overline{X} - \mu}{\sqrt{\dfrac{\sigma^2}{n}}}$ と標準化し, Z_n が標準正規分布 $N(0, 1)$ に従う性質を利用して, 両側 5％ 点 z^* を使えば, 95％信頼区間は $P(|Z_n| \leqq z^*) = 0.95$ を変形することによって $\left[\overline{X} - z^*\sqrt{\dfrac{\sigma^2}{n}},\ \overline{X} + z^*\sqrt{\dfrac{\sigma^2}{n}}\right]$ が求められる（藤澤, 2006）。この 95％ 信頼区間について, しばしば「95％信頼区間内に真の平均パラメータが存在する確率が 95％ である」や「新たな標本平均 100 個の内の約 95 個が 95％信頼区間に入っている」といった間違いがみられることには注意が必要である。95％信頼区間は, 上述のように, $P(|Z_n| \leqq z^*) = 0.95$ から求めることができる。つまり, この等式が何についての確率に関する言及であるのかを考えれば, 真の平均パラメータについての確率に関する言及でもなければ, 標本平均についての確率に関する言及でもない。$|Z_n| \leqq z^*$ となる確率であり, 標本平均の標準化についての確率に関する言及である。すなわち,「標本の無作為抽出を何度もおこない, それぞれの標本から 95％信頼区間を求めた際に, これらの 95％信頼区間の内の約 95％ が真の平均パラメータを含む」ことを意味している。さらに言えば,「100 回の標本の無作為抽出を行い, それぞれの標本について 95％信頼区間を求めれば, 100 個の 95％信頼区間が求まり, その内の約 95 個の 95％信頼区間の中に真の平均パラメータが存在している」ということができる。

　このことを応用すれば, 先程挙げた車の速度と制動距離に関する回帰直線（図 8-9）についての 95％信頼区間（2 次元であるので正確には 95％信頼領域と呼ばれる）を求めることができる。その結果が図 8-11（95％信頼区間は点線と点線の内部の領域部分）であり, それぞれの標本から複数個の 95％信頼区間をそれぞれ求めた際に, その内の約 95％ にあたる 95％信頼区間の中に真の回帰直線が存在している。なお, 得られる標本自体を予測する際には, より大きな誤差を考慮に入れた予測区間というものがある。

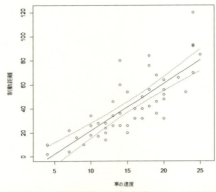

図8-11 車の速度と制動距離の回帰直線についての95％信頼区間

3. 検　　定

　統計的検定では，不確実性を有する言明を示す新たな論理が展開される。その論理は，背理法をアナロジーとして説明されることが多い。宮下（2017）は，背理法の論理は「(A ⇒（矛盾命題）)⇒￢A」の特殊である「(A⇒￢A)⇒￢A」であると述べている。そして，これに不確実性を付与した形態が仮説検定の論理であり，それは「(A⇒ほとんど￢A)⇒￢A」と表される。背理法において仮定する仮説Aを，仮説検定では「帰無仮説」と呼び，ほとんど矛盾することを論じることによって，帰無仮説Aを否定する。帰無仮説を否定することを「棄却する」といい，帰無仮説を棄却することで示される仮説￢Aのことを「対立仮説」と呼ぶ。(A⇒ほとんど￢A)によって帰無仮説Aを棄却するため，対立仮説￢Aが100％正しいことを示すことはできず，本当は帰無仮説Aが真であるにもかかわらず，棄却してしまうことがある。それを「第一種の誤り」と言い，この第一種の誤りが生じる確率を小さくすることによって，帰無仮説を棄却するか棄却しないかの基準を設定することができ，この基準となる閾値を「有意水準」と呼ぶ（通常，5％や1％が多い）。ここで注意しておかなければならないのは，帰無仮説がある有意水準で棄却されなかった場合，このことは帰無仮説が真であることの証左にはなり得ず，あくまでも帰無仮説が偽であるとは言えないことの証左でしかないことを心得ておくこと

である。また逆に，帰無仮説が偽であるにもかかわらず，棄却しないこともあり，この誤りを「第二種の誤り」といい，第二種の誤りが生じない（帰無仮説が偽のときに，きちんと棄却する）確率のことを「検出力」と呼ぶ（藤澤，2006）。

次に，χ^2 検定の中でも最も単純な AB テストの自由度1の検定を取り上げる。最も有名なものは，HP 上の画像 A と画像 B へのクリック数が与えられたときに，これら2つに差がみられるのかどうかを検証する状況である。例えば，画像 A へのクリック数が 40，画像 B へのクリック数が 50 とする。帰無仮説は「この AB テストの結果には差が無い」として，この棄却を目指す。期待値とのずれ χ^2 は，期待値と実現値の差の二乗和を期待値で割ったものであり，$\chi^2 = \dfrac{(45-40)^2 + (45-50)^2}{45} = 1.111$ となる。この χ^2 のように，検定を行う上で必要となる統計量のことを「検定統計量」と呼ぶ。そして，χ^2 は自由度1の χ^2 分布に従うため，5％点である 3.841 と比較すれば，$\chi^2 < 5\%$ 点となり，帰無仮説を棄却することはできない。すなわち，この AB テストの結果には差があるとはいえない。一方，画像 A へのクリック数が 40，画像 B へのクリック数が 60 の場合であれば，$\chi^2 = \dfrac{(50-40)^2 + (50-60)^2}{50} = 4$ となり，$\chi^2 > 5\%$ 点となり，帰無仮説を棄却することができ，この AB テストの場合にはその結果に差があると言える。

最後に，統計的検定の基本的なアイディアを教授するための教材として，福田他（2018）を挙げておきたい。

章末問題

1．平成 29 年改訂の中学校学習指導要領や平成 30 年改訂の高等学校学習指導要領における確率・統計の目標や内容の記述と，これまでの学習指導要領における確率・統計の目標や内容の記述との違いについて考察せよ。

2．確率の定義，確率の基本的な性質を指導する際，それぞれどんな点に留意すればよいか。

3．次のデータは，総務省の行った『平成 28 年度社会生活基本調査』の結果から，10〜14 歳の子どもの平日の1日当たり行動時間についてのデータを一部抜粋し

たものである。

このデータから「学業」にかける時間のばらつきや分布の様子について分析せよ。また,「学習・自己啓発（学業以外）」のデータについても同様に分析し,比べてみよ。

都道府県	睡眠（分）	通学（分）	学業（分）	TV・ラジオ・新聞・雑誌（分）	休養・くつろぎ（分）	学習・自己啓発（学業以外）（分）	趣味・娯楽（分）
北海道	494	42	430	57	74	64	48
青森	499	41	463	57	82	22	43
岩手	499	45	473	51	67	45	37
宮城	502	43	440	47	105	35	27
秋田	498	45	437	45	110	50	28
山形	518	49	428	54	79	42	30
福島	487	46	446	59	97	45	28
茨城	491	52	471	72	88	40	19
栃木	500	45	467	49	84	30	31
群馬	490	50	480	60	73	42	30
埼玉	493	43	453	52	97	47	33
千葉	491	39	457	59	95	43	39
東京	490	47	430	45	99	63	38
神奈川	504	49	421	65	70	53	34
新潟	496	44	498	59	73	26	46
富山	496	42	468	75	85	33	30
石川	504	41	455	48	93	41	20
福井	503	43	417	49	108	50	33
山梨	510	42	404	51	80	42	52
長野	509	43	437	64	77	38	62
岐阜	497	44	470	55	85	41	29
静岡	481	47	438	62	114	59	28
愛知	488	46	458	55	104	39	34
三重	500	52	404	53	108	52	30
滋賀	505	49	393	84	83	72	49
京都	500	44	433	81	80	35	29
大阪	493	49	417	59	100	45	39

兵 庫	480	51	452	63	97	51	30
奈 良	490	54	388	51	104	75	50
和歌山	513	40	396	58	85	45	51
鳥 取	496	46	471	74	92	30	32
島 根	519	48	446	35	117	34	25
岡 山	487	49	480	56	85	39	33
広 島	497	52	474	42	91	40	23
山 口	480	42	484	63	91	35	28
徳 島	502	41	429	45	102	69	31
香 川	483	41	445	66	96	38	43
愛 媛	487	43	430	53	111	51	29
高 知	498	41	438	41	118	33	33
福 岡	495	39	454	50	89	32	33
佐 賀	490	52	452	50	117	35	23
長 崎	483	46	475	50	84	56	21
熊 本	505	42	434	58	98	45	17
大 分	492	44	468	55	90	53	28
宮 崎	499	44	430	56	112	56	24
鹿児島	493	49	454	49	105	42	14
沖 縄	499	37	447	58	74	43	31

4．高等学校数学科で扱う統計的推定と統計的検定のそれぞれにおいて，統計教育と確率教育はどのように関連付いているか．そして，それらの関連を指導する上で，コンピュータはいかなる役割を果たすか．

引用・参考文献

青柳雅計（1991）「確率・統計の指導内容の概観と問題点の考察」古藤怜・正田實編『新・中学校数学指導実例講座 第4巻 数量関係』金子書房，39-74．

大滝孝治（2011）「確率コンセプションの共生発生に関する一考察」全国数学教育学会誌『数学教育学研究』17(2)：141-151．

ギリース，D.，中山智香子訳（2004）『確率の哲学理論』日本経済評論社．

国立教育政策研究所（2016）『平成28年度全国学力・学習状況調査 報告書【中学校／数学】』．

総務省統計局（2017）『平成28年社会生活基本調査——生活時間に関する結果』総務省統計局．

http://www.stat.go.jp/data/shakai/2016/（2018年3月10日最終確認）
高遠節夫ほか5名（2013）『新確率統計』大日本図書．
田渕直也（2016）『不確実性超入門』ディスカヴァー・トゥエンティワン．
ヘイスティ，T.・ティブシラニ，R.・フリードマン，J.，小西嘉典訳（2014a）「第3章 回帰のための線形手法」杉山将・井出剛・神嶌敏弘・栗田多喜夫・前田英作監訳『統計的学習の基礎――データマイニング・推論・予測』共立出版，53-116．
ヘイスティ，T.・テイプシラニ，R.・フリードマン，J.，出口大輔訳（2014b）「第4章 分類のための線形手法」杉山将・井出剛・神嶌敏弘・栗田多喜夫・前田英作監訳『統計的学習の基礎――データマイニング・推論・予測』共立出版，117-159．
福田博人・大谷洋貴・岩崎秀樹（2018）「統計的検定の教授単元の開発研究：背理法からの展開と区別に着目して」『科学教育研究』42(4)：335-349．
藤越康祝・若木宏文・柳原宏和（2011）『確率．統計の数学的基礎』広島大学出版会．
藤澤洋徳（2006）『現代基礎数学13 確率と統計』朝倉書店．
松浦武人（2015）『初等教育における確率概念の形成を意図した学習材の開発研究』未公刊学位論文．広島大学．
宮下英明（2017）「仮説検定」『統計』．
http://m-ac.jp/me/subjects/statistics/hypothesis_testing/index_j.phtml
（2018年6月5日最終確認）
森裕一・黒田正博・足立浩平（2017）『統計学 One Point 3 最小二乗法・交互最小二乗法』共立出版．
文部省（1948）『算数数学科指導内容一覧表（算数数学科学習指導要領改訂）』日本書籍．
文部省（1951）『中学校高等学校学習指導要領 数学科編（試案）』中部図書．

（松嵜昭雄・大谷洋貴・青山和裕・福田博人）

第 9 章
グローバル化する数学教育

　本章では，数学教育のグローバル化を取り上げる。グローバル化という社会変動の中で，数学教育の直面する社会文化性，教授言語，グローバル化と地域性の関わり，国際バカロレアについて論じていく。本章では次の4つの課題を取り上げて考察する。

---

1. 社会文化的な視点からみた，これからの数学教育の課題は何か。
2. グローバル化時代における教育動向の中で，数学教育の地域性（ローカル性）はどのような意味をなすか。
3. 数学教育の国際化に伴う教授言語の課題とは何か。
4. 国際バカロレア（IB）とは何か。また，IBを背景とした数学教育の実践とはどのようなものか。

本章の内容
　第1節　日本の数学教育の未来図
　第2節　グローバル化における教育の胎動とローカル性の重視
　第3節　数学教育の教授言語の問題
　第4節　国際バカロレアの展開と課題

第1節　日本の数学教育の未来図

1．数学教育のコンパス

　「コンパス」とは円周を描く道具ではなく，進路を定める羅針儀のことである。高度情報化の下で急速にグローバル化する世界にあって，数学教育を国内的な問題にとどめることには，意識する，しないにかかわらず限界に来ている。これまでの歴史に類を見ないほど心理的・物理的にも世界中の国々は近くにあり，日本の我々にも密接に関わりがある。そのため国家・地域・人種間，あるいは国際社会における，競争が激化する。また，気候変動，難民問題，国際電子通貨（International electronic currency）に代表されるように，解決が難解な問題や解が一意に決まらない問題が増え，交渉・議論の場における他者との協働やコミュニケーション力が問われることとなる。例えば気候変動のための取り組みでは，温室効果ガス削減の枠組みを決める際に，過去，開発途上国が開発のためにガス削減を規制されることに反発したり，アメリカが離脱したり，インドや中国などが規制対象外であったりと，国際社会における協働が難しい状況も実際にはある。

　2016年にドイツで開催された数学教育世界会議（ICME：International Congress on Mathematical Education）の全体講演において，アメリカの数学教育学者デボラ・ボール（Deborah, L. Ball）が「戦争が起こらず平和な社会をつくりたい，それが数学教育の使命である」（Ball, 2017）＊と表明したが，これが数学教育への大きな期待であるにしろ，準拠枠を学習指導要領とするだけでは不十分な時代に来ている。新たな数学教育へのコンパスは不可欠である。

　＊ 2016年7月30日のボール氏の発表の中で触れられたが参照の論文にはこのことは述べられていない。ICMEのホームページでは氏の発表スライドにこのメッセージに関連する内容が掲載されているため，参考にされたい。
　（http://www.icme13.org/files/ppt/Plenary-lecture-Ball_ICME13.pdf）．

日本国内に目を向けても，例えば，TPPやFTAといった食の問題，放射能や原子力発電所のエネルギー・環境問題，緊迫する政治情勢に代表される，市民一人ひとりに影響が及ぼされる諸問題が国際社会の一員として取り組むべき議題として存在する。これらの問題に対して，数学は直接的・間接的に関わるため*，様々なアクターが数学や数的データを巧みに使い（時には悪用し），夫々の立場の優位性を示す。この状況において，自分事としてこれらのグローバルな諸問題を捉え，民主的に関わり判断していくために，市民一人ひとりがもつ数学的知識とその活用が決定的に重要になる。ブラウンとスティルマンは社会構造の改変や市場経済の変化により，今後の職業生活において，人々は「ただ計算する」という意味で数学を用いるのではなく，デジタル方式で統制された機械・装置から出力されるデータに対して，正しく決断していくために，機械化・産業化のプロセスに隠された数学を理解し，数学を消費する存在になると述べている。一方，数学的なリテラシーをもたない場合は，情報や社会から排除されてしまう。つまり子どもたちが将来，各々の職業で必要となる数学的リテラシーは，コンピテンシーが求める人間の総合力にも関わるように，伝統的な数学とは明らかに異なる（Brown & Stillmann, 2010）。このことからも，数学教育には大きな期待が寄せられている。

　　*ヤブロンカとゲラートによれば現代社会は「数学で形成された社会」
　　（Jablonka & Gellert, 2007）である。

　日本でも急激な社会変化に対応するべく取り組みがなされている。その是非はここでは述べないが，小学校における英語科の設置も国際的なコミュニケーションへの準備である。英語科の設置後，いずれ数学教育の英語化も検討されうる。これは我々日本人のアイデンティティにも関わる重大な問題である。国際バカロレア（International Baccalaureate，以下IB）では主目的ではないにせよ，数学の英語化を行っている。日本では英語を含めた他言語を話す外国籍児童が居住する地域が増えているため日本語による学習指導でも，日本語を母語としない子どもたちの数学に対する理解・認識を深めると共に，社会的背景を理解した学習指導の工夫も必要である。これは「すべての人に数学を（Mathematics for All）」に関わる問題である。この両方の相反する統一と多様性という2つのベクトル（数学指導の英語化と外国籍児童への対応）は，グロ

ーバル化が引き起こす学習指導と言語に関わるもので，グローバル化におけるローカル性を論じていく必要がある。これらのことを各節で掘り下げたい。

　第二次世界大戦後から急速に発展してきた数学教育史を振り返ると，数学教育の発展の嚆矢はロシアのスプートニク打ち上げにあり，1950〜60年代においては，数学は万人のための科目ではなく，数学者養成（エリート養成）の科目として捉えられがちであった（Bishop, 2010）。1988年にブダペストのICMEにおいて「すべての人に数学を」がスローガンにされたように，数学教育は「万人のためのものである」という認識が広がっていった。そして，これまでの数学教育研究は「教師」，「子ども」，「数学」の3つの基本要素とそれぞれの関連から成立しており，基本的には指導方法と学習プロセスの研究が主流であったとビショップは指摘している（Bishop, 2010）。過去の研究群は，各々の事例の背景にある文脈を必ずしも考慮したものではなく，基本的に前提として「知識は転移可能」であるとされていた。

　その一方で，数学教育の主流とは異なる視点で注目されてきたのが「文脈性」であり「社会文化性」である（例えば，Gutiérrez, 2002）。今後，社会文化的な文脈を考慮しない研究は成立せず，数学教育研究に文脈性が大きく関わるとビショップは強調している（Bishop, 2010）。そこで，「文脈性」「社会文化性」をキーワードとして日本の数学教育コミュニティがあまり注目していない数学教育の社会・政治的視点の研究動向を整理し，今後の日本の数学教育研究が包摂すべきベクトルを示す。

2．「すべての人に数学を」の達成

　社会的・政治的側面に関わる研究において特に注目したいのが，「すべての人に数学を」という見方である。これが起点となり，国際学会「数学教育と社会」（Mathematics Education and Society : MES）の誕生にもつながった（Bishop, 2010）。MESでは数学教育の社会的・文化的・倫理的・政治的側面に関する研究と実践を扱い，数学教育に関連する社会文脈性を重視している。ビショップが強調したように，21世紀のグローバル社会においてすべての子どもたちが質の高い数学教育を享受する（氏の言葉で換言すると，数学の知識を民主化す

る,つまり学習者が知識を自由自在に操り,意思をもち行動できるようになる)ためには,困難な状況にある多様な背景に生きる子どもたちも射程に入れることが「すべての人に数学を」を達成するために必要である。それを公正な数学教育の実現という。グチエレによる公正の定義 (Guitiérrez, 2002) を解釈すれば,児童・生徒の学習達成度や学習参加は社会的・文化的特徴の有り様に影響を受けないことであり,それは子どもの背景や特徴によらない,不平等の克服である。様々な研究の進展を経て,現在では「すべての人に数学を」を達成するための社会的公正を目指した研究群において,「自己認識 (identity)」や「権限 (power)」といった諸概念が注目されている。

「自己認識」に関する研究は,2000年代以降から急速に発展してきた。学習参加する子どもの文化的・言語的・性格的な能力が数学教育で過小評価されていることや特定の少数グループの子どもたちが学校教育において歴史的・文化的・社会的な差別を受け,困難な状況に置かれていることを危惧しての研究である。この研究群の一つに民族数学研究も含まれている (Gutiérrez, 2002, p. 19)。民族数学の視点からは,子どものルーツを受容しつつ,数学教育を文化的実践であるとみなすことが重要だとされた。この視点は,「主観性 (subjectivity)」に関する研究とも繋がる。また,「権限」は数学教育における社会的変革を含む課題として取り扱われる。例えば,子どもの声から実践やカリキュラムを変える,社会批判のための分析的・論理的道具としての数学の利用を子どもに提供する,現存する知識とは違う新たな概念や見方を提案する,人道的な視点から数学を再検討する,といった,能動的・主体的営みを指している。つまり算数・数学教育を変革することを「権限」は意味している。これらの視点を取り込むことで「すべての人に数学を」が達成される可能性が出てくるとされる (Gutiérrez, 2002)。

3．数学教育研究における独創性 (Creativity)

グローバル化が進展するにつれて,日本国内の国際化は進展し,その結果,日本の各教室の数学教育の授業は今以上に多様化し,多国籍化していく。文脈に対する理解は不可欠であるため国際学会「数学教育と社会」が射程に入れて

きたような研究群が必要とされ，ビショップが指摘するように研究において文脈への理解や繊細さが重要になる。今後，学習指導要領や学習指導のみに限定した数学教育研究は，実際の数学教育とは乖離するばかりか，国際的には異質で特異な研究群になるだろう。

民族数学研究で著名なウビラタン・ダンブロッシオ（Ubiratàn D'Ambrosio）は2015年にアメリカのポートランドで開催された第8回「数学教育と社会」の基調講演で，現在の混沌とした社会に対する憤りを，次のように表明している。

数学教育学者たちがカリキュラムの構成や学習指導で重視すべきことをミスリードし続け，戦後の数学教育の失敗を繰り返そうとしており，世界大戦という人類史上の悲劇を再現することに加担しているかもしれない，と。そしてこれからの数学教育は，芸術・科学分野とともに，より「独創的」であるべきだと。具体的に氏は数学教育における独創性とは何かを名言していないので，これは我々後継世代に与えられた課題である。

第2節　グローバル化における教育の胎動とローカル性の重視

1．グローバル化と教育改革

日本の数学教育は外国からの影響という意味での「国際化」の中で大きく変化してきた。国内で豊かに育った和算は明治期に西洋数学に受容され，その後アメリカからの単元学習の移入，スプートニクショックによる現代化など欧米諸国からの影響は多大であった。近年その影響が顕著であったのはTIMSSやPISAなどの国際学力調査であった。特に2000年から始められたPISAの影響は大きく，2008年の学習指導要領改訂の際，いわゆる「PISA型学力」として学力観の質的転換がなされた。国際学力調査がカリキュラムの直接的な変更動因になるとは思えないが，日本以外にも「PISA型学力」を改革理念に取り上げた国は少なくない（丸山，2016）。このような国際化の中で各国は自国の数学教育の目標や内容，系統性など再考する機会を得て，国の教育課程に関する政

策に多大な影響を与えるようになった（Cai & Howson, 2013）。こうした国際学力調査は目標を前提にするものであり，同じ目標を共有するグローバル化の契機になっている。

　このような流れの中で，コンピテンシーに基づく教育改革が広がりつつある。その背景には，OECDの「コンピテンシーの定義と選択（DeSeCo）」プロジェクトによるキー・コンピテンシーと，21世紀型スキルパートナーシップ（P21）と呼ばれる団体や，「21世紀型スキルのための学びと評価（ATC21S）」と呼ばれる国際研究プロジェクトによる21世紀型スキルの2つの流れがある（松尾，2015）。このようなコンピテンシーに基づく教育改革では，その目標は，基礎的なリテラシー，高次認知スキル，社会スキルの3層に大別できる（国立教育政策研究所，2013a）。また，教科名としての数学は基礎的なリテラシーに現れるが，数学を通して高次認知スキル及び社会スキルも育成することとなる。そのため，数学教育の本質を明らかにし，高次認知スキル及び社会スキルとの関連性について議論する必要がある。その研究の一つとして，例えばスコスモースの批判的数学教育が挙げられる（Skovsmose, 1994）。さらに，社会的スキルは国や地域の社会・文化・歴史的背景の影響を大きくうけるため，そのローカル性を忘れてはならない。

　また，理数科教育分野に着目すると，近年STEM（Science, Technology, Engineering and Mathematics）教育が国際的な広がりを見せている。"STEM"という用語は，科学者，技術者，エンジニア，数学者が力を結集しより強力な政治的発言を生むための戦略的判断として，1990年代にアメリカ国立科学財団（NSF）によって用いられた（STEM Task Force Report, 2014）。STEM教育はトップダウンのアプローチによって広まった概念であり，そこでは科学，技術，工学，数学の各教科を表す用語としてSTEMが用いられた。そのため，STEM教育における数学教育的価値についてはこれまであまり言及されておらず，そのローカル性も含め今後検討していく必要がある。

2．数学教育のハイブリッド化

　石井（2013）はグローバル化により文化の均質化が起こるが，それによりロ

ーカル文化の反動やグローカル*，そして異なる慣習が交わって新しい慣習が生まれるインターカルチュラリズムを伴うハイブリッド化が進むとしている。

 *日本語「土着化」から発想されたグローバルとローカルをつなぎあわせた造語。

 教育を文化の一側面と捉えれば，グローバル化が進めば各国が同様のカリキュラム（シラバス）に収斂していく流れとなることは予想できる。しかしそれは西洋の近代性一辺倒ではなく，ローカル性を重視したハイブリッド化（またはグローカル化）された数学教育となることが望ましい。そのような数学教育を構築するための視座として第1節でも取り上げられた「社会文化的文脈 (socio-cultural context)」（Bishop, 2010）の重要性を考える。

 まず「数学とは何か」という根源的な問いに立ち戻ろう。内在的数学観の立場に立てば，数学は文化に埋め込まれ，そして文化に結びつけられた社会的構成物である（アーネスト，2015）。数学という学問の特徴には抽象性や論理性がある。一方，数学教育においては，数学的文脈のみならず社会的文脈や文化の視座が必要となる（長崎他，1997）。さらに学校内では子ども間や子どもと教師との相互作用により形成される教室文化，学校外では「状況的学習理論」（レイヴ＆ウェンガー，1993）に見られるような特有の文化的・社会的文脈の中で学びが生起する。このように数学教育において，学びの対象である数学と学びの主体者である学習者，そして学びの場を創造する教師，それぞれが包含する社会文化的文脈を無視することはできない。実際に学習者は異なる社会文化的背景により，同様の課題に対してその方略に差異があることが明らかとなっている。例えば数を数えるという方法において，日本の子どもたちは線で囲むことに対して，米国は線でつなぐ方略をとっている（図9-1）。

 日本における線で囲む方略は図形の群化や乗法構造の理解につながる思考を育成できる可能性がある（三輪，1992）。また「三平方の定理」の指導方法において，フィンランドでは三角比の学習の一部として簡単に扱われている一方，ドイツでは導入部分で直角・鋭角・鈍角三角形について考えさせフェルマーの最終定理まで話題にしている*（教科書研究センター，2010）。これはグローバル化が進む中においても，その国の社会文化的文脈により指導内容の価値の置き方に違いがみられる例であろう。

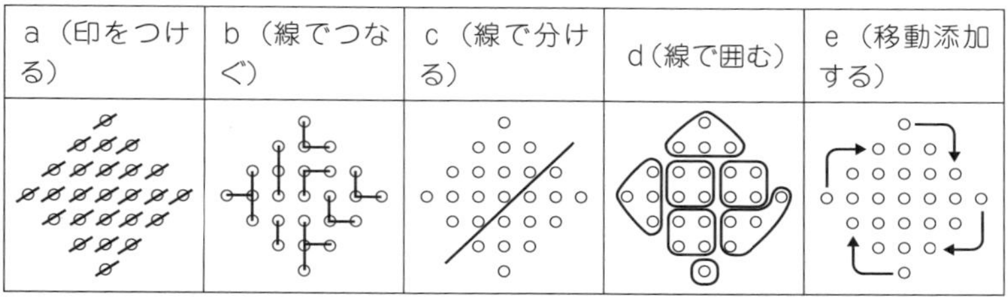

a（印をつける）	b（線でつなぐ）	c（線で分ける）	d（線で囲む）	e（移動添加する）

	線でつなぐ	線で囲む
日本（172名）	5％	66％
米国（52名）	54％	2％

図9-1　おはじきの数え方における優先的仕方の比較（三輪，1992を基に筆者作成）

＊フェルマーの最終定理とは，3以上の自然数 n について，$X^n + Y^n = Z^n$ を満たす自然数の組（X, Y, Z）は存在しないという定理である。$n = 2$ のときは，三平方の定理から導かれるように，自然数の組は，（3，4，5）や（5，12，13）のように無限に存在する。

現在は数学教育のグローバル化が進み，問題解決や批判的思考，社会的構成主義，STEM教育など基本となる理念や教授方法は同一の方向へ向かっている。数学もまた万人の言語となり地理的・時間的に普遍化している。しかし教授と学習という実践において，人間が主役である以上社会的多様性に基づくローカル性との摩擦は避けられない。むしろハイブリッド化の途上において，そのような摩擦は必要不可欠なものと言えるであろう。

第3節　数学教育の教授言語の問題

1．グローバル化と言語能力

グローバル化が進展する中，人の動きに注目すると，国内の在留外国人の人数は増加し，2012年には約200万人であったのが，2018年6月末には過去最

高の約230万人を超え，現在も増え続けている。2018年1月現在，在留外国人の国籍も中国，韓国，ベトナム，フィリピンなどのアジア諸国をはじめ，ブラジルというように多様化している（法務省ホームページ）。また，外国人留学生も毎年約10％増加しており，今後も増えると予想できる（文部科学省ホームページ2018年1月現在）。企業の動きに注目すれば，国内の少子化，新興海外市場の興隆もあり，日系企業の経営において，増々グローバル化が進展している。海外から進出してきた国内のグローバル企業では英語を共通語とする場合もみられる。例えば，楽天，ユニクロといった日系企業が，社内共通語を英語としたことが話題となった。また，日系企業（例えば，ローソン）も積極的に海外でのリクルートを行い，より優秀な人材を世界から採用するような動きもある。

　このようにグローバル化によって，人の動きが活発化するだけでなく，我々の職業生活や使用言語にも影響があることがわかる。つまり，次世代が英語といった国際的に普及した言語能力をもつことはもはや必須の状況となっている。この社会の変化を受けて，教育の内実も変わっていかざるを得ないだろう。例えば，日本経済団体連合会（2016）の「今後の教育改革に対する基本的考え方」の一つとして，グローバル人材の育成に向けた英語教育の強化がすでにみられる。

　このようなことからも，グローバル化の時代においては，増々言語能力の重要性・必要性が叫ばれ，日本語だけでなく，英語をはじめとする国際的に普及した言語を身に付けることが重要な意味をもつ。他言語の運用能力は当たり前のこととされ，その能力不足は，職業選択の際のマイナスになり得る。つまり，かつては，英語能力をもつことはプラスの面が強かったが，グローバル化の時代では，もつことのプラスの面よりも，もたないことへのマイナスの面が強くなったと思われる。また，他の言語を学ぶことは，他の文化の理解あるいはそれとの比較により自国の文化をより深く知るきっかけにもなり，寛容な考え方を促すとされる（OECD教育研究革新センター，2015，p.31）。

　このように，単に日本語以外の他言語を話すことができるという意味ではない言語能力（language proficiency）の獲得とその教育が望まれる。OECD（2006, p.10）によれば，教授言語を家庭で使用する移民の子どもとそうでない子どもの間には学力水準の差が認められ，家庭で使用する言語と数学の学力水準に強

い関係性が認められる国では，より支援策を講じるべきとされる。日本に住む外国人は増加しているため，今後それへの対策は不可欠になると思われる。

　地球規模の社会現象であるグローバル化は，それを受け入れるかどうかの選択というよりはむしろ，それと調和する人材の育成および教育の在り方の変換を迫っている。例えば，言語能力を身に付けた人材の育成や，外国籍児童への教育，第二言語による教育など取り組むべきことは多い。これらの課題は，おそらく英語（あるいは他言語）を用いた数学の教授についても関わっている。

2．第二言語による数学教育研究の事例と日本の課題

　グローバル化を受け，国際的に普及する言語に対する能力の育成と外国籍児童に対する教育を視野に入れると，教授言語への注目は必然的である。言語は，学習・教授・コミュニケーションにおいて不可欠な要素であり，数学教育においても例外ではない。

　この視点は，日本の数学教育では馴染みのないものかもしれない。しかし国際的には，先進諸国でも多言語環境にあるため，数学教育研究の主要な課題として位置づけている＊。例えば，アイルランド＊＊では，アイルランド語か英語のどちらかを教授言語として選べるが，アイルランド語を選択する子どもは少数であり，アイルランド語から英語による数学学習へ生徒たちが移る場合が多い。このような中，アイルランド語と英語双方の言語能力および数学の文章問題を解く力の関係性が調査された（Ríodáin & O'Donoghue, 2009）。数学の文章問題を解く際に，アイルランド語能力は大きな役割を果たす一方で，学年が高くなるにつれ，英語能力の役割が重要性を増してくることが報告されている。

　　＊ 2012年に韓国で開催されたICME12においても，教授言語について取り上げられている（Mamokgethi, 2012）。
　　＊＊アイルランドでは，アイルランド語が第1公用語であり，英語は第2公用語である。しかし，英語は広く普及しており，多くの人にとっては英語が第1言語に位置付いているとされている（田中，2002）。

　また，アベディとロードは，アメリカを事例にとして英語学習者（English

language learners)が数学のテストで大きくつまずく要因を,文章問題に焦点を当てて調べた(Abedi & Lord, 2001)。英語学習者は,英語が堪能な子どもに比べて,テスト得点が有意に低く,問題文の長さや表現に得点が大きく左右されると報告している。問題文の長さや表現に左右されやすい子どものクラスでは,数学の成績は思わしくなく,英語学習者であることが多い。また,社会経済的状況(socio-economic status)も相対的に低い傾向にある。このように,言語能力と数学学力の関係性には,学校内だけでなく学習者の社会経済的地位など,学校外との関わりにも目を向ける必要がある。

教授言語の移行や英語学習の必要性およびその教育は,グローバル化がもたらす側面の一つであり,特定の数学教育の実践の場(教室)や実践者(教師・子ども)の実態を汲むものではなく,社会的・政治的な大きな流れに沿う(Eric, 2007)ことにも注意が必要である。例えばアイルランドではかつてはイングランドの支配下におかれた歴史があるし,アメリカは人種のるつぼと称されるほど,多種多様な文化や言語をもつ人々が混在する社会背景がある。

これまでみてきたように,第二言語による数学教育を想像すると,他言語で記述された文章から問題文の意図を読み取り,数学的な概念を理解するという認知的な側面から,第二言語による教育を必要とする子どもの社会経済的な背景までを視野に入れるべきであろう。つまり,認知的・社会学的な視点により,多面的に考察されなければならない。日本語での数学の学習と今後広まる英語による学習の違いが及ぼす認知的側面についての考察だけでなく,グローバル化がもたらす子どもの社会経済的な背景と生活環境の変化にまで目を向け,数学教育研究の裾野を広げていく必要がある。

3. 数学教育の教授言語

わが国の数学教育は日本語で行われ,当たり前のように,日本語の数学用語を用いて,教師は授業をし,子どもは数学を学んでいる。数学教育史をみると,明治維新以降,日本の数学であった和算は西洋発祥の数学の表現に変換され,西洋の数学書は和算や中国語を用いて翻訳された。そして,東京数学会社訳語会を中心に数学用語の統一が図られ,明治30年頃には,日本独自の日本語に

よる教科書の編纂へと至っている（伊達，2013，pp.76-78）。また，第二次世界大戦後の占領下にGHQの指示で日本人の読み書き能力調査が行われている。GHQは，日本語のローマ字表記化を目論んでいたようだが，調査の結果，日本人の十分な日本語力が実証され，ローマ字表記化の議論は終息した（吉野・山岡・林，2010，pp.3-4）。このような歴史的な流れは，OECDの国際成人力調査（国立教育政策研究所，2013b）で示された日本人の読解力と数的思考力の高さに繋がっているかもしれない。

　現在，日本語による数学教育が当然のようにほとんどの学校で行われているが，実は当たり前のことではない。それには日本語の数学用語の統一や日本人の日本語力の実証といった歴史的な背景がある。日本人にとって日本語は，第一言語として確固たるものであり，数学の教授と学習，換言すると数学教育の根幹を占めるものと考えてよい。他方でグローバル化は，地球規模の社会現象であり，その影響は看過できない。特に，英語といった他言語能力の獲得と育成は必然的であり，他言語による数学教育の必要性は高まるかもしれない。とはいえ，今日当たり前に行われる数学教育の背景には，数学用語の統一など，教育が行えるほどに洗練された日本語と日本人の母国語力が根底にある。日本語に拠らない数学教育は考え難い一方で，グローバル化にある数学教育において英語といった他言語を軽んじることもまた難しい。つまり近い将来，日本語と英語による数学の教授学習を容認せざるを得ないかもしれない。そこでの問題は，言語使用やその選択における微妙なバランスである。例えば，帰国子女（帰国生）が英語で数学を学習することに問題がないならば，英語による数学の教授はよい学習効果をもたらすかもしれない。一方で，英語で学ぶことで認知的負荷が高まる子どもには，日本語を主として英語を併用することが必要かもしれない。外国籍児童であれば，母語次第では日本語よりも英語による教授の方が，円滑に数学の学習が進む可能性もある。言語能力には個人差があるし，言語は自己認識の形成にも影響するため言語を併用した数学の教授学習には検討すべきことは多い。数学教育における日本語と英語，つまり教授言語の議論は複雑であり，明確な答えを与えることは容易ではない。後述する事例などを踏まえながら，数学教育における日本語の頑健さと他言語の必要性を注視し，慎重な検討が今後増々求められる。

第4節　国際バカロレアの展開と課題

1．国際バカロレアの概要

　本節で扱う国際バカロレア（以下 IB）は越境して教育を受ける生徒たちの接続性の課題を解消する試みとして，1968年にヨーロッパを中心に開発・導入された国際的な教育プログラム及び大学入学資格である（国際バカロレア機構，2014）。IB は総合的な教育プログラムで就学前から高校（3歳から19歳を対象）までの一貫したカリキュラムモデルを提供している。その中に，中等教育プログラムを含む11-16歳対象の MYP（Middle Years Programme）と16-19歳対象の DP（Diploma Programme）が位置づけられている。日本国内において，IB 機構と文部科学省は日本語を母国語とする生徒のための二カ国語（英語・日本語）による DP を開発する事に合意した（IB organization, 2013）。そして文部科学省は DP の導入を促進するため，関連 DP 科目の履修により単位認定し DP 推進に取り組んでいる。日本では現時点で2科目のみ英語で教授されることとなっており，IB 参加校の多くで英語と数学を選択している＊。このため，英語による数学学習について考える視点を提供してくれる。本節では IB の数学の授業事例を取り上げ，IB の事例を基点として，今後の検討すべき数学教育的課題を挙げたい。

　　＊日本では DP 科目は必ず2科目以上を英語で教授することとなっており，DP科目をすべて日本語で行うことはできない。数学を日本語で教授し，代わりに他科目を英語で行う学校も少数だが存在する。

2．IB の実践

　本小節では，IB の授業事例（DP 数学）を紹介する。そして，通常の授業でどのようなことが行われているのか，英語で数学を教授する際の注意すべき点，

課題，利点について生徒のインタビューを交えて述べる。実践は以下のように2017年11月28日に関東地方のT校で行われた。この学校は中高一貫校（1－6年生）で，IBのMYPおよびDPプログラムがある。1－4年まではMYPプログラムで学び，5－6年の希望者がDPプログラム生で，その他の生徒は一般生と呼ぶ。当該クラスにおいて，生徒は8名で2名以外はこれまでに海外において英語で教育を受けた経験がある。この学校の数学の授業では，基本的には英語によるやりとりのみで授業が行われている。例外として，生徒同士の話し合いの際には，日本語を用いる場合もある。

日時：2017年11月28日（火）10：30～12：20（2時間）
授業の内容：座標幾何における三角形の性質と証明における垂心の存在証明
授業の目標：
・座標の特性を利用して垂心の証明に活用できるようになる
・多様な証明の方法とそれぞれ方法のよさや歴史的背景について理解する

	内容	用いた問題や解答
導入20分	前時の確認 ・証明の方法の振り返り 【座標を使った証明の書き方の指導】 ・証明の一般的な流れの確認 ・証明で使われる用語の確認 【課題1】「前時の証明を正確に書こう」 ・共有する	図9－2　前時の生徒による証明 （筆者撮影）
展開25分	・これまでに学んだ証明の3つの方法の利点とそうでない点を，ペアで確認する。 【課題2】 「それぞれの方法のよさをホワイトボードに書こう」 ・発表させて共有する． （共有した意見の例） ・①は簡単な法則しか使っていないが，想像力が必要	① 平面図形を用いた証明

253

展開 25分	・②は AH を延長しなくても議論できるが，内積を知っておく必要がある ・③は一点で交わる点の座標が求められる	② ベクトルの考え方を用いた証明 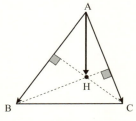 ③ 座標を使った証明 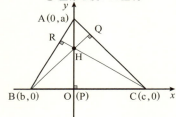 図 9-3　授業で扱った証明 （筆者作成） 図を元に議論させる。
まとめ 5分	・各証明のよさ，座標の有用性を確認した。 ・幾何学，ベクトル，座標の成り立ちの歴史について教師が紹介した。	

授業の流れ：

　前時の学習：座標を用いた垂心の証明を行った。1名のみが証明を完成したため，本時の授業で証明の記述部分が正しいかどうかの確認を行った。

　以下に図9-3で示した生徒が行った証明を示す。

$AB = \dfrac{-A}{B}x + A \perp ③\ y = \dfrac{B}{A}x + p$

$CA = \dfrac{A}{-C}x + A \perp ①\ y = \dfrac{C}{A}x + p'$

$\rightarrow BC = 0x + 0 \perp ②\ x = 0$

① goes through $(B,\ 0)$

$\therefore\ 0 = \dfrac{C}{A}(B) + p'$

③ goes through $(C,\ 0)$

$\therefore\ 0 = \dfrac{B}{A}(C) + p$

$p = -\dfrac{BC}{A}$

$y = \dfrac{B}{A}x - \dfrac{BC}{A}$　…①′

When we plug in ② $x = 0$ to ①′ & ③′

第9章　グローバル化する数学教育

$p' = -\dfrac{BC}{A}$

$y = \dfrac{C}{A}x - \dfrac{BC}{A}$ …③′

①′ $y = \dfrac{B}{A}(0) - \dfrac{BC}{A} = -\dfrac{BC}{A}$ …④

③′ $y = \dfrac{C}{A}(0) - \dfrac{BC}{A} = -\dfrac{BC}{A}$ …⑤

④＝⑤　Therefore they intersect at one point $\left(0,\ -\dfrac{BC}{A}\right)$

＊説明中の矢印はすべてベクトルを指している。例えば∠AB は $\overrightarrow{AB}$ を表している。生徒が書いた通りの答案を再現した。

　導入は復習も兼ね，この解答を用いていくつかの間違いを指摘するとともに，数学的に正しい証明について考えた。展開部分においては，既習の3つの証明（平面図形を用いた証明，ベクトルの考えを用いた証明，座標を用いた証明）の特徴を考えさせた。これらの平面図形とベクトルを用いた証明に関しては生徒が完成することができなかったため，教師が証明を示した。ペア学習において，それらの証明を見ながら生徒が各証明方法の特徴や差異を議論・発表した。第一に，平面図形を用いた証明を説明した生徒は2名で「平面図形における図形の特徴を用いて証明をしている。（例）円周角の定理，対頂角は等しい」「利点はシンプルで上のもの以外は使わない」「しかし，平面図形の様々な特徴に関する知識が必要，空間認識ができないと難しい」「TOK＊による想像と視覚化の力」という意見が英語で出された。この意見から，生徒がTOKで学んだことも関連づけていることがわかる。

　　＊知の理論（TOK：Theory of Knowledge）とは，批判的に思考して，知るプロセスを探究する授業であり，各科目（例えば，数学）と相互補完の関係にある。そこでは，「知るための方法」として言語や知覚などが，「知識の領域」として数学や土着の知識体系などが設定されている。

　第二に，ベクトルを用いた証明は2名が説明した。「弱点として，内積を使う。ベクトルの位置は関係なく，垂直であることが言える。線分を延長して考える必要はない。すべての式が点Hに関連していて，証明の論法が他の2つとは異なる。」といった意見が出された。第三に，座標を用いた証明は4名が説明した。「AOは y 軸上にあるので x 座標はOで表すことができる」「BCが x 軸上にあるので，B，Cの y 座標を0とすることができる」「弱点：角の性質

を使うことはできない。三角形が軸に接していないと変数が増える，利点：Pは（0，0）で固定されているので，点を簡単に表すことができる」といった意見が出された。まとめでは教師が数学史の年表を用いて，内容に関する歴史的背景について触れた。宗教と数学の関連性についても，ギリシアで数学の論理的側面が発達したのは宗教の正しさを論理的に説明するという背景もあったため，宗教と数学は密接に関わりながら発展していることについても紹介した。

　本授業では，英語による数学の授業が行われたが，生徒たちは流暢に話すことができたため，数学の用語や証明に関しても，数学的な間違いはあったものの，言語的には問題なく説明できていた。授業においては，証明を行うだけではなく，様々な方法や視点から証明方法を学習し，ペア学習や発表の機会を多く設定して，生徒たちは多くの時間を話し合いの時間に充てていた。また，各証明方法のよさについても話し合い，用いた数学的方法を俯瞰的に考えた。これらは，様々な文脈の中で自分の考えを相手に自信をもって明確に伝えられるようにするというIBのねらいに関連づけられる。また，平面図形や座標を用いた証明やこれらの数学的な見方・考え方がどのように人類の歴史において生み出されてきたのか，という数学史を学ぶ内容も含まれた。これはTOKにおける「知識の枠組み」とも関連づけられる。このように，数学の科目特性と，それを越えたところでのものの見方・考え方（TOKにおける学び）を双方に関連づけていることは，IBのDP数学の特徴を表している。

3．生徒へのインタビュー

　IBにおける数学学習を生徒自身がどのように考えているのかについて，約30分，個別インタビューを行った。この女子生徒は英語圏で数年生活した経験がある帰国子女である。全般的にIBでは課される課題が多いため大変な時期もあったが，非常に満足しているとのことであった。将来は国際関係の職に就きたいと考えており，英語の使用は必須だと考えている。

　授業において，教師は基本的にはすべて英語で授業を行っており，生徒もほとんどの場面で英語を用いていたが，ペア・ワークの際には英語・日本語双方を用いて会話していた。目立った特徴としては，数学の専門用語に関しては日

本語で話す中でも英語を用いていた。このことについては「何をどの言語で話すかどうかは決めていない，一番説明しやすい言語を選んで話している」とのことであった。英語で数学の専門用語を学ぶことは接頭語（例えば，semi-, circu- など）より語の意味が想像しやすく，日本語よりも覚えやすいという話もあった。また，英語で話している最中に，日本語に入れ替わり，日本語で数学の内容を会話している場合もあった。このことに対しては「自分が，一番都合よく話すことができる言語を自動的に用いている」「日本語と英語が混ざり合って自由に意思疎通ができる今の環境が自分にとっては最も心地よい」という話があった。特に，数学のような抽象的な議論の際に，英語と日本語を状況に合わせてより通じやすい言語を臨機応変に用いていることがわかる。

4．数学教育における教授言語としての英語

　IB の数学教育の現状を踏まえ，今後の日本における教授言語としての英語の運用を考えたとき，いくつかの利点と懸念すべき点がある。まず，越境する子どもたちのためのプラットフォームの存在自体は大きな利点である。帰国子女だけではなく，外国籍児童・生徒の教育の問題は深刻である。教科の英語化が進むことで彼らにとっても言語的に学びやすい環境が提供されうることは「すべての人に数学を」に向けて，ポジティブな点である。IB においても，授業の質は教師の力量で変わってくると考えられるため，IB における英語による数学の実践も研究上で明らかにされていくべきである。

　一方，懸念すべき点は，異なる言語を用いた際に生じる認識論的問題である。英語での教授や IB のカリキュラムが現行の数学教育に比べて，内容的にどのように優位性を持っているのか。日本語・英語双方を用い，認知的負荷が低い方を選ぶことが良いことかどうかは現時点では未明である。また，今後，英語が生活言語でない生徒が，英語で数学を学ぶことは子どもたちに有用なのか，またどのような影響があるのか，ということは近い将来議論になるであろう。英語による学習の負荷が予想されるが，インタビューの例にあるように，生徒の中には数学を英語で学ぶことの方が，楽に感じる子どももいるのかもしれない。すでに海外の数学教育においては言語と数学の思考に関する研究は少なく

ないため，そこから学ぶ姿勢も肝要である。

　グローバル化に対応した先進的取り組みを，今後学術的視点をもって言語と数学理解の関連について批判的に検証し，声をあげていくべきであろう。

章末問題

1．社会文化的視点から日本の数学教育における実践的・研究的な課題を一つ挙げ，整理しなさい。
2．グローバル化時代における教育動向の中で，数学教育の地域性（ローカル性）について考えられる具体例を挙げて説明しなさい。
3．グローバル化時代の数学教育における日本語と英語による教授学習が調和するための方策について論じなさい。
4．国際バカロレア（IB）における英語による数学教授のメリットとデメリットを論じ，デメリットを克服するにはどうすべきかを考えなさい。

引用・参考文献

アーネスト，P., 長崎栄三・重松敬一・瀬沼花子監訳（2015）『数学教育の哲学』東洋館.
石井由理（2013）「グローバル化と学校教育政策　文化的均質化と独自性の間で」『山口大学教育学部研究論叢（第3部）』6：1-10.
OECD教育研究革新センター（2015）『グローバル化と言語能力』明石書店.
教科書研究センター（2010）『理数教科書に関する国際比較調査公開シンポジウム《算数・数学の部》』教科書研究センター.
国立教育政策研究所（2013a）『教育課程の編成に関する基礎的研究　報告書5　社会の変化に対応する資質や能力を育成する教育課程編成の基本原理』
　　https://www.nier.go.jp/kaihatsu/pdf/Houkokusho-5.pdf（2018年1月29日閲覧）.
国立教育政策研究所（2013b）『成人スキルの国際比較――OECD国際成人力調査（PIAAC）報告書』明石書店.
国際バカロレア機構（2014）『国際バカロレア（IBの教育とは？）』国際バカロレア機構.
伊達文治（2013）『日本数学教育の形成』溪水社.
田中建彦（2002）「アイルランド語の衰退とその復活政策の失敗」『長野県看護大学紀要』20：51-60.
長崎栄三・瀬沼花子・竹富徹（1997）「社会的文脈における数学を重視した算数・数学教育についての研究」『第30回数学教育論文発表会論文集　論文発表の部』：187-192.
松尾和明（2015）『21世紀型スキルとは何か――コンピテンシーに基づく教育改革の国際比較』明石図書.
丸山英樹（2016）「国際イニシアチブと学力観が描く市民像」佐藤学他編『岩波講座教育変革への展望7』岩波書店：45-72.

レイヴ，J.・ウェンガー，E.，佐伯胖訳（1993）『状況に埋め込まれた学習―正統的周辺参加』産業図書.
三輪辰郎（1992）『日本とアメリカの数学的問題解決の指導』東洋館.
吉野諒三・山岡和枝・林文（2010）『国際比較データの解析——意識調査の実践と活用』朝倉書店.
Abedi, J. & Lord, C. (2001) "The language factor in mathematics tests", *Applied measurement in education*, 14(3): 219-234.
Ball, L. D. (2017) "Uncovering the special mathematical work of teaching", In Kaiser, D (Ed.), *Proceedings of the 13th international congress on mathematical education* (11-34), Springer: Cham.
Bishop, A. (2010) "General introdution", In A. Bishop (Ed.), *Mathematics education major themes in education* (1: 1-14), Routledge: London and New York.
Brown, J., and Stillmann, G. (2010) "Mathematics for a computerised and globalised world", *Australian senior mathematics journal*, 24(2): 4-5.
Cai, J. & Howson, G. (2013) "Toward an international mathematics curriculum", *Third international handbook of mathematics education*, 27 (949-974), Springer: New York.
D' Ambrosio, U. (2015) "From mathematics education and society to mathematics education and a sustainable civilization: a threat, an appeal and a propostion", Keynote speech in MES 8 (Mathematics Education and Society), Portland, Oregon, June 21-16, 2015.
Gutiérrez, R. (2002) "Enabling the practice of mathematics teachers in context: toward a new equity research agenda", *Mathematical thinking and Learning*, 4(2/3): 145-187.
IB organization (2013) *IB press announcement*, International Baccalaureate: Singapore.
Jablonka, E. & Gellert, U. (Eds.) (2007) *Mathematisation and demathematisation social, philosophical and educational Ramifications* (1-18), Sense publishers: Rotterdam.
Mamokgethi, S. (2012) "Mathematics education and language diversity: background, findings and future research directions", *ICME12 Pre-proceedings*: 41.
OECD (2006) *Where immigrant students succeed a comparative review of performance and engagement in PISA 2003*, OECD: Paris.
Ríordáin, N. R. & O'Donoghue, J. (2009) "The relationship between performance on mathematical word problems and language proficiency for students learning through the medium of Irish", *Educational studies in mathematics*, 71: 43-64.
STEM Task Force Report (2014) *Innovate: a blueprint for science, technology, engineering, and mathematics in California public education*, Californians dedicated to education foundation: CA.

ウェブサイト
法務省ホームページ「平成28年末現在における在留外国人数について」
　　http://www.moj.go.jp/nyuukokukanri/kouhou/nyuukokukanri04_00065.html（2018年1月15日閲覧）

文部科学省ホームページ「『外国人留学生在籍状況調査』及び『日本人の海外留学者数』等について」
http://www.mext.go.jp/a_menu/koutou/ryugaku/1345878.htm（2018 年 5 月 24 日閲覧）

（中和　渚・高阪将人・新井美津江・渡邊耕二・木村光宏）

資 料 編

中学校学習指導要領（平成29年3月）　第2章　第3節　数学
高等学校学習指導要領（平成30年3月）　第2章　第4節　数学

中学校学習指導要領
（平成29年3月）

第2章　第3節　数学

第1　目標

数学的な見方・考え方を働かせ，数学的活動を通して，数学的に考える資質・能力を次のとおり育成することを目指す。
(1) 数量や図形などについての基礎的な概念や原理・法則などを理解するとともに，事象を数学化したり，数学的に解釈したり，数学的に表現・処理したりする技能を身に付けるようにする。
(2) 数学を活用して事象を論理的に考察する力，数量や図形などの性質を見いだし統合的・発展的に考察する力，数学的な表現を用いて事象を簡潔・明瞭・的確に表現する力を養う。
(3) 数学的活動の楽しさや数学のよさを実感して粘り強く考え，数学を生活や学習に生かそうとする態度，問題解決の過程を振り返って評価・改善しようとする態度を養う。

第2　各学年の目標及び内容

〔第1学年〕

1　目標

(1) 正の数と負の数，文字を用いた式と一元一次方程式，平面図形と空間図形，比例と反比例，データの分布と確率などについての基礎的な概念や原理・法則などを理解するとともに，事象を数理的に捉えたり，数学的に解釈したり，数学的に表現・処理したりする技能を身に付けるようにする。
(2) 数の範囲を拡張し，数の性質や計算について考察したり，文字を用いて数量の関係や法則などを考察したりする力，図形の構成要素や構成の仕方に着目し，図形の性質や関係を直観的に捉え論理的に考察する力，数量の変化や対応に着目して関数関係を見いだし，その特徴を表，式，グラフなどで考察する力，データの分布に着目し，その傾向を読み取り批判的に考察して判断したり，不確定な事象の起こりやすさについて考察したりする力を養う。
(3) 数学的活動の楽しさや数学のよさに気付いて粘り強く考え，数学を生活や学習に生かそうとする態度，問題解決の過程を振り返って検討しようとする態度，多面的に捉え考えようとする態度を養う。

2　内容

A　数と式

(1) 正の数と負の数について，数学的活動を通して，次の事項を身に付けることができるよう指導する。
ア　次のような知識及び技能を身に付けること。
　(ア) 正の数と負の数の必要性と意味を理解すること。
　(イ) 正の数と負の数の四則計算をすること。
　(ウ) 具体的な場面で正の数と負の数を用いて表したり処理したりすること。
イ　次のような思考力，判断力，表現力等を身に付けること。
　(ア) 算数で学習した数の四則計算と関連付けて，正の数と負の数の四則計算の方法を考察し表現すること。
　(イ) 正の数と負の数を具体的な場面で活用すること。

(2) 文字を用いた式について，数学的活動を通して，次の事項を身に付けることができるよう指導する。
ア　次のような知識及び技能を身に付けること。
　(ア) 文字を用いることの必要性と意味を理解すること。
　(イ) 文字を用いた式における乗法と除法の表し方を知ること。
　(ウ) 簡単な一次式の加法と減法の計算をすること。
　(エ) 数量の関係や法則などを文字を用いた式に表すことができることを理解し，式を用いて表したり読み取ったりすること。
イ　次のような思考力，判断力，表現力等を身に付けること。
　(ア) 具体的な場面と関連付けて，一次式の加法

と減法の計算の方法を考察し表現すること。
(3) 一元一次方程式について，数学的活動を通して，次の事項を身に付けることができるよう指導する。
ア 次のような知識及び技能を身に付けること。
 (ア) 方程式の必要性と意味及び方程式の中の文字や解の意味を理解すること。
 (イ) 簡単な一元一次方程式を解くこと。
イ 次のような思考力，判断力，表現力等を身に付けること。
 (ア) 等式の性質を基にして，一元一次方程式を解く方法を考察し表現すること。
 (イ) 一元一次方程式を具体的な場面で活用すること。
〔用語・記号〕
 自然数　素数　符号　絶対値　項　係数　移項　≦　≧

B　図　形
(1) 平面図形について，数学的活動を通して，次の事項を身に付けることができるよう指導する。
ア 次のような知識及び技能を身に付けること。
 (ア) 角の二等分線，線分の垂直二等分線，垂線などの基本的な作図の方法を理解すること。
 (イ) 平行移動，対称移動及び回転移動について理解すること。
イ 次のような思考力，判断力，表現力等を身に付けること。
 (ア) 図形の性質に着目し，基本的な作図の方法を考察し表現すること。
 (イ) 図形の移動に着目し，二つの図形の関係について考察し表現すること。
 (ウ) 基本的な作図や図形の移動を具体的な場面で活用すること。
(2) 空間図形について，数学的活動を通して，次の事項を身に付けることができるよう指導する。
ア 次のような知識及び技能を身に付けること。
 (ア) 空間における直線や平面の位置関係を知ること。
 (イ) 扇形の弧の長さと面積，基本的な柱体や錐（すい）体，球の表面積と体積を求めること。
イ 次のような思考力，判断力，表現力等を身に付けること。
 (ア) 空間図形を直線や平面図形の運動によって構成されるものと捉えたり，空間図形を平面上に表現して平面上の表現から空間図形の性質を見いだしたりすること。
 (イ) 立体図形の表面積や体積の求め方を考察し表現すること。
〔用語・記号〕
 弧　弦　回転体　ねじれの位置　π　$\parallel$　$\perp$　$\angle$　$\triangle$

C　関　数
(1) 比例，反比例について，数学的活動を通して，次の事項を身に付けることができるよう指導する。
ア 次のような知識及び技能を身に付けること。
 (ア) 関数関係の意味を理解すること。
 (イ) 比例，反比例について理解すること。
 (ウ) 座標の意味を理解すること。
 (エ) 比例，反比例を表，式，グラフなどに表すこと。
イ 次のような思考力，判断力，表現力等を身に付けること。
 (ア) 比例，反比例として捉えられる二つの数量について，表，式，グラフなどを用いて調べ，それらの変化や対応の特徴を見いだすこと。
 (イ) 比例，反比例を用いて具体的な事象を捉え考察し表現すること。
〔用語・記号〕
 関数　変数　変域

D　データの活用
(1) データの分布について，数学的活動を通して，次の事項を身に付けることができるよう指導する。
ア 次のような知識及び技能を身に付けること。
 (ア) ヒストグラムや相対度数などの必要性と意味を理解すること。
 (イ) コンピュータなどの情報手段を用いるなどしてデータを表やグラフに整理すること。
イ 次のような思考力，判断力，表現力等を身に付けること。
 (ア) 目的に応じてデータを収集して分析し，そ

のデータの分布の傾向を読み取り，批判的に考察し判断すること。
(2) 不確定な事象の起こりやすさについて，数学的活動を通して，次の事項を身に付けることができるよう指導する。
ア 次のような知識及び技能を身に付けること。
(ｱ) 多数の観察や多数回の試行によって得られる確率の必要性と意味を理解すること。
イ 次のような思考力，判断力，表現力等を身に付けること。
(ｱ) 多数の観察や多数回の試行の結果を基にして，不確定な事象の起こりやすさの傾向を読み取り表現すること。
〔用語・記号〕
　範囲　累積度数
〔数学的活動〕
(1) 「A数と式」「B図形」，「C関数」及び「Dデータの活用」の学習やそれらを相互に関連付けた学習において，次のような数学的活動に取り組むものとする。
ア 日常の事象を数理的に捉え，数学的に表現・処理し，問題を解決したり，解決の過程や結果を振り返って考察したりする活動
イ 数学の事象から問題を見いだし解決したり，解決の過程や結果を振り返って統合的・発展的に考察したりする活動
ウ 数学的な表現を用いて筋道立てて説明し伝え合う活動
3 内容の取扱い
(1) 内容の「A数と式」の(1)に関連して，自然数を素数の積として表すことを取り扱うものとする。
(2) 内容の「A数と式」の(1)のアとイの(ｱ)に関連して，数の集合と四則計算の可能性を取り扱うものとする。
(3) 内容の「A数と式」の(2)のアの(ｴ)に関連して，大小関係を不等式を用いて表すことを取り扱うものとする。
(4) 内容の「A数と式」の(3)のアの(ｲ)とイの(ｲ)に関連して，簡単な比例式を解くことを取り扱うものとする。

(5) 内容の「B図形」の(1)のイの(ｳ)に関連して，円の接線はその接点を通る半径に垂直であることを取り扱うものとする。
(6) 内容の「B図形」の(2)のイの(ｱ)については，見取図や展開図，投影図を取り扱うものとする。

〔第２学年〕
1 目標
(1) 文字を用いた式と連立二元一次方程式，平面図形と数学的な推論，一次関数，データの分布と確率などについての基礎的な概念や原理・法則などを理解するとともに，事象を数学化したり，数学的に解釈したり，数学的に表現・処理したりする技能を身に付けるようにする。
(2) 文字を用いて数量の関係や法則などを考察する力，数学的な推論の過程に着目し，図形の性質や関係を論理的に考察し表現する力，関数関係に着目し，その特徴を表，式，グラフを相互に関連付けて考察する力，複数の集団のデータの分布に着目し，その傾向を比較して読み取り批判的に考察して判断したり，不確定な事象の起こりやすさについて考察したりする力を養う。
(3) 数学的活動の楽しさや数学のよさを実感して粘り強く考え，数学を生活や学習に生かそうとする態度，問題解決の過程を振り返って評価・改善しようとする態度，多様な考えを認め，よりよく問題解決しようとする態度を養う。
2 内容
A 数と式
(1) 文字を用いた式について，数学的活動を通して，次の事項を身に付けることができるよう指導する。
ア 次のような知識及び技能を身に付けること。
(ｱ) 簡単な整式の加法と減法及び単項式の乗法と除法の計算をすること。
(ｲ) 具体的な事象の中の数量の関係を文字を用いた式で表したり，式の意味を読み取ったりすること。
(ｳ) 文字を用いた式で数量及び数量の関係を捉え説明できることを理解すること。

(エ) 目的に応じて，簡単な式を変形すること。
イ 次のような思考力，判断力，表現力等を身に付けること。
　(ア) 具体的な数の計算や既に学習した計算の方法と関連付けて，整式の加法と減法及び単項式の乗法と除法の計算の方法を考察し表現すること。
　(イ) 文字を用いた式を具体的な場面で活用すること。
(2) 連立二元一次方程式について，数学的活動を通して，次の事項を身に付けることができるよう指導する。
ア 次のような知識及び技能を身に付けること。
　(ア) 二元一次方程式とその解の意味を理解すること。
　(イ) 連立二元一次方程式の必要性と意味及びその解の意味を理解すること。
　(ウ) 簡単な連立二元一次方程式を解くこと。
イ 次のような思考力，判断力，表現力等を身に付けること。
　(ア) 一元一次方程式と関連付けて，連立二元一次方程式を解く方法を考察し表現すること。
　(イ) 連立二元一次方程式を具体的な場面で活用すること。
〔用語・記号〕
　同類項
B　図　形
(1) 基本的な平面図形の性質について，数学的活動を通して，次の事項を身に付けることができるよう指導する。
ア 次のような知識及び技能を身に付けること。
　(ア) 平行線や角の性質を理解すること。
　(イ) 多角形の角についての性質が見いだせることを知ること。
イ 次のような思考力，判断力，表現力等を身に付けること。
　(ア) 基本的な平面図形の性質を見いだし，平行線や角の性質を基にしてそれらを確かめ説明すること。
(2) 図形の合同について，数学的活動を通して，次の事項を身に付けることができるよう指導する。
ア 次のような知識及び技能を身に付けること。
　(ア) 平面図形の合同の意味及び三角形の合同条件について理解すること。
　(イ) 証明の必要性と意味及びその方法について理解すること。
イ 次のような思考力，判断力，表現力等を身に付けること。
　(ア) 三角形の合同条件などを基にして三角形や平行四辺形の基本的な性質を論理的に確かめたり，証明を読んで新たな性質を見いだしたりすること。
　(イ) 三角形や平行四辺形の基本的な性質などを具体的な場面で活用すること。
〔用語・記号〕
　対頂角　内角　外角　定義　証明　逆　反例　≡
C　関　数
(1) 一次関数について，数学的活動を通して，次の事項を身に付けることができるよう指導する。
ア 次のような知識及び技能を身に付けること。
　(ア) 一次関数について理解すること。
　(イ) 事象の中には一次関数として捉えられるものがあることを知ること。
　(ウ) 二元一次方程式を関数を表す式とみること。
イ 次のような思考力，判断力，表現力等を身に付けること。
　(ア) 一次関数として捉えられる二つの数量について，変化や対応の特徴を見いだし，表，式，グラフを相互に関連付けて考察し表現すること。
　(イ) 一次関数を用いて具体的な事象を捉え考察し表現すること。
〔用語・記号〕
　変化の割合　傾き
D　データの活用
(1) データの分布について，数学的活動を通して，次の事項を身に付けることができるよう指導する。
ア 次のような知識及び技能を身に付けること。
　(ア) 四分位範囲や箱ひげ図の必要性と意味を理解すること。

(イ)　コンピュータなどの情報手段を用いるなどしてデータを整理し箱ひげ図で表すこと。
　イ　次のような思考力，判断力，表現力等を身に付けること。
　(ア)　四分位範囲や箱ひげ図を用いてデータの分布の傾向を比較して読み取り，批判的に考察し判断すること。
(2)　不確定な事象の起こりやすさについて，数学的活動を通して，次の事項を身に付けることができるよう指導する。
　ア　次のような知識及び技能を身に付けること。
　(ア)　多数回の試行によって得られる確率と関連付けて，場合の数を基にして得られる確率の必要性と意味を理解すること。
　(イ)　簡単な場合について確率を求めること。
　イ　次のような思考力，判断力，表現力等を身に付けること。
　(ア)　同様に確からしいことに着目し，場合の数を基にして得られる確率の求め方を考察し表現すること。
　(イ)　確率を用いて不確定な事象を捉え考察し表現すること。

〔数学的活動〕
(1)　「A数と式」「B図形」，「C関数」及び「Dデータの活用」の学習やそれらを相互に関連付けた学習において，次のような数学的活動に取り組むものとする。
　ア　日常の事象や社会の事象を数理的に捉え，数学的に表現・処理し，問題を解決したり，解決の過程や結果を振り返って考察したりする活動
　イ　数学の事象から見通しをもって問題を見いだし解決したり，解決の過程や結果を振り返って統合的・発展的に考察したりする活動
　ウ　数学的な表現を用いて論理的に説明し伝え合う活動

3　内容の取扱い
(1)　内容の「B図形」の(2)のイの(ア)に関連して，正方形，ひし形及び長方形が平行四辺形の特別な形であることを取り扱うものとする。

〔第3学年〕
1　目標
(1)　数の平方根，多項式と二次方程式，図形の相似，円周角と中心角の関係，三平方の定理，関数 $y=ax^2$，標本調査などについての基礎的な概念や原理・法則などを理解するとともに，事象を数学化したり，数学的に解釈したり，数学的に表現・処理したりする技能を身に付けるようにする。
(2)　数の範囲に着目し，数の性質や計算について考察したり，文字を用いて数量の関係や法則などを考察したりする力，図形の構成要素の関係に着目し，図形の性質や計量について論理的に考察し表現する力，関数関係に着目し，その特徴を表，式，グラフを相互に関連付けて考察する力，標本と母集団の関係に着目し，母集団の傾向を推定し判断したり，調査の方法や結果を批判的に考察したりする力を養う。
(3)　数学的活動の楽しさや数学のよさを実感して粘り強く考え，数学を生活や学習に生かそうとする態度，問題解決の過程を振り返って評価・改善しようとする態度，多様な考えを認め，よりよく問題解決しようとする態度を養う。

2　内容
A　数と式
(1)　正の数の平方根について，数学的活動を通して，次の事項を身に付けることができるよう指導する。
　ア　次のような知識及び技能を身に付けること。
　(ア)　数の平方根の必要性と意味を理解すること。
　(イ)　数の平方根を含む簡単な式の計算をすること。
　(ウ)　具体的な場面で数の平方根を用いて表したり処理したりすること。
　イ　次のような思考力，判断力，表現力等を身に付けること。
　(ア)　既に学習した計算の方法と関連付けて，数の平方根を含む式の計算の方法を考察し表現すること。
　(イ)　数の平方根を具体的な場面で活用すること。
(2)　簡単な多項式について，数学的活動を通して，

次の事項を身に付けることができるよう指導する。
ア 次のような知識及び技能を身に付けること。
　(ア) 単項式と多項式の乗法及び多項式を単項式で割る除法の計算をすること。
　(イ) 簡単な一次式の乗法の計算及び次の公式を用いる簡単な式の展開や因数分解をすること。
　　$(a+b)^2 = a^2 + 2ab + b^2$
　　$(a-b)^2 = a^2 - 2ab + b^2$
　　$(a+b)(a-b) = a^2 - b^2$
　　$(x+a)(x+b) = x^2 + (a+b)x + ab$
イ 次のような思考力，判断力，表現力等を身に付けること。
　(ア) 既に学習した計算の方法と関連付けて，式の展開や因数分解をする方法を考察し表現すること。
　(イ) 文字を用いた式で数量及び数量の関係を捉え説明すること。
(3) 二次方程式について，数学的活動を通して，次の事項を身に付けることができるよう指導する。
ア 次のような知識及び技能を身に付けること。
　(ア) 二次方程式の必要性と意味及びその解の意味を理解すること。
　(イ) 因数分解したり平方の形に変形したりして二次方程式を解くこと。
　(ウ) 解の公式を知り，それを用いて二次方程式を解くこと。
イ 次のような思考力，判断力，表現力等を身に付けること。
　(ア) 因数分解や平方根の考えを基にして，二次方程式を解く方法を考察し表現すること。
　(イ) 二次方程式を具体的な場面で活用すること。
〔用語・記号〕
　根号　有理数　無理数　因数　$\sqrt{}$
B　図形
(1) 図形の相似について，数学的活動を通して，次の事項を身に付けることができるよう指導する。
ア 次のような知識及び技能を身に付けること。
　(ア) 平面図形の相似の意味及び三角形の相似条件について理解すること。
　(イ) 基本的な立体の相似の意味及び相似な図形の相似比と面積比や体積比との関係について理解すること。
イ 次のような思考力，判断力，表現力等を身に付けること。
　(ア) 三角形の相似条件などを基にして図形の基本的な性質を論理的に確かめること。
　(イ) 平行線と線分の比についての性質を見いだし，それらを確かめること。
　(ウ) 相似な図形の性質を具体的な場面で活用すること。
(2) 円周角と中心角の関係について，数学的活動を通して，次の事項を身に付けることができるよう指導する。
ア 次のような知識及び技能を身に付けること。
　(ア) 円周角と中心角の関係の意味を理解し，それが証明できることを知ること。
イ 次のような思考力，判断力，表現力等を身に付けること。
　(ア) 円周角と中心角の関係を見いだすこと。
　(イ) 円周角と中心角の関係を具体的な場面で活用すること。
(3) 三平方の定理について，数学的活動を通して，次の事項を身に付けることができるよう指導する。
ア 次のような知識及び技能を身に付けること。
　(ア) 三平方の定理の意味を理解し，それが証明できることを知ること。
イ 次のような思考力，判断力，表現力等を身に付けること。
　(ア) 三平方の定理を見いだすこと。
　(イ) 三平方の定理を具体的な場面で活用すること。
〔用語・記号〕
　∽
C　関数
(1) 関数 $y = ax^2$ について，数学的活動を通して，次の事項を身に付けることができるよう指導する。
ア 次のような知識及び技能を身に付けること。
　(ア) 関数 $y = ax^2$ について理解すること。
　(イ) 事象の中には関数 $y = ax^2$ として捉えられるものがあることを知ること。

(ウ)　いろいろな事象の中に，関数関係があることを理解すること。
イ　次のような思考力，判断力，表現力等を身に付けること。
　(ア)　関数 $y=ax^2$ として捉えられる二つの数量について，変化や対応の特徴を見いだし，表，式，グラフを相互に関連付けて考察し表現すること。
　(イ)　関数 $y=ax^2$ を用いて具体的な事象を捉え考察し表現すること。
D　データの活用
(1)　標本調査について，数学的活動を通して，次の事項を身に付けることができるよう指導する。
ア　次のような知識及び技能を身に付けること。
　(ア)　標本調査の必要性と意味を理解すること。
　(イ)　コンピュータなどの情報手段を用いるなどして無作為に標本を取り出し，整理すること。
イ　次のような思考力，判断力，表現力等を身に付けること。
　(ア)　標本調査の方法や結果を批判的に考察し表現すること。
　(イ)　簡単な場合について標本調査を行い，母集団の傾向を推定し判断すること。
〔用語・記号〕
　全数調査
〔数学的活動〕
(1)　「A数と式」，「B図形」，「C関数」及び「Dデータの活用」の学習やそれらを相互に関連付けた学習において，次のような数学的活動に取り組むものとする。
ア　日常の事象や社会の事象を数理的に捉え，数学的に表現・処理し，問題を解決したり，解決の過程や結果を振り返って考察したりする活動
イ　数学の事象から見通しをもって問題を見いだし解決したり，解決の過程や結果を振り返って統合的・発展的に考察したりする活動
ウ　数学的な表現を用いて論理的に説明し伝え合う活動
3　内容の取扱い
(1)　内容の「A数と式」の(1)などに関連して，誤差や近似値，$a\times 10^n$ の形の表現を取り扱うものとする。
(2)　内容の「A数と式」の(3)については，実数の解をもつ二次方程式を取り扱うものとする。
(3)　内容の「A数と式」の(3)のアの(イ)とイの(ア)については，$ax^2=b$（a，b は有理数）の二次方程式及び $x^2+px+q=0$（p，q は整数）の二次方程式を取り扱うものとする。因数分解して解くことの指導においては，内容の「A数と式」の(2)のアの(イ)に示した公式を用いることができるものを中心に取り扱うものとする。また，平方の形に変形して解くことの指導においては，x の係数が偶数であるものを中心に取り扱うものとする。
(4)　内容の「B図形」の(2)に関連して，円周角の定理の逆を取り扱うものとする。
第3　指導計画の作成と内容の取扱い
1　指導計画の作成に当たっては，次の事項に配慮するものとする。
(1)　単元など内容や時間のまとまりを見通して，その中で育む資質・能力の育成に向けて，数学的活動を通して，生徒の主体的・対話的で深い学びの実現を図るようにすること。その際，数学的な見方・考え方を働かせながら，日常の事象や社会の事象を数理的に捉え，数学の問題を見いだし，問題を自立的，協働的に解決し，学習の過程を振り返り，概念を形成するなどの学習の充実を図ること。
(2)　第2の各学年の目標の達成に支障のない範囲内で，当該学年の内容の一部を軽く取り扱い，それを後の学年で指導することができるものとすること。また，学年の目標を逸脱しない範囲内で，後の学年の内容の一部を加えて指導することもできるものとすること。
(3)　生徒の学習を確実なものにするために，新たな内容を指導する際には，既に指導した関連する内容を意図的に再度取り上げ，学び直しの機会を設定することに配慮すること。
(4)　障害のある生徒などについては，学習活動を行う場合に生じる困難さに応じた指導内容や指導

方法の工夫を計画的，組織的に行うこと。
(5) 第1章総則の第1の2の(2)に示す道徳教育の目標に基づき，道徳科などとの関連を考慮しながら，第3章特別の教科道徳の第2に示す内容について，数学科の特質に応じて適切な指導をすること。
2 第2の内容の取扱いについては，次の事項に配慮するものとする。
(1) 思考力，判断力，表現力等を育成するため，各学年の内容の指導に当たっては，数学的な表現を用いて簡潔・明瞭・的確に表現したり，互いに自分の考えを表現し伝え合ったりするなどの機会を設けること。
(2) 各領域の指導に当たっては，必要に応じ，そろばんや電卓，コンピュータ，情報通信ネットワークなどの情報手段を適切に活用し，学習の効果を高めること。
(3) 各領域の指導に当たっては，具体物を操作して考えたり，データを収集して整理したりするなどの具体的な体験を伴う学習を充実すること。
(4) 第2の各学年の内容に示す〔用語・記号〕は，当該学年で取り扱う内容の程度や範囲を明確にするために示したものであり，その指導に当たっては，各学年の内容と密接に関連させて取り上げること。
3 数学的活動の取組においては，次の事項に配慮するものとする。
(1) 数学的活動を楽しめるようにするとともに，数学を学習することの意義や数学の必要性などを実感する機会を設けること。
(2) 数学を活用して問題解決する方法を理解するとともに，自ら問題を見いだし，解決するための構想を立て，実践し，その過程や結果を評価・改善する機会を設けること。
(3) 各領域の指導に当たっては，観察や操作，実験などの活動を通して，数量や図形などの性質を見いだしたり，発展させたりする機会を設けること。
(4) 数学的活動の過程を振り返り，レポートにまとめ発表することなどを通して，その成果を共有する機会を設けること。
4 生徒の数学的活動への取組を促し思考力，判断力，表現力等の育成を図るため，各領域の内容を総合したり日常の事象や他教科等での学習に関連付けたりするなどして見いだした問題を解決する学習を課題学習と言い，この実施に当たっては各学年で指導計画に適切に位置付けるものとする。

高等学校学習指導要領
(平成30年3月)

第2章 第4節 数学

第1款 目 標

数学的な見方・考え方を働かせ，数学的活動を通して，数学的に考える資質・能力を次のとおり育成することを目指す。
(1) 数学における基本的な概念や原理・法則を体系的に理解するとともに，事象を数学化したり，数学的に解釈したり，数学的に表現・処理したりする技能を身に付けるようにする。
(2) 数学を活用して事象を論理的に考察する力，事象の本質や他の事象との関係を認識し統合的・発展的に考察する力，数学的な表現を用いて事象を簡潔・明瞭・的確に表現する力を養う。
(3) 数学のよさを認識し積極的に数学を活用しようとする態度，粘り強く考え数学的論拠に基づいて判断しようとする態度，問題解決の過程を振り返って考察を深めたり，評価・改善したりしようとする態度や創造性の基礎を養う。

第2款 各科目

第1 数学Ⅰ
1 目 標
数学的な見方・考え方を働かせ，数学的活動を通して，数学的に考える資質・能力を次のとおり育成することを目指す。
(1) 数と式，図形と計量，二次関数及びデータの分析についての基本的な概念や原理・法則を体系

的に理解するとともに，事象を数学化したり，数学的に解釈したり，数学的に表現・処理したりする技能を身に付けるようにする。
(2) 命題の条件や結論に着目し，数や式を多面的にみたり目的に応じて適切に変形したりする力，図形の構成要素間の関係に着目し，図形の性質や計量について論理的に考察し表現する力，関数関係に着目し，事象を的確に表現してその特徴を表，式，グラフを相互に関連付けて考察する力，社会の事象などから設定した問題について，データの散らばりや変量間の関係などに着目し，適切な手法を選択して分析を行い，問題を解決したり，解決の過程や結果を批判的に考察し判断したりする力を養う。
(3) 数学のよさを認識し数学を活用しようとする態度，粘り強く考え数学的論拠に基づいて判断しようとする態度，問題解決の過程を振り返って考察を深めたり，評価・改善したりしようとする態度や創造性の基礎を養う。
2 内容
(1) 数と式
数と式について，数学的活動を通して，次の事項を身に付けることができるよう指導する。
ア 次のような知識及び技能を身に付けること。
(ア) 数を実数まで拡張する意義を理解し，簡単な無理数の四則計算をすること。
(イ) 集合と命題に関する基本的な概念を理解すること。
(ウ) 二次の乗法公式及び因数分解の公式の理解を深めること。
(エ) 不等式の解の意味や不等式の性質について理解し，一次不等式の解を求めること。
イ 次のような思考力，判断力，表現力等を身に付けること。
(ア) 集合の考えを用いて論理的に考察し，簡単な命題を証明すること。
(イ) 問題を解決する際に，既に学習した計算の方法と関連付けて，式を多面的に捉えたり目的に応じて適切に変形したりすること。
(ウ) 不等式の性質を基に一次不等式を解く方法

を考察すること。
(エ) 日常の事象や社会の事象などを数学的に捉え，一次不等式を問題解決に活用すること。
(2) 図形と計量
図形と計量について，数学的活動を通して，その有用性を認識するとともに，次の事項を身に付けることができるよう指導する。
ア 次のような知識及び技能を身に付けること。
(ア) 鋭角の三角比の意味と相互関係について理解すること。
(イ) 三角比を鈍角まで拡張する意義を理解し，鋭角の三角比の値を用いて鈍角の三角比の値を求める方法を理解すること。
(ウ) 正弦定理や余弦定理について三角形の決定条件や三平方の定理と関連付けて理解し，三角形の辺の長さや角の大きさなどを求めること。
イ 次のような思考力，判断力，表現力等を身に付けること。
(ア) 図形の構成要素間の関係を三角比を用いて表現するとともに，定理や公式として導くこと。
(イ) 図形の構成要素間の関係に着目し，日常の事象や社会の事象などを数学的に捉え，問題を解決したり，解決の過程を振り返って事象の数学的な特徴や他の事象との関係を考察したりすること。
[用語・記号] 正弦，sin，余弦，cos，正接，tan
(3) 二次関数
二次関数について，数学的活動を通して，その有用性を認識するとともに，次の事項を身に付けることができるよう指導する。
ア 次のような知識及び技能を身に付けること。
(ア) 二次関数の値の変化やグラフの特徴について理解すること。
(イ) 二次関数の最大値や最小値を求めること。
(ウ) 二次方程式の解と二次関数のグラフとの関係について理解すること。また，二次不等式の解と二次関数のグラフとの関係について理解し，二次関数のグラフを用いて二次不等式の解を求めること。
イ 次のような思考力，判断力，表現力等を身に

付けること。
　(ア)　二次関数の式とグラフとの関係について，コンピュータなどの情報機器を用いてグラフをかくなどして多面的に考察すること。
　(イ)　二つの数量の関係に着目し，日常の事象や社会の事象などを数学的に捉え，問題を解決したり，解決の過程を振り返って事象の数学的な特徴や他の事象との関係を考察したりすること。
(4)　データの分析
　データの分析について，数学的活動を通して，その有用性を認識するとともに，次の事項を身に付けることができるよう指導する。
ア　次のような知識及び技能を身に付けること。
　(ア)　分散，標準偏差，散布図及び相関係数の意味やその用い方を理解すること。
　(イ)　コンピュータなどの情報機器を用いるなどして，データを表やグラフに整理したり，分散や標準偏差などの基本的な統計量を求めたりすること。
　(ウ)　具体的な事象において仮説検定の考え方を理解すること。
イ　次のような思考力，判断力，表現力等を身に付けること。
　(ア)　データの散らばり具合や傾向を数値化する方法を考察すること。
　(イ)　目的に応じて複数の種類のデータを収集し，適切な統計量やグラフ，手法などを選択して分析を行い，データの傾向を把握して事象の特徴を表現すること。
　(ウ)　不確実な事象の起こりやすさに着目し，主張の妥当性について，実験などを通して判断したり，批判的に考察したりすること。
〔用語・記号〕　外れ値
〔課題学習〕
　(1)から(4)までの内容又はそれらを相互に関連付けた内容を生活と関連付けたり発展させたりするなどした課題を設け，生徒の主体的な学習を促し，数学のよさを認識させ，学習意欲を含めた数学的に考える資質・能力を高めるようにする。
　3　内容の取扱い

(1)　内容の(1)から(4)までについては，中学校数学科との関連を十分に考慮するものとする。
(2)　内容の(1)のアの(ア)については，分数が有限小数や循環小数で表される仕組みを扱うものとする。
(3)　内容の(2)のアの(イ)については，関連して0°，90°，180°の三角比を扱うものとする。
(4)　課題学習については，それぞれの内容との関連を踏まえ，学習効果を高めるよう指導計画に適切に位置付けるものとする。

第2　数学Ⅱ
1　目　標
　数学的な見方・考え方を働かせ，数学的活動を通して，数学的に考える資質・能力を次のとおり育成することを目指す。
(1)　いろいろな式，図形と方程式，指数関数・対数関数，三角関数及び微分・積分の考えについての基本的な概念や原理・法則を体系的に理解するとともに，事象を数学化したり，数学的に解釈したり，数学的に表現・処理したりする技能を身に付けるようにする。
(2)　数の範囲や式の性質に着目し，等式や不等式が成り立つことなどについて論理的に考察する力，座標平面上の図形について構成要素間の関係に着目し，方程式を用いて図形を簡潔・明瞭・的確に表現したり，図形の性質を論理的に考察したりする力，関数関係に着目し，事象を的確に表現してその特徴を数学的に考察する力，関数の局所的な変化に着目し，事象を数学的に考察したり，問題解決の過程や結果を振り返って統合的・発展的に考察したりする力を養う。
(3)　数学のよさを認識し数学を活用しようとする態度，粘り強く柔軟に考え数学的論拠に基づいて判断しようとする態度，問題解決の過程を振り返って考察を深めたり，評価・改善したりしようとする態度や創造性の基礎を養う。
2　内　容
(1)　いろいろな式
　いろいろな式について，数学的活動を通して，次の事項を身に付けることができるよう指導する。

ア 次のような知識及び技能を身に付けること。
　(ア) 三次の乗法公式及び因数分解の公式を理解し，それらを用いて式の展開や因数分解をすること。
　(イ) 多項式の除法や分数式の四則計算の方法について理解し，簡単な場合について計算をすること。
　(ウ) 数を複素数まで拡張する意義を理解し，複素数の四則計算をすること。
　(エ) 二次方程式の解の種類の判別及び解と係数の関係について理解すること。
　(オ) 因数定理について理解し，簡単な高次方程式について因数定理などを用いてその解を求めること。
イ 次のような思考力，判断力，表現力等を身に付けること。
　(ア) 式の計算の方法を既に学習した数や式の計算と関連付け多面的に考察すること。
　(イ) 実数の性質や等式の性質，不等式の性質などを基に，等式や不等式が成り立つことを論理的に考察し，証明すること。
　(ウ) 日常の事象や社会の事象などを数学的に捉え，方程式を問題解決に活用すること。
［用語・記号］ 二項定理，虚数，i
(2) 図形と方程式
　図形と方程式について，数学的活動を通して，その有用性を認識するとともに，次の事項を身に付けることができるよう指導する。
ア 次のような知識及び技能を身に付けること。
　(ア) 座標を用いて，平面上の線分を内分する点，外分する点の位置や二点間の距離を表すこと。
　(イ) 座標平面上の直線や円を方程式で表すこと。
　(ウ) 軌跡について理解し，簡単な場合について軌跡を求めること。
　(エ) 簡単な場合について，不等式の表す領域を求めたり領域を不等式で表したりすること。
イ 次のような思考力，判断力，表現力等を身に付けること。
　(ア) 座標平面上の図形について構成要素間の関係に着目し，それを方程式を用いて表現し，図形の性質や位置関係について考察すること。
　(イ) 数量と図形との関係などに着目し，日常の事象や社会の事象などを数学的に捉え，コンピュータなどの情報機器を用いて軌跡や不等式の表す領域を座標平面上に表すなどして，問題解決に活用したり，解決の過程を振り返って事象の数学的な特徴や他の事象との関係を考察したりすること。
(3) 指数関数・対数関数
　指数関数及び対数関数について，数学的活動を通して，その有用性を認識するとともに，次の事項を身に付けることができるよう指導する。
ア 次のような知識及び技能を身に付けること。
　(ア) 指数を正の整数から有理数へ拡張する意義を理解し，指数法則を用いて数や式の計算をすること。
　(イ) 指数関数の値の変化やグラフの特徴について理解すること。
　(ウ) 対数の意味とその基本的な性質について理解し，簡単な対数の計算をすること。
　(エ) 対数関数の値の変化やグラフの特徴について理解すること。
イ 次のような思考力，判断力，表現力等を身に付けること。
　(ア) 指数と対数を相互に関連付けて考察すること。
　(イ) 指数関数及び対数関数の式とグラフの関係について，多面的に考察すること。
　(ウ) 二つの数量の関係に着目し，日常の事象や社会の事象などを数学的に捉え，問題を解決したり，解決の過程を振り返って事象の数学的な特徴や他の事象との関係を考察したりすること。
［用語・記号］ 累乗根，$\log_a x$，常用対数
(4) 三角関数
　三角関数について，数学的活動を通して，その有用性を認識するとともに，次の事項を身に付けることができるよう指導する。
ア 次のような知識及び技能を身に付けること。
　(ア) 角の概念を一般角まで拡張する意義や弧度法による角度の表し方について理解すること。

(イ) 三角関数の値の変化やグラフの特徴について理解すること。
(ウ) 三角関数の相互関係などの基本的な性質を理解すること。
(エ) 三角関数の加法定理や2倍角の公式,三角関数の合成について理解すること。
イ 次のような思考力,判断力,表現力等を身に付けること。
(ア) 三角関数に関する様々な性質について考察するとともに,三角関数の加法定理から新たな性質を導くこと。
(イ) 三角関数の式とグラフの関係について多面的に考察すること。
(ウ) 二つの数量の関係に着目し,日常の事象や社会の事象などを数学的に捉え,問題を解決したり,解決の過程を振り返って事象の数学的な特徴や他の事象との関係を考察したりすること。

(5) 微分・積分の考え
微分と積分の考えについて,数学的活動を通して,その有用性を認識するとともに,次の事項を身に付けることができるよう指導する。
ア 次のような知識及び技能を身に付けること。
(ア) 微分係数や導関数の意味について理解し,関数の定数倍,和及び差の導関数を求めること。
(イ) 導関数を用いて関数の値の増減や極大・極小を調べ,グラフの概形をかく方法を理解すること。
(ウ) 不定積分及び定積分の意味について理解し,関数の定数倍,和及び差の不定積分や定積分の値を求めること。
イ 次のような思考力,判断力,表現力等を身に付けること。
(ア) 関数とその導関数との関係について考察すること。
(イ) 関数の局所的な変化に着目し,日常の事象や社会の事象などを数学的に捉え,問題を解決したり,解決の過程を振り返って事象の数学的な特徴や他の事象との関係を考察したりすること。
(ウ) 微分と積分の関係に着目し,積分の考えを用いて直線や関数のグラフで囲まれた図形の面積を求める方法について考察すること。
〔用語・記号〕 極限値,lim
〔課題学習〕
(1)から(5)までの内容又はそれらを相互に関連付けた内容を生活と関連付けたり発展させたりするなどした課題を設け,生徒の主体的な学習を促し,数学のよさを認識させ,学習意欲を含めた数学的に考える資質・能力を高めるようにする。
3 内容の取扱い
(1) 内容の(5)のアの(ア)については,三次までの関数を中心に扱い,アの(ウ)については,二次までの関数を中心に扱うものとする。また,微分係数や導関数を求める際に必要となる極限については,直観的に理解させるよう扱うものとする。
(2) 課題学習については,それぞれの内容との関連を踏まえ,学習効果を高めるよう指導計画に適切に位置付けるものとする。

第3 数学Ⅲ
1 目 標
数学的な見方・考え方を働かせ,数学的活動を通して,数学的に考える資質・能力を次のとおり育成することを目指す。
(1) 極限,微分法及び積分法についての概念や原理・法則を体系的に理解するとともに,事象を数学化したり,数学的に解釈したり,数学的に表現・処理したりする技能を身に付けるようにする。
(2) 数列や関数の値の変化に着目し,極限について考察したり,関数関係をより深く捉えて事象を的確に表現し,数学的に考察したりする力,いろいろな関数の局所的な性質や大域的な性質に着目し,事象を数学的に考察したり,問題解決の過程や結果を振り返って統合的・発展的に考察したりする力を養う。
(3) 数学のよさを認識し積極的に数学を活用しようとする態度,粘り強く柔軟に考え数学的論拠に基づいて判断しようとする態度,問題解決の過程を振り返って考察を深めたり,評価・改善したりしようとする態度や創造性の基礎を養う。

2 内容
(1) 極限
　数列及び関数の値の極限について，数学的活動を通して，次の事項を身に付けることができるよう指導する。
　ア　次のような知識及び技能を身に付けること。
　　(ア)　数列の極限について理解し，数列$\{r^n\}$の極限などを基に簡単な数列の極限を求めること。
　　(イ)　無限級数の収束，発散について理解し，無限等比級数などの簡単な無限級数の和を求めること。
　　(ウ)　簡単な分数関数と無理関数の値の変化やグラフの特徴について理解すること。
　　(エ)　合成関数や逆関数の意味を理解し，簡単な場合についてそれらを求めること。
　　(オ)　関数の値の極限について理解すること。
　イ　次のような思考力，判断力，表現力等を身に付けること。
　　(ア)　式を多面的に捉えたり目的に応じて適切に変形したりして，極限を求める方法を考察すること。
　　(イ)　既に学習した関数の性質と関連付けて，簡単な分数関数と無理関数のグラフの特徴を多面的に考察すること。
　　(ウ)　数列や関数の値の極限に着目し，事象を数学的に捉え，コンピュータなどの情報機器を用いて極限を調べるなどして，問題を解決したり，解決の過程を振り返って事象の数学的な特徴や他の事象との関係を考察したりすること。
［用語・記号］　∞
(2) 微分法
　微分法について，数学的活動を通して，その有用性を認識するとともに，次の事項を身に付けることができるよう指導する。
　ア　次のような知識及び技能を身に付けること。
　　(ア)　微分可能性，関数の積及び商の導関数について理解し，関数の和，差，積及び商の導関数を求めること。
　　(イ)　合成関数の導関数について理解し，それを求めること。
　　(ウ)　三角関数，指数関数及び対数関数の導関数について理解し，それらを求めること。
　　(エ)　導関数を用いて，いろいろな曲線の接線の方程式を求めたり，いろいろな関数の値の増減，極大・極小，グラフの凹凸などを調べグラフの概形をかいたりすること。
　イ　次のような思考力，判断力，表現力等を身に付けること。
　　(ア)　導関数の定義に基づき，三角関数，指数関数及び対数関数の導関数を考察すること。
　　(イ)　関数の連続性と微分可能性，関数とその導関数や第二次導関数の関係について考察すること。
　　(ウ)　関数の局所的な変化や大域的な変化に着目し，事象を数学的に捉え，問題を解決したり，解決の過程を振り返って事象の数学的な特徴や他の事象との関係を考察したりすること。
［用語・記号］　自然対数，e，変曲点
(3) 積分法
　積分法について，数学的活動を通して，その有用性を認識するとともに，次の事項を身に付けることができるよう指導する。
　ア　次のような知識及び技能を身に付けること。
　　(ア)　不定積分及び定積分の基本的な性質についての理解を深め，それらを用いて不定積分や定積分を求めること。
　　(イ)　置換積分法及び部分積分法について理解し，簡単な場合について，それらを用いて不定積分や定積分を求めること。
　　(ウ)　定積分を利用して，いろいろな曲線で囲まれた図形の面積や立体の体積及び曲線の長さなどを求めること。
　イ　次のような思考力，判断力，表現力等を身に付けること。
　　(ア)　関数の式を多面的にみたり目的に応じて適切に変形したりして，いろいろな関数の不定積分や定積分を求める方法について考察すること。
　　(イ)　極限や定積分の考えを基に，立体の体積や曲線の長さなどを求める方法について考察すること。

(ウ) 微分と積分との関係に着目し，事象を数学的に捉え，問題を解決したり，解決の過程を振り返って事象の数学的な特徴や他の事象との関係を考察したりすること。

〔課題学習〕

(1)から(3)までの内容又はそれらを相互に関連付けた内容を生活と関連付けたり発展させたりするなどした課題を設け，生徒の主体的な学習を促し，数学のよさを認識させ，学習意欲を含めた数学的に考える資質・能力を高めるようにする。

3 内容の取扱い

(1) 内容の(2)のイの(ウ)については，関連して直線上の点の運動や平面上の点の運動の速度及び加速度を扱うものとする。

(2) 内容の(3)のアの(イ)については，置換積分法は $ax+b=t$, $x=a\sin\theta$ と置き換えるものを中心に扱うものとする。また，部分積分法は，簡単な関数について1回の適用で結果が得られるものを中心に扱うものとする。

(3) 課題学習については，それぞれの内容との関連を踏まえ，学習効果を高めるよう指導計画に適切に位置付けるものとする。

第4 数学A

1 目 標

数学的な見方・考え方を働かせ，数学的活動を通して，数学的に考える資質・能力を次のとおり育成することを目指す。

(1) 図形の性質，場合の数と確率についての基本的な概念や原理・法則を体系的に理解するとともに，数学と人間の活動の関係について認識を深め，事象を数学化したり，数学的に解釈したり，数学的に表現・処理したりする技能を身に付けるようにする。

(2) 図形の構成要素間の関係などに着目し，図形の性質を見いだし，論理的に考察する力，不確実な事象に着目し，確率の性質などに基づいて事象の起こりやすさを判断する力，数学と人間の活動との関わりに着目し，事象に数学の構造を見いだし，数理的に考察する力を養う。

(3) 数学のよさを認識し数学を活用しようとする態度，粘り強く考え数学的な論拠に基づいて判断しようとする態度，問題解決の過程を振り返って考察を深めたり，評価・改善したりしようとする態度や創造性の基礎を養う。

2 内 容

(1) 図形の性質

図形の性質について，数学的活動を通して，その有用性を認識するとともに，次の事項を身に付けることができるよう指導する。

ア 次のような知識及び技能を身に付けること。

(ア) 三角形に関する基本的な性質について理解すること。

(イ) 円に関する基本的な性質について理解すること。

(ウ) 空間図形に関する基本的な性質について理解すること。

イ 次のような思考力，判断力，表現力等を身に付けること。

(ア) 図形の構成要素間の関係や既に学習した図形の性質に着目し，図形の新たな性質を見いだし，その性質について論理的に考察したり説明したりすること。

(イ) コンピュータなどの情報機器を用いて図形を表すなどして，図形の性質や作図について統合的・発展的に考察すること。

(2) 場合の数と確率

場合の数と確率について，数学的活動を通して，その有用性を認識するとともに，次の事項を身に付けることができるよう指導する。

ア 次のような知識及び技能を身に付けること。

(ア) 集合の要素の個数に関する基本的な関係や和の法則，積の法則などの数え上げの原則について理解すること。

(イ) 具体的な事象を基に順列及び組合せの意味を理解し，順列の総数や組合せの総数を求めること。

(ウ) 確率の意味や基本的な法則についての理解を深め，それらを用いて事象の確率や期待値を求めること。

(エ)　独立な試行の意味を理解し，独立な試行の確率を求めること。
　(オ)　条件付き確率の意味を理解し，簡単な場合について条件付き確率を求めること。
イ　次のような思考力，判断力，表現力等を身に付けること。
　(ア)　事象の構造などに着目し，場合の数を求める方法を多面的に考察すること。
　(イ)　確率の性質や法則に着目し，確率を求める方法を多面的に考察すること。
　(ウ)　確率の性質などに基づいて事象の起こりやすさを判断したり，期待値を意思決定に活用したりすること。
［用語・記号］　$_nP_r$，$_nC_r$，階乗，n!，排反
(3)　数学と人間の活動
　数学と人間の活動について，数学的活動を通して，それらを数理的に考察することの有用性を認識するとともに，次の事項を身に付けることができるよう指導する。
ア　次のような知識及び技能を身に付けること。
　(ア)　数量や図形に関する概念などと人間の活動との関わりについて理解すること。
　(イ)　数学史的な話題，数理的なゲームやパズルなどを通して，数学と文化との関わりについての理解を深めること。
イ　次のような思考力，判断力，表現力等を身に付けること。
　(ア)　数量や図形に関する概念などを，関心に基づいて発展させ考察すること。
　(イ)　パズルなどに数学的な要素を見いだし，目的に応じて数学を活用して考察すること。
　3　内容の取扱い
(1)　この科目は，内容の(1)から(3)までの中から適宜選択させるものとする。
(2)　内容の(2)のアの(ウ)及び(オ)並びにイの(イ)の確率については，論理的な確率及び頻度確率を扱うものとする。
(3)　内容の(3)の指導に当たっては，数学的活動を一層重視し，生徒の関心や多様な考えを生かした学習が行われるよう配慮するものとする。

(4)　内容の(3)のアでは，整数の約数や倍数，ユークリッドの互除法や二進法，平面や空間において点の位置を表す座標の考え方などについても扱うものとする。

第5　数学B
　1　目　標
　数学的な見方・考え方を働かせ，数学的活動を通して，数学的に考える資質・能力を次のとおり育成することを目指す。
(1)　数列，統計的な推測についての基本的な概念や原理・法則を体系的に理解するとともに，数学と社会生活との関わりについて認識を深め，事象を数学化したり，数学的に解釈したり，数学的に表現・処理したりする技能を身に付けるようにする。
(2)　離散的な変化の規則性に着目し，事象を数学的に表現し考察する力，確率分布や標本分布の性質に着目し，母集団の傾向を推測し判断したり，標本調査の方法や結果を批判的に考察したりする力，日常の事象や社会の事象を数学化し，問題を解決したり，解決の過程や結果を振り返って考察したりする力を養う。
(3)　数学のよさを認識し数学を活用しようとする態度，粘り強く柔軟に考え数学的論拠に基づいて判断しようとする態度，問題解決の過程を振り返って考察を深めたり，評価・改善したりしようとする態度や創造性の基礎を養う。
　2　内　容
(1)　数　列
　数列について，数学的活動を通して，その有用性を認識するとともに，次の事項を身に付けることができるよう指導する。
ア　次のような知識及び技能を身に付けること。
　(ア)　等差数列と等比数列について理解し，それらの一般項や和を求めること。
　(イ)　いろいろな数列の一般項や和を求める方法について理解すること。
　(ウ)　漸化式について理解し，事象の変化を漸化式で表したり，簡単な漸化式で表された数列の

一般項を求めたりすること。
　(エ)　数学的帰納法について理解すること。
イ　次のような思考力，判断力，表現力等を身に付けること。
　(ア)　事象から離散的な変化を見いだし，それらの変化の規則性を数学的に表現し考察すること。
　(イ)　事象の再帰的な関係に着目し，日常の事象や社会の事象などを数学的に捉え，数列の考えを問題解決に活用すること。
　(ウ)　自然数の性質などを見いだし，それらを数学的帰納法を用いて証明するとともに，他の証明方法と比較し多面的に考察すること。
［用語・記号］　Σ
(2)　統計的な推測
　統計的な推測について，数学的活動を通して，その有用性を認識するとともに，次の事項を身に付けることができるよう指導する。
ア　次のような知識及び技能を身に付けること。
　(ア)　標本調査の考え方について理解を深めること。
　(イ)　確率変数と確率分布について理解すること。
　(ウ)　二項分布と正規分布の性質や特徴について理解すること。
　(エ)　正規分布を用いた区間推定及び仮説検定の方法を理解すること。
イ　次のような思考力，判断力，表現力等を身に付けること。
　(ア)　確率分布や標本分布の特徴を，確率変数の平均，分散，標準偏差などを用いて考察すること。
　(イ)　目的に応じて標本調査を設計し，収集したデータを基にコンピュータなどの情報機器を用いて処理するなどして，母集団の特徴や傾向を推測し判断するとともに，標本調査の方法や結果を批判的に考察すること。
［用語・記号］　信頼区間，有意水準
(3)　数学と社会生活
　数学と社会生活について，数学的活動を通して，それらを数理的に考察することの有用性を認識するとともに，次の事項を身に付けることができる

よう指導する。
ア　次のような知識及び技能を身に付けること。
　(ア)　社会生活などにおける問題を，数学を活用して解決する意義について理解すること。
　(イ)　日常の事象や社会の事象などを数学化し，数理的に問題を解決する方法を知ること。
イ　次のような思考力，判断力，表現力等を身に付けること。
　(ア)　日常の事象や社会の事象において，数・量・形やそれらの関係に着目し，理想化したり単純化したりして，問題を数学的に表現すること。
　(イ)　数学化した問題の特徴を見いだし，解決すること。
　(ウ)　問題解決の過程や結果の妥当性について批判的に考察すること。
　(エ)　解決過程を振り返り，そこで用いた方法を一般化して，他の事象に活用すること。
3　内容の取扱い
(1)　この科目は，内容の(1)から(3)までの中から適宜選択させるものとする。
(2)　内容の(3)の指導に当たっては，数学的活動を一層重視し，生徒の関心や多様な考えを生かした学習が行われるよう配慮するものとする。
(3)　内容の(3)のアの(イ)については，散布図に表したデータを関数とみなして処理することも扱うものとする。

第6　数学C
1　目標
　数学的な見方・考え方を働かせ，数学的活動を通して，数学的に考える資質・能力を次のとおり育成することを目指す。
(1)　ベクトル，平面上の曲線と複素数平面についての基本的な概念や原理・法則を体系的に理解するとともに，数学的な表現の工夫について認識を深め，事象を数学化したり，数学的に解釈したり，数学的に表現・処理したりする技能を身に付けるようにする。
(2)　大きさと向きをもった量に着目し，演算法則

やその図形的な意味を考察する力，図形や図形の構造に着目し，それらの性質を統合的・発展的に考察する力，数学的な表現を用いて事象を簡潔・明瞭・的確に表現する力を養う。
(3) 数学のよさを認識し数学を活用しようとする態度，粘り強く柔軟に考え数学的論拠に基づいて判断しようとする態度，問題解決の過程を振り返って考察を深めたり，評価・改善したりしようとする態度や創造性の基礎を養う。

2　内　容
(1)　ベクトル
　ベクトルについて，数学的活動を通して，その有用性を認識するとともに，次の事項を身に付けることができるよう指導する。
ア　次のような知識及び技能を身に付けること。
　(ｱ)　平面上のベクトルの意味，相等，和，差，実数倍，位置ベクトル，ベクトルの成分表示について理解すること。
　(ｲ)　ベクトルの内積及びその基本的な性質について理解すること。
　(ｳ)　座標及びベクトルの考えが平面から空間に拡張できることを理解すること。
イ　次のような思考力，判断力，表現力等を身に付けること。
　(ｱ)　実数などの演算の法則と関連付けて，ベクトルの演算法則を考察すること。
　(ｲ)　ベクトルやその内積の基本的な性質などを用いて，平面図形や空間図形の性質を見いだしたり，多面的に考察したりすること。
　(ｳ)　数量や図形及びそれらの関係に着目し，日常の事象や社会の事象などを数学的に捉え，ベクトルやその内積の考えを問題解決に活用すること。

(2)　平面上の曲線と複素数平面
　平面上の曲線と複素数平面について，数学的活動を通して，その有用性を認識するとともに，次の事項を身に付けることができるよう指導する。
ア　次のような知識及び技能を身に付けること。
　(ｱ)　放物線，楕（だ）円，双曲線が二次式で表されること及びそれらの二次曲線の基本的な性質について理解すること。
　(ｲ)　曲線の媒介変数表示について理解すること。
　(ｳ)　極座標の意味及び曲線が極方程式で表されることについて理解すること。
　(ｴ)　複素数平面と複素数の極形式，複素数の実数倍，和，差，積及び商の図形的な意味を理解すること。
　(ｵ)　ド・モアブルの定理について理解すること。
イ　次のような思考力，判断力，表現力等を身に付けること。
　(ｱ)　放物線，楕（だ）円，双曲線を相互に関連付けて捉え，考察すること。
　(ｲ)　複素数平面における図形の移動などと関連付けて，複素数の演算や累乗根などの意味を考察すること。
　(ｳ)　日常の事象や社会の事象などを数学的に捉え，コンピュータなどの情報機器を用いて曲線を表すなどして，媒介変数や極座標及び複素数平面の考えを問題解決に活用したり，解決の過程を振り返って事象の数学的な特徴や他の事象との関係を考察したりすること。
［用語・記号］　焦点，準線

(3)　数学的な表現の工夫
　数学的な表現の工夫について，数学的活動を通して，その有用性を認識するとともに，次の事項を身に付けることができるよう指導する。
ア　次のような知識及び技能を身に付けること。
　(ｱ)　日常の事象や社会の事象などを，図，表，統計グラフなどを用いて工夫して表現することの意義を理解すること。
　(ｲ)　日常の事象や社会の事象などを，離散グラフや行列を用いて工夫して表現することの意義を理解すること。
イ　次のような思考力，判断力，表現力等を身に付けること。
　(ｱ)　図，表，統計グラフ，離散グラフ及び行列などを用いて，日常の事象や社会の事象などを数学的に表現し，考察すること。

3　内容の取扱い
(1)　この科目は，内容の(1)から(3)までの中から適

宜選択させるものとする。
(2) 内容の(3)の指導に当たっては，数学的活動を一層重視し，生徒の関心や多様な考えを生かした学習が行われるよう配慮するものとする。

第3款　各科目にわたる指導計画の作成と内容の取扱い

1　指導計画の作成に当たっては，次の事項に配慮するものとする。
(1) 単元など内容や時間のまとまりを見通して，その中で育む資質・能力の育成に向けて，数学的活動を通して，生徒の主体的・対話的で深い学びの実現を図るようにすること。その際，数学的な見方・考え方を働かせながら，日常の事象や社会の事象を数理的に捉え，数学の問題を見いだし，問題を自立的，協働的に解決し，学習の過程を振り返り，概念を形成するなどの学習の充実を図ること。
(2) 「数学Ⅱ」，「数学Ⅲ」を履修させる場合は，「数学Ⅰ」，「数学Ⅱ」，「数学Ⅲ」の順に履修させることを原則とすること。
(3) 「数学A」については，「数学Ⅰ」と並行してあるいは「数学Ⅰ」を履修した後に履修させ，「数学B」及び「数学C」については，「数学Ⅰ」を履修した後に履修させることを原則とすること。
(4) 各科目を履修させるに当たっては，当該科目や数学科に属する他の科目の内容及び理科，家庭科，情報科，この章に示す理数科等の内容を踏まえ，相互の関連を図るとともに，学習内容の系統性に留意すること。
(5) 障害のある生徒などについては，学習活動を行う場合に生じる困難さに応じた指導内容や指導方法の工夫を計画的，組織的に行うこと。
2　内容の取扱いに当たっては，次の事項に配慮するものとする。
(1) 各科目の指導に当たっては，思考力，判断力，表現力等を育成するため，数学的な表現を用いて簡潔・明瞭・的確に表現したり，数学的な表現を解釈したり，互いに自分の考えを表現し伝え合ったりするなどの機会を設けること。
(2) 各科目の指導に当たっては，必要に応じて，コンピュータや情報通信ネットワークなどを適切に活用し，学習の効果を高めるようにすること。
(3) 各科目の内容の［用語・記号］は，当該科目で扱う内容の程度や範囲を明確にするために示したものであり，内容と密接に関連させて扱うこと。
3　各科目の指導に当たっては，数学を学習する意義などを実感できるよう工夫するとともに，次のような数学的活動に取り組むものとする。
(1) 日常の事象や社会の事象などを数理的に捉え，数学的に表現・処理して問題を解決し，解決の過程や結果を振り返って考察する活動。
(2) 数学の事象から自ら問題を見いだし解決して，解決の過程や結果を振り返って統合的・発展的に考察する活動。
(3) 自らの考えを数学的に表現して説明したり，議論したりする活動。

人名索引

ア 行

アルキメデス　*195*
イウクライデス　*30*
伊東俊太郎　*31*
ヴェゼル，S.　*115*
エルミート，C.　*114*
オイラー，L.　*69*
岡本則録　*25*

カ 行

カヴァリエリ，F.B.　*195*
ガウス，C.F.　*116*
カッツ，V.J.　*84*
ガリレイ，G.　*186*
カルダノ，G.　*115*
神田孝平　*25*
カントール，G.　*113*
菊地大麓　*24, 25, 138*
クーン，T.　*2*
ケインズ，J.M.　*218*
コルモゴロフ，A.　*219*

サ 行

シュバラール，Y.　*2, 6, 90*
徐光啓　*27*
関和孝　*137*
ゼノン　*186*

タ 行

ターレス　*30*
ダンブロッシオ，U.　*244*
チェバ，G.　*169*

ナ 行

長澤亀之助　*26*

ニュートン，I.　*187, 197*
ネッセルマン，G.H.F.　*138*

ハ 行

パスカル，B.　*139*
ハミルトン，W.R.　*115*
ビショップ，A.　*242*
ヒッパルコス　*84*
ヒルベルト，D.　*146*
フォン・ミーゼス，R.　*218*
藤澤利喜太郎　*24, 25*
プラトー　*30*
ブルデュー，P.　*12*
フロイデンタール，H.　*67*
ペリー，J.　*30*
ベルトラン，J.　*218*
ボンベリ，R.　*115*

マ 行

メネラウス　*169*
森有礼　*25*

ヤ 行

柳河春三　*24*
ユークリッド　*27, 144, 154*

ラ 行

ライプニッツ，G.　*187, 195, 199*
ラカトシュ，I.　*69*
ラプラス，P.-S.　*218*
リッチ，M.　*27*
リューヴィル，J.　*114*
リンデマン，F.V.　*114*

事項索引

A-Z

DP（Diploma Programme） *252*
MYP（Middle Years Programme） *252*
NCTM *17*
PISA 型学力 *244*
PISA 調査 *64*
sine, cosine の定義 *87*
SRP（Study and Research Path） *7, 96*
STEM（Science, Technology, Engineering and Mathmatics） *245*
TOK（Theory of Knowledge） *255*

ア 行

アポロニウスの円 *91*
イソノミアー *31*
一次関数 *205*
一般化 *63*
一般性 *148*
$\varepsilon-\delta$ 論法 *183*
インド・アラビア数字 *23*
演繹推理法 *29*
演繹的思考 *27*
円周角の定理の逆 *173-176*
円に内接する四角形の性質 *173-176*
応用志向 *50*
オープンエンド・アプローチ *67*

カ 行

回帰直線 *231*
階差数列 *205*
解析的 *165*
学習指導要領 *72*
学習指導要領（試案） *72*
学習としての評価 *56, 57*
学習のための評価 *56, 57*
学習の評価 *57*
学制 *25*
確率・統計 *210*
確率の基本的な性質 *220*
確率変数 *221-223*

学力の質的レベル *51, 52*
課題探究として証明すること *163*
カリキュラム *62*
カリキュラムスタンダード *22*
関数 *127, 204*
幾何 *27, 29*
『幾何学原論』前六巻 *27*
『幾何学講義 第一巻』 *25, 29*
『幾何学講義 第二巻』 *26*
幾何学初歩 *26*
幾何教育 *30*
『幾何原本』 *27*
棄却する *234*
記号代数学 *26*
基数 *108*
記念碑主義 *2, 7*
帰無仮説 *234*
逆元 *109, 117*
逆微分 *194*
教育令 *25*
教科書疑獄事件 *26*
教科書検定制度 *25*
教科する（do a subject） *52*
教材研究 *176*
教授学的状況理論 *12*
教授学的転置 *4, 5, 8*
教授言語 *247, 248, 250*
教授人間学理論 *5*
極限 *182-185*
ギリシア *31*
ギリシア的文脈 *31*
区間推定 *232*
区分求積 *196, 204*
グラフ *129*
グローバル化 *240-251*
グローバル人材 *248*
群 *109*
形成的評価 *55, 56*
結合法則 *120*
研究する教師 *11*

281

言語能力（language proficiency）*248*
原始関数 *194*
現実的数学教育 *67*
検出力 *235*
『現代数学教育史年表』 *25*
検定 *234*
検定統計量 *235*
言文一致文体 *28, 30*
『原論』 *27, 144-156*
交換法則 *120*
公準 *31, 151, 152, 155*
合成関数の微分 *191*
高等学校令 *26*
高等師範学校 *25*
高等師範学校規則 *25*
高等女学校 *25*
高等女学校，実科高等女学校教授要目 *26*
高等女学校教授要目 *26*
高等女学校令 *25, 26*
高等女学校令規則 *26*
高等専門学校令 *26*
高等中学校 *25, 26*
公理 *31, 151, 152, 153*
公理的確率 *219*
公理的な体系 *151*
国際学会「数学教育と社会」 *242*
国際バカロレア *241, 252*
古代ギリシア *28, 31*
コミュニケーション *162*
コンセプション *183*
コンピテンシー *245*

サ 行

最小二乗法 *231*
作図 *153, 154-156, 176*
作品訪問 *2, 102*
差分 *205*
三角比を学ぶ意義 *85*
三角法 *29*
漸化式 *206*
三角形の面積公式 *91*
算術 *27, 29*
『算術教科書』 *24, 25*

算術条目及教授法 *25, 25*
三大作図問題 *155*
散布図 *231*
三平方の定理 *87*
式による表現 *131*
自己調整 *56, 57*
資質・能力ベース *62*
指数関数 *205*
実業学校令 *25*
実測 *151*
「知っている・できる」レベル *51*
指導と評価の一体化 *51*
師範学校教授要目 *26*
師範学校令 *25*
四分位数 *226*
四分位範囲 *226*
射影幾何学 *172*
社会経済的状況 *250*
社会的公正 *243*
社会文化性 *242*
集合 *204*
集合数 *108*
重心座標 *171, 172*
主観確率 *219*
主観性（subjectivity） *243*
授業研究 *9*
授業設計 *78, 79*
主体的・対話的で深い学び *31*
述語論理 *139*
十進位取り記数法 *23*
循環小数 *112*
瞬間の速度 *186-187*
順序数 *108*
純粋推理力 *28*
小学算術 *26*
小学校教科書の国定制度 *26*
小学校教則 *25*
小学校教則大綱 *25*
小学校教則本綱領 *25*
小学校国定教科書制度 *26*
小学校令 *25, 26*
小学校令規則 *26*
状況的学習理論 *246*

事項索引

照明　*160*
証明　*30, 31, 80, 81, 148, 149, 150, 156*
証明すること　*156*
証明的性格　*31*
証明と論駁　*69*
証明の機能　*79, 160*
証明の構造　*157*
　　——の理解　*158*
証明の方針　*164*
証明をかく活動　*80*
証明を作る活動　*80*
証明をよむ活動　*80*
序数　*108*
『初等幾何学教科書』　*25*
　平面幾何学　*24*
　立体幾何学　*24*
『初等三角法教科書』　*25*
『初等代数教科書』　*24, 25*
私立学校令　*25*
シロギズム　*157*
尋常中学校　*25*
真正の学習（authentic learning）　*52*
信頼区間　*232*
図　*147, 148*
数学化　*63, 89*
数学化サイクル　*18*
数学観　*70*
数学教育改造運動　*30*
数学教育国際ハンドブック　*22*
数学教育の現代化　*62*
数学教科調査委員会　*26*
『数学授業法』　*26*
数学的確率　*217*
数学的価値　*74*
数学的活動　*42, 47, 71, 73, 76, 77, 79, 82*
数学的活動に基づく授業構成　*85*
数学的活動の水準論　*67*
数学的活動のプロセス　*62*
数学的活動の理論　*67*
数学的活動のレイヤー論　*70*
数学的な考え方　*73*
数学的な見方・考え方　*36, 44, 71, 73, 176*
数学的プロセス　*64*

数学的モデル　*68*
数学的リテラシー　*65, 241*
数学の力　*43*
数学をする　*52*
数理思想　*37, 73*
数理モデル　*206*
数列　*204*
図形　*145, 146, 147*
図形と計量　*84*
スタディ・アンド・リサーチ・パス　→ SRP
スタンダード準拠評価　*53, 56*
スプートニクショック　*244*
「すべての人に数学を」　*241, 242*
『スミス初等代数学』　*26*
西欧近代数学　*31*
正規分布　*222-223*
正弦定理　*87*
生命保険論　*25*
世界探究　*6, 7, 102*
世界探究パラダイム　*90*
積分　*193*
積分定数　*194*
接弦定理　*173-176*
接線　*189*
説明変数　*231*
ゼノンのパラドックス　*186*
零因子　*117*
全国学力・学習状況調査　*64*
全称性　*148-150*
全称命題　*148, 150*
全米数学教師評議会　→ NCTM
総括的評価　*55*
総合的　*165*
総合的な考え方　*168*
総合的発展的考察　*79*
「総合」問題　*55*
創造性の基礎　*74, 75*
創造的の実践力　*73, 74, 75, 83*
『測地略』　*28*
素朴な説明　*80*

タ 行

第一種の誤り　*234*

283

体系化　*80, 160*
体系性　*150-154*
代数　*29, 30*
代数学の基本定理　*116*
代数的数　*113*
大数の法則　*218*
第二言語　*249*
第二種の誤り　*235*
対立仮説　*234*
単位元　*117*
探究　*6, 7*
探究の図式　*101*
チェバの定理　*168-172*
中学校教員免許状制度　*25*
中学校教授要目　*26, 29*
中学校教則　*25*
中学校数学科教授要目　*26*
中学校令　*25, 26*
中学校令施行規則　*26, 29*
抽象性　*145-147*
中心概念　*38*
中心極限定理　*223*
中世ラテン世界　*31*
超越数　*113*
「使える」レベル　*52*
帝国大学令　*25*
定積分　*194*
「適用」問題　*55*
点竄（ざん）　*23, 24*
問いと答えの往還　*99*
導関数　*190*
東京数学会社　*25, 28, 137*
東京数学会社訳語会　*23*
東京帝国大学総長　*29*
統計的検定　*234*
等号　*122*
統合的　*189*
等差数列　*205*
動的幾何学ソフトウェア　*156, 173, 176*
等比数列　*205*
同様に確からしい　*217*
特定の課題に関する調査　*89*
閉じている　*109*

度数分布多角形　*225*
度数分布表　*224*
ドメイン準拠評価　*53, 56*
鈍角の三角比の学習順序　*88*

ナ 行

内容ベース　*62*
２項演算　*108*
二項分布　*221-223*
二次関数　*205*
二変量解析　*230*
日本人の読み書き能力調査　*251*
日本数学会　*25*

ハ 行

ハイブリッド化　*246*
背理法　*234*
箱ひげ図　*226*
発見　*161*
パフォーマンス評価　*52, 53, 54*
パラダイム　*2, 6, 13*
　——転換　*7*
ヒストグラム　*224*
微積分学の基本定理　*197*
左起横書き　*26, 27*
左起横書き数学書　*24, 26*
非通約量　*110*
批判的数学教育　*245*
微分　*185-193*
微分係数　*187*
微分方程式　*68, 206*
評価　*51*
評価基準表　*54*
標準正規分布　*222*
評定　*57*
標本調査　*228*
フィードバック　*58*
深い学び　*31*
普通教育　*30*
不定積分　*194*
普遍汎化　*157*
普遍例化　*157*
分科主義　*30*

文化的価値　*28, 31*
分配法則　*120*
分母の有理化　*111*
文脈性　*242*
平面幾何学教授条目　*27*
勉強と研究の往還　→ SRP
方程式　*118*
ポートフォリオ評価法　*53*
ポリス的構造　*31*

マ 行

右起縦書き　*26*
見せ場（exhibition）　*58*
緑表紙教科書　*73*
民族数学　*243*
無限小　*187*
命題論理　*139*
メタ認知　*56, 57*
メディアとミリューの往還　*97*
メネラウスの定理　*168-171*
目的変数　*231*
目標と評価の一体化　*51*
文字式　*117, 121*
モデル化過程　*21*
モデレーション（moderation）　*55*
問題解決　*71, 72, 76, 73*
　――の過程　*76*
問題解決授業　*76, 77*
　――モデル　*76, 77, 78*
問答　*31*
文部大臣　*29*

ヤ 行

有意水準　*234*
ユークリッド幾何学　*28, 30, 144-156, 176*
有限小数　*112*
『洋算用法』　*24*
要素　*204*
余弦定理　*87*
4つの4　*95*

ラ 行

理想化　*89*
立証　*160*
リューヴィル数　*114*
ルーブリック（rubric）　*54*
　一般的――　*54, 56*
　観点別――　*55*
　全体的――　*55*
連分数　*110*
論証　*28, 31, 63, 83*
論証幾何学　*27, 28, 30*
論証の精神　*27*
論理主義　*30*
論理的に考察し表現する力　*156, 166*

ワ 行

「わかる」レベル　*51*
和算　*31, 250*
和算文化　*23, 28*
和分　*205*

執筆者紹介（執筆順，執筆担当）

岩崎　秀樹（いわさき・ひでき，編著者，広島大学名誉教授）　はしがき，第2章
溝口　達也（みぞぐち・たつや，編著者，鳥取大学地域学部）　はしがき，第1章，
　　　　　　第4章
伊達　文治（だて・ふみはる，元・上越教育大学大学院学校教育研究科）　第2章
阿部　好貴（あべ・よしたか，新潟大学大学院教育実践学研究科）　第3章
早田　　透（はやた・とおる，鳴門教育大学学校教育研究科）　第3章
石井　英真（いしい・てるまさ，京都大学大学院教育学研究科）　第3章
真野　祐輔（しんの・ゆうすけ，広島大学大学院人間社会科学研究科）　第4章
熊倉　啓之（くまくら・ひろゆき，静岡大学教育学部）　第4章
大滝　孝治（おおたき・こうじ，北海道教育大学釧路校）　第4章
中野　俊幸（なかの・としゆき，高知大学大学院総合人間自然科学研究科）
　　　　　　第5章
布川　和彦（ぬのかわ・かずひこ，上越教育大学大学院学校教育研究科）　第5章
杉野本勇気（すぎのもと・ゆうき，香川大学教育学部）　第5章
宮川　　健（みやかわ・たけし，早稲田大学教育・総合科学学術院）　第6章
宮﨑　樹夫（みやざき・みきお，信州大学教育学部）　第6章
濱中　裕明（はまなか・ひろあき，兵庫教育大学大学院学校教育研究科）
　　　　　　第6章，第7章
川添　　充（かわぞえ・みつる，大阪公立大学国際基幹教育機構）　第7章
松嵜　昭雄（まつざき・あきお，埼玉大学教育学部）　第8章
大谷　洋貴（おおたに・ひろき，日本女子大学人間社会学部）　第8章
青山　和裕（あおやま・かずひろ，愛知教育大学教育学部）　第8章
福田　博人（ふくだ・ひろと，岡山理科大学教育推進機構 教職支援センター）
　　　　　　第8章
中和　　渚（なかわ・なぎさ，関東学院大学建築・環境学部）　第9章
高阪　将人（こうさか・まさと，福井大学教育・人文社会系部門）　第9章
新井美津江（あらい・みつえ，立正大学社会福祉学部）　第9章
渡邊　耕二（わたなべ・こうじ，宮崎国際大学教育学部）　第9章
木村　光宏（きむら・みつひろ，岡山理科大学グローバルセンター）　第9章

新しい数学教育の理論と実践

| 2019 年 3 月 30 日 | 初版第 1 刷発行 | 〈検印省略〉 |
| 2023 年 3 月 10 日 | 初版第 3 刷発行 | |

定価はカバーに
表示しています

編 著 者	岩　崎　秀　樹
	溝　口　達　也
発 行 者	杉　田　啓　三
印 刷 者	大　道　成　則

発行所　株式会社　ミネルヴァ書房
607-8494 京都市山科区日ノ岡堤谷町 1
電話 (075)581-5191／振替 01020-0-8076

©岩崎，溝口ほか，2019　　　太洋社・藤沢製本

ISBN978-4-623-08429-6
Printed in Japan

事例で学ぶ学校の安全と事故防止

添田久美子・石井拓児編著　Ｂ５判　156頁　本体2400円

●「事故は起こるもの」と考えるべき。授業中，登下校時，部活の最中，給食で…，児童・生徒が巻き込まれる事故が起こったとき，あなたは――。学校の内外での多様な事故について，何をどのように考えるのか，防止のためのポイントは何か，指導者が配慮すべき点は何か，を具体的にわかりやすく，裁判例も用いながら解説する。学校関係者必携の一冊。

これだけは知っておきたい　小学校教師のための算数と数学15講

溝口達也・岩崎秀樹編著　Ａ５判　208頁　本体2200円

数学的素養を身につけて教壇に立つために――。「算数科」で何を学ぶのか，なぜ「算数科」を学ぶのか。小学校算数科の内容としての数学的知識を教育的立場から考究するとともに，算数学習の方法についても数学の本質的立場に則って議論する。各講の冒頭には，当該講の中心的トピックを「問い」の形式で提示，読者の問題関心を喚起するように工夫している。

理科の先生になるための，理科の先生であるための
「物理の学び」徹底理解　力学・熱力学・波動編

山下芳樹監修・編著，宮下ゆたか・山本逸郎著　Ｂ５判　240頁　本体2800円

理科の先生になるための，理科の先生であるための
「物理の学び」徹底理解　電磁気学・原子物理・実験と観察編

山下芳樹監修・編著，船田智史・宮下ゆたか・山本逸郎著　Ｂ５判　192頁　本体2800円

中学校・高等学校の理科教員を希望する学生および，学びの系統性に配慮した指導を実践したい小学校教員のための「信頼できる指導書」。実際の教員採用試験問題を例示しながら，①基礎事項の確認→②最重要ポイントの解説→③活用例題→④演習問題，と展開，「本書での学び」を「知識として活用」できる力をつけさせる。教員採用試験対策にも最適の一冊。

― ミネルヴァ書房 ―
http://www.minervashobo.co.jp/